Berufliche Integration von Flüchtlingen und Migranten

Andreas Frintrup
Hrsg.

Berufliche Integration von Flüchtlingen und Migranten

Psychologische Kompetenzanalyse, rechtliche Rahmenbedingungen, Prozessgestaltung & Praxisbeispiele

Mit 38 Abbildungen

Springer

Herausgeber
Andreas Frintrup
HR Diagnostics AG
Stuttgart
Deutschland

ISBN 978-3-662-53941-5 ISBN 978-3-662-53942-2 (eBook)
https://doi.org/10.1007/978-3-662-53942-2

Die Deutsche Nationalbibliothek verzeichnet diese Publikation in der Deutschen Nationalbibliografie; detaillierte bibliografische Daten sind im Internet über http://dnb.d-nb.de abrufbar.

Umschlaggestaltung: deblik Berlin
Einbandabbildung: © eve / Fotolia

Gedruckt auf säurefreiem und chlorfrei gebleichtem Papier

Springer ist Teil von Springer Nature
Die eingetragene Gesellschaft ist Springer-Verlag GmbH Deutschland
Die Anschrift der Gesellschaft ist: Heidelberger Platz 3, 14197 Berlin, Germany

Vorwort des Herausgebers

Dies ist kein politisches Buch. Vor Ihnen liegt ein Fachbuch, das Wege aufzeigen möchte, wie geflüchteten Menschen mit langfristiger Bleibeperspektive der Zugang zum lokalen Arbeitsmarkt ermöglicht werden kann. Und dennoch bewegen wir uns damit in einem hochpolitischen, gesellschaftlich kontrovers diskutierten Spannungsgefüge zwischen Integration und Abgrenzung, kultureller Identitätsbewahrung und Assimilation der Kulturen, gesellschaftlichen Ängsten bezüglich sozialem oder wirtschaftlichen Abstieg, volkswirtschaftlichen Kosten, Arbeitsplatzsicherheit und nicht zuletzt auch Wahrnehmungen persönlicher, betrieblicher und gesellschaftlicher Sicherheit bis hin zu Fragen künftiger religiöser, politischer und allgemeiner Selbstbestimmung. Dieses Stimmungsumfeld macht die uns selbst gesetzte Aufgabe nicht einfacher und alle Autorinnen und Autoren schreiben hier im Bewusstsein, dass unsere Beiträge und die hier berichteten Wege, Voraussetzungen und auch Daten genauso kontrovers wahrgenommen werden, wie die gesellschaftliche Debatte geführt wird.

Die Mitwirkenden an diesem Buch vereint der Wille, die Integrationsaufgabe positiv, schnell und nachhaltig zu gestalten. Dafür investieren wir berufliche und persönliche Energie und Ressourcen und wirken an ganz unterschiedlichen Ansätzen und Projekten mit, darunter sowohl solche, die rein karitativ organisiert sind, als auch solche, die den betrieblichen Nutzen oder Umsatzerzielung zumindest als partiellen Fokus haben. Andere von uns sind qua beruflicher Definition mit arbeitsmarktlicher Integration ganz verschiedener Gesellschaftsgruppen befasst. Die individuellen politischen und gesellschaftlichen Werthaltungen der Autoren zur Flüchtlings- und Migrationspolitik sind genauso unterschiedlich wie der Fokus, aus dem heraus wir uns mit diesem Thema befassen. Unter uns finden sich Kritiker der Zuzugspolitik genauso wie Befürworter. Verbindendes Element ist der Lösungswille im Sinne sowohl der heimischen Bevölkerung als auch der Zugezogenen.

Der Ansatz dieses Buches ist deshalb durchgängig ressourcenorientiert – allen Beitragsautoren ist das Streben gemeinsam, nach den Talenten, den Stärken der geflüchteten Menschen zu suchen und diese individuellen Ressourcen in einen Abgleich zu Beschäftigungsanforderungen zu stellen. Hierdurch soll den Betroffenen ein Zugang zum Berufsleben und einer persönlich erfolgversprechenden Arbeitstätigkeit eröffnet werden, damit sie Teil der Gesellschaft werden, über das Arbeits- und Berufsleben integriert werden und mit einem positiven Beitrag an der volkswirtschaftlichen Wertschöpfung teilhaben. Es wird aber auch von Schwächen und Lücken zu sprechen sein, die es zu schließen gilt, damit Integration gelingt.

Wir wollen Unternehmen und Betrieben aller Größenklassen Mut machen, berufliche Integration zu wagen. Dafür stellen wir Rahmenbedingungen, Werkzeuge und auch Erfahrungsberichte vor und zur Nutzung oder Nachahmung zur Verfügung. Gleichwohl ist allen Autoren bewusst, dass es tatsächlich ein Wagnis ist und der Weg für jeden Einzelnen unterschiedlich lang und für eine große Mehrheit der Geflüchteten schwierig sein wird. Zu unterschiedlich sind die Ausbildungs- und Arbeitswelten in den Herkunfts- und den Aufnahmeländern, als dass biographische Merkmale wie schulische und formale Ausbildung oder bisherige berufliche Befassung einen Prädiktor für unmittelbare Beschäftigungsfähigkeit bildeten.

Gleichzeitig wirken kulturelle Unterschiede und Differenzen als weitere Hürden einer schnellen Integration und wie zu zeigen sein wird, sind die vielfach als wichtigstes Integrationshemmnis genannten sprachlichen Defizite nicht die größte Barriere für schnelle Integration – auch unterschiedliche kognitive Ressourcen und allgemeine Bildung, die sich nicht so kurzfristig wie Sprachbeherrschung verändern lassen, sind eine ernst zu nehmende Hürde auf einem kognitiv ständig komplexer werdenden Arbeitsmarkt. Deshalb muss mit alternativen Methoden, insbesondere jenen der beruflichen Eignungsdiagnostik, herausgefunden werden, welche Ressourcen in den geflüchteten Menschen stecken und wie sich individuelles Talent mit den Anforderungen des Arbeitsmarkts und konkreten Ausbildungsgängen und freien Stellen paart. Der Grundgedanke dieses Buches ist es deshalb, individuelle Ressourcen sicht- und für den Arbeitsmarkt nutzbar zu machen – obwohl allen Beteiligten an diesem Werk erfahrungsbedingt klar ist, dass eine Integration aller Geflüchteten kaum möglich sein wird. Es gilt deshalb, schnell und nachhaltig diejenigen zu identifizieren, die unmittelbar integriert werden können, und dies keinesfalls nur, aber durchaus auch wegen der symbolischen Wirkungen und des Impulses für weitere Anstrengungen. Dafür steht ein reiches, unter anderem psychologisches Methodenarsenal zur Verfügung, das wir hier auszugsweise vorstellen. Das Gleiche gilt für betriebliche Integrationsprojekte und Prozesse der Aufnahme und Integration einschließlich des geltenden Rechtsrahmens – ich habe mit den Beitragsautoren eine Auswahl primär erfolgreicher Ansätze zusammengetragen, die ermutigen sollen, eigene Wege zu gehen und auch Bewährtes zu übernehmen. Die Darstellung gescheiterter Projekte wäre ebenfalls möglich gewesen, allerdings geht hiervon nicht der gesellschaftlich benötigte Energetisierungsimpuls aus, den wir gerne setzen möchten.

Aller Voraussicht nach werden dieser Erstauflage weitere Auflagen folgen, in der die bereits beschriebenen Projekte fortgeschrieben und über weitere Projekte, Ansätze und Daten berichtet werden wird. Falls dieses Buch dazu beiträgt, Sie, verehrte Leserin, verehrter Leser, zu eigenen Projekten anzustiften und auch darüber berichten zu wollen, sind Sie herzlich eingeladen mit dem Herausgeber in Kontakt zu treten und kurz zu skizzieren, mit welchem Beitrag Sie an der Fortschreibung mitwirken möchten. Auch Themenbereiche, die bisher nicht vertreten sind wie z. B. gesellschaftliche und soziologische Aspekte, das betriebliche Integrationsmanagement aus kultureller Perspektive, Themen der Mitbestimmung und der betrieblichen Konfliktlösung sowie Berichte aus Perspektive betrieblich aufgenommener Flüchtlinge und Erfahrungen aus kommunalen oder landesspezifischen Integrations- und Bildungsprojekten sowie Berichte über Ausbildungs-, Sprachlern-, schulische und sonstige Bildungserfahrungen sind willkommen. Kritik und Verbesserungsvorschläge für künftige Auflagen dürfen direkt an den Herausgeber gerichtet werden.

Danken möchte ich im Namen aller Autorinnen und Autoren dem Verlag, vertreten durch Herrn Joachim Coch (Senior Editor) und Frau Judith Danziger (Project Manager), für den Mut zu diesem Buch und die allzeit perfekte Betreuung in allen vertraglichen, administrativen und herausgeberlichen Angelegenheiten. Gemeinsam mit allen Mitwirkenden danke ich auch unserer Lektorin, Frau Daniela Böhle, der es gelungen ist, unsere Fehler und sprachlichen Schwächen auf das vor uns liegende Minimum zu reduzieren. Hinsichtlich sprachlicher Schwächen ist zu ergänzen, dass die deutsche Sprache sich per se als etwas sperrig erweist, wenn gleichzeitig und vor allem gleichberechtigt Frauen und Männer angesprochen werden sollen – selbst bei Bemühung nur einer Geschlechtsform im Text der nachfolgenden Kapitel sind damit selbstverständlich stets beide und auch auf dem Kontinuum dazwischen liegende Geschlechter angesprochen.

Besonderer Dank gilt freilich allen Beitragsautoren, die in die Mitwirkung investiert haben und sich mit ihren Beiträgen aus der Deckung wagen und zur weiteren Diskussion und zur – von allen so gewollten – Nachahmung und Verbesserung anregen. Wir hoffen, dass diese Mühen einen Beitrag zur Integration der Geflüchteten leisten und gesellschaftliche Probleme verringern helfen.

Der letzte aber wichtigste Dank gebührt Ihnen, den Leserinnen und Lesern, die durch die thematische Zuwendung und Lektüre dieses Buches hoffentlich Inspiration und auch Mut für eigene Projekte finden. An Ihnen liegt es, aus dem, was das Autorenkollektiv zur Verfügung stellt, noch mehr zu machen und über uns hinaus zu wachsen – ich wünsche von ganzem Herzen viel Erfolg dabei!

Andreas Frintrup,
Stuttgart, im Sommer 2017

Inhaltsverzeichnis

Die Autorinnen und Autoren

Andreas Frintrup

Andreas Frintrup (Jahrgang 1971) hat Wirtschaftswissenschaften mit Schwerpunkt der Wirtschaftspsychologie (bei Prof. Heinz Schuler) studiert, ist Experte für berufsbezogene Eignungsdiagnostik, Rekrutierungsprozesse und Diversity-Management. Er hat international Fachartikel, Bücher und psychologische Tests veröffentlicht, darunter z. B. „Diversity Management in der Personalauswahl" (Springer), der „Sportbezogene Leistungsmotivationstest SMT" oder das „Achievement Motivation Inventory AMI". Andreas Frintrup ist Vorstand der HR Diagnostics AG und Geschäftsführer der S&F Personalpsychologie Managementberatung GmbH und berät Unternehmen und die öffentliche Verwaltung bei Prozessen und Methoden der Personalauswahl und Talentdiagnostik.

Michael van der Cammen

Michael van der Cammen arbeitet seit 2003 bei der Bundesagentur für Arbeit. Zunächst war er mit der Zentralisierung von Beschaffungsvorhaben im Rahmen der BA Reform beschäftigt. Im Jahr 2005 wechselte er in den Fachbereich Internationale Beziehungen und übernahm 2010 dessen Leitung. Schwerpunkte setzte er auf die Themen Fachkräftebedarf und Anwerbung. Zwischen 2013 und 2015 leitete Michael van der Cammen die Koordinierungsstelle Migration. Zielsetzung: Entwicklung von Handlungsansätzen zur verbesserten Partizipation von Migranten und Geflüchteten in den Ausbildungs- und Arbeitsmarkt. 2016 hat er die Bereichsleitung Migration und Flucht übernommen.

Boris Alexander Blunck

Boris Alexander Blunck ist seit 2014 als Rechtsanwalt und Senior Associate bei der internationalen Wirtschaftskanzlei Allen & Overy LLP in Frankfurt am Main tätig. Er berät nationale und internationale Unternehmen in allen Fragen des Individual- und Kollektivarbeitsrechts, insbesondere bei der Ausgestaltung und Beendigung von Arbeits- und Dienstverhältnissen, Restrukturierungen und Transaktionen sowie zu betriebsverfassungs- und mitbestimmungsrechtlichen Streitigkeiten. Des Weiteren vertritt er Mandanten regelmäßig in arbeitsgerichtlichen Urteils- und Beschlussverfahren. Vor seinem Eintritt in die Kanzlei war Boris Blunck mehrere Jahre als Rechtsanwalt in der Arbeitsrechtspraxis einer anderen internationalen Sozietät beschäftigt.

Doreen Carpenter

Doreen Carpenter (Jahrgang 1979) ist Justiziarin (Ass. jur.) bei der HR Diagnostics AG. Sie berät als Leiterin Recht die Geschäftsleitung und den Vorstand in allen nationalen und internationalen juristischen Themen. Doreen Carpenter ist Expertin für juristische Fragestellungen in Bezug auf die Eignungs- und Potenzialdiagnostik national und international, Datenschutz und Vertragsrecht. Sie ist Mitglied des Arbeitsstabes „Integration von Flüchtlingen" von BDA, BDI, ZDH und BA, in dem Experten zu Maßnahmen und Gesetzen zur Integration von Flüchtlingen in Deutschland befragt werden und zur Entwicklung beitragen.

Brigitte Flubacher

Brigitte Flubacher, Jahrgang 1974, ist Diplom-Psychologin mit dem Schwerpunkt Arbeits- und Organisationspsychologie, speziell der beruflichen Eignungsdiagnostik. Sie war von 2001 bis 2015 Projektleiterin und Leiterin Assessment Services bei der S&F Personalpsychologie Managementberatung GmbH unter wissenschaftlicher Leitung von Prof. Dr. Heinz Schuler. Ihr Aufgabenschwerpunkt ist die Entwicklung, Einführung, Durchführung und Evaluation personaldiagnostischer Instrumente. Seit 2015 ist Frau Flubacher familiär bedingt freiberuflich tätig. Sie hat gemeinsam mit Andreas Frintrup das Fachbuch „Diversity Management in der Personalauswahl – Kulturelle Vielfalt in Unternehmen und Behörden ermöglichen" (Springer) verfasst.

Maik Spengler

Maik Spengler (Jahrgang 1976) ist Diplompsychologe und Wissenschaftlicher Leiter der HR Diagnostics AG. Er hat Testverfahren sowie Beiträge in internationalen Fachjournalen veröffentlicht und referiert regelmäßig auf nationalen wie internationalen Fachkonferenzen. Maik Spengler ist Experte für berufliche Eignungs- und Potenzialdiagnostik in internationalen Kontexten auf allen Jobebenen – vom Auszubildenden bis zu Managementpositionen. Er berät Industrie- und Dienstleistungsunternehmen sowie Behörden dabei, die richtigen Talente zu identifizieren und entwickelt darüber hinaus diagnostische Verfahren für die kulturfaire Diagnostik überfachlicher Kompetenzen bei Nichtmuttersprachlern.

Jürgen Tress

Diplompsychologe Jürgen Tress (Jahrgang 1961) ist im Berufsbildungswerk Waiblingen seit 1992 tätig im Schwerpunkt Diagnostik bei Teilnehmenden mit besonderen Förderbedarfen. Er ist Co-Autor des Testverfahrens hamet 2: Handlungsorientierte Module zur Erfassung und Förderung beruflicher Kompetenzen. Seit 2002 ist er Leiter der begleitenden Fachdienste und der Beruflichen Diagnostik im BBW, seit 2015 Einrichtungsleiter Standort Waiblingen und Leiter Entwicklung und Konzepte der gGmbH.

Maren Wendler

Maren Wendler (Jahrgang 1979) ist Diplom Sozialpädagogin (FH) und seit 2005 tätig im Berufsbildungswerk Waiblingen. Nach der Projektleitung „Entwicklung einer ICF basierten Förderplanung" (2010-2013) ist sie seit 2013 Schulungsreferentin für berufliche Diagnostik – hamet. Maren Wendler ist Lehrbeauftrage an der Dualen Hochschule Baden-Württemberg und Mitglied der Entwicklungsgruppe ICF und des Fachausschusses ICF der Bundesarbeitsgemeinschaft der Berufsbildungswerke.

Dominik Schwarzinger

Dominik Schwarzinger (Jahrgang 1983) ist nach dem Studium der Wirtschaftswissenschaften (Dipl. oec.) mit Spezialisierung auf Personalpsychologie derzeit als Doktorand der Universität Hohenheim und Senior Key Account Manager der HR Diagnostics AG in Berlin tätig. Er forscht zu dunklen Persönlichkeitsmerkmalen und Risikopotenzialen im Management-Bereich und ist als Autor und Referent in den Bereichen Testentwicklung und diskriminierungsfreie Personalauswahl aktiv.

Dr. Regina Flake

Dr. Regina Flake (Jahrgang 1983) und studierte International Economics an Universitäten in Göttingen, Fontainebleau (Frankreich) und Puebla (Mexiko) sowie der Ruhr Graduate School in Economics in Essen. Sie wurde zur Arbeitsmarktintegration von Migranten in Deutschland promoviert. Seit 2013 arbeitet Regina Flake als Economist beim Institut der deutschen Wirtschaft Köln e.V. im Bereich „Berufliche Qualifizierung und Fachkräfte". Seit 2015 ist sie stellvertretende Projektleiterin im vom Bundesministerium für Wirtschaft und Energie geförderten Projekt „Kompetenzzentrum Fachkräftesicherung", das das Ziel hat, kleine und mittlere Unternehmen bei der Fachkräftesicherung und der Gestaltung ihrer Personalarbeit zu unterstützen. Zu ihren Themenschwerpunkten gehören neben der „Integration von Geflüchteten" „Aus- und Weiterbildung" sowie „Digitalisierung".

Svenja Jambo

Svenja Jambo (Jahrgang 1988) studierte BWL an der DHBW Mannheim und Wirtschaftspädagogik an der Universität zu Köln. Seit 2015 arbeitet Svenja Jambo als Economist beim Institut der deutschen Wirtschaft Köln e.V. im Bereich „Berufliche Qualifizierung und Fachkräfte". Dort betreut sie das vom Bundesministerium für Wirtschaft und Energie geförderte Projekt „Kompetenzzentrum Fachkräftesicherung", das das Ziel hat, kleine und mittlere Unternehmen bei der Fachkräftesicherung und der Gestaltung ihrer Personalarbeit zu unterstützen. Ihre Schwerpunktthemen sind „Integration von Geflüchteten", „Internationale Fachkräfte" und „Ausbildung".

Steffen Brinkmann

Steffen Brinkmann (Jahrgang 1980) studierte BWL, bevor er seine Karriere im Continental-Konzern als Personalreferent im Reifenwerk Hannover-Stöcken startete. 2007 wurde er Vorstandsassistent im Bereich Personal unter Thomas Sattelberger und verbrachte im Anschluss 3 Jahre in Chicago als Personalleiter. Nach seiner Rückkehr übernahm er die weltweite Verantwortung für den Personalbereich bei Hybrid- und Elektrofahrzeugkomponenten, um im Anschluss ein Organisationsentwicklungsprojekt im HR-Bereich zu leiten. Seit 2015 ist Brinkmann als Personalleiter für den deutschen Markt verantwortlich.

Dr. Hans Jürgen Metternich

Dr. Hans Jürgen Metternich (Jahrgang 1961) studierte Chemie an der Rheinischen Friedrich-Wilhelms-Universität in Bonn. Seine Promotion in Bonn und an der University of Sussex in Brighton erfolgte zum Thema „Metallorganische Molekülverbindungen". In der Analytik der Hüls AG in Marl verantwortete er ab 1991 die Bereiche NMR- & Molekülspektroskopie. 1997 begleitete er die Ausgründung der StrukturA GmbH am Standort Nünchritz und 2000 den Übergang zur Wacker AG. Seit Mitte 2000 ist er in der Ausbildung tätig, er verantwortete ab 2004 Aufbau und Inbetriebnahme eines Ausbildungstechnikums an der Shanghai Petrochemical Academy und die Einführung des digitalen Lernens, das mit dem eLearning Award 2017 ausgezeichnet wurde. Seit 2007 begleitet er die Ausbildungskoordination für die Evonik Industries AG.

Dr. Steffan Ritzenhoff

Dr. Steffan Ritzenhoff (*1968) studierte Physik und Philosophie in Freiburg. Er erhielt 1999 den Eugen Fink Preis für die Dissertation „Die Freiheit des Willens". Seit 1995 engagiert er sich in nationalen und internationalen Bildungs- und E-Learning-Projekten. Zusammen mit seiner Frau Kerstin Ritzenhoff gründete er 1999 den Bildungsdienstleister Creos Lernideen und Beratung GmbH in Bielefeld. Dort verantwortet er seit 1999 den Bereich der Beratung, E-Learning-Lösungen und digitale Bildungskonzepte für die Personalentwicklung. Mit über 60 festen Mitarbeitern setzt er für unterschiedliche Branchen Kundenprojekte für Konzerne, Mittelstand und öffentliche Hand um. Gemeinsam mit Creos erhielt er verschiedene Auszeichnungen wie Comenius Award (2015), E-Learning Award (2016, 2017) und Innovationspreis IT der Initiative Mittelstand.

Udo Franziszi

Udo Franziszi verantwortet aktuell als Leiter Personal alle Aufgabenbereiche des operativen Personalmanagements, unter anderem die Gewinnung, Qualifizierung und Betreuung von geeigneten Facharbeitern für die DB Fernverkehr AG in Bayern und Baden-Württemberg. Ob als Trainer, Berater, Führungskraft oder als Manager war er in seiner bisherigen beruflichen Laufbahn immer wieder mit der Fragestellung konfrontiert, wie man geeignete Mitarbeiter und Führungskräfte findet, sie zielgerichtet entwickelt und beruflich integriert bzw. bindet. Vor Beginn seines beruflichen Werdegangs bei der Deutschen Bahn (DB Netz AG und DB Fernverkehr AG) war er in den Branchen der Berufsförderung, des Finanzbereiches und der Zeitungsmedien tätig. Udo Franziszi ist Diplom-Psychologe und systemischer Coach, er ist 44 Jahre alt, verheiratet und hat zwei Kinder.

Joaquina Maculuve

Joaquina Maculuve, 23 Jahre jung, steht noch am Anfang ihrer beruflichen Karriere. Sie hat gerade ihr Grundstudium im Fach Psychologie an der Universität zu Lübeck abgeschlossen. Im Rahmen einer halbjährigen Beschäftigung bei DB Fernverkehr AG in München unterstützte sie Udo Franziszi aktiv bei dem Umschulungsprojekt für erwachsene Flüchtlinge. Hier hat sie ihr zuvor eher klinisches psychologisches Praxiswissen um viele weitere Bereiche der Psychologie, die in der Wirtschaft angesiedelt sind, erweitern können. Frau Maculuve hat mosambikanische und deutsche Wurzeln, ist in Hamburg geboren, aufgewachsen und lebt auch derzeit in der norddeutschen Hafenstadt.

Werner Albrecht

Werner Albrecht ist seit November 2013 Geschäftsführer Personal und Soziales bei den Stadtwerken München (SWM). Außerdem ist er Arbeitsdirektor des Münchener Unternehmens mit rund 9 700 Mitarbeitern. Von 2007 bis 2013 leitete er das Büro der Geschäftsführung, zuvor war er im Bereich Personalpolitische Grundsatzfragen tätig. Berufsbegleitend hat er an der St. Galler Business School studiert und mit dem Diplom zum Betriebswirtschaftler (SGBS) abgeschlossen. Herr Albrecht ist 55 Jahre alt, verheiratet und hat drei Kinder (17, 14 und 12 Jahre). Er ist in Nürnberg aufgewachsen. Nach einer Ausbildung zum Verwaltungsangestellten in der Kommunalverwaltung hat er fast 20 Jahre für die Gewerkschaft ÖTV bzw. ver.di gearbeitet. Von 1993 bis 1998 war er Bundesjugendsekretär der Gewerkschaft ÖTV. Nach einer anschließenden Tätigkeit in der Grundsatzabteilung der ver.di-Bundesverwaltung in Berlin wechselte er 2003 zu den Stadtwerken München.

Dr. Karl-Friedrich Gärtner

Dr. Karl-Friedrich Gärtner (Jahrgang 1943) ist Diplom-Ingenieur für Maschinenbau und war während der Berufstätigkeit in mehreren Unternehmen tätig. Zum Ende seiner beruflichen Laufbahn gehörte er dem Oberen Führungskreis bei Daimler Benz an. Seine Stationen reichten von der Entwicklung und Anwendungstechnik über Qualitätsmanagement, Bildung (Aus- und Weiterbildung, Führungskräftetrainings), Strategisches Qualitätsmanagement für den Konzern bis zur Optimierung von Vertriebsprozessen. Auf nationalen und internationalen Kongressen war Karl-Friedrich Gärtner als Referent für diese Aufgabenbereiche tätig. Ehrenamtlich führte er 22 Jahre als Vorstandsvorsitzender eine Weiterbildungsorganisation in Böblingen. Er war Gründungsmitglied des Rotary Clubs Böblingen-Schönbuch und in unterschiedlichen Vorstandsfunktionen tätig. 2001–2002 wurde er als Präsident des Clubs gewählt und übte von 2011–2012 das Amt des Distrikt Governors aus. Karl-Friedrich Gärtner setzte sich stark für die überberufliche Qualifizierung von jungen Potenzialträgern ein und organisierte zahlreiche Seminare mit nationaler und internationaler Zusammensetzung. Nach der Katastrophe durch den Taifun Hylan auf den Philippinen im Jahr 2013 organisierte er für die deutschen Rotarier 20 Projekte für den Wiederaufbau. Seit 2013 engagiert er sich mit seinem Rotary Club bei der Integration von Flüchtlingen im Landkreis Böblingen.

Rahmenbedingungen der beruflichen Integration von Flüchtlingen und Migranten

Vom Flüchtling zum Arbeitnehmer

Michael van der Cammen

A. Frintrup (Hrsg.), *Berufliche Integration von Flüchtlingen und Migranten*,
https://doi.org/10.1007/978-3-662-53942-2_1

Einen Neustart als Flüchtling in Deutschland zu machen, war lange nicht leicht. Die Möglichkeiten, sich auf eine Beschäftigung vorzubereiten, waren durch eine sehr restriktive Gesetzgebung gering. Die sprunghafte Steigerung der Asylantragszahlen aus den vergangenen Jahren führte dazu, dass eine Lockerung der gesetzlichen Unterstützungsmöglichkeiten nicht ausbleiben konnte. Unterstützungsmöglichkeiten wurden seitdem an die Bedürfnisse von Flüchtlingen angepasst: Sofort nach Ihrer Ankunft werden Asylbewerber mit hoher Bleibeperspektive von der örtlichen Arbeitsagentur über ihre Möglichkeiten informiert und es werden vorhandene Fähigkeiten und Fertigkeiten abgefragt bzw. gemessen; Deutschkursangebote wurden mit Maßnahmen der aktiven Arbeitsförderung verzahnt; mitgebrachte Kompetenzen werden mehr als bislang berücksichtigt; Jugendliche bekommen Möglichkeiten, eine Ausbildung nachzuholen, und Frauen benötigen und erhalten eine gezielte Förderung. Wenn Flüchtlinge die angebotenen Möglichkeiten annehmen, lassen sich auch Arbeitgeber finden, die Praktika, Qualifizierungen, Ausbildungsplätze und Arbeitsplätze anbieten. Gute Beispiele gibt es bereits genügend.

1.1 Neue Möglichkeiten

Hochkomplexe Gesetzgebung

Während EU- und Bundesbürger die Freizügigkeit genießen, wohnen und arbeiten zu dürfen, wo sie wollen, sind diese Selbstverständlichkeiten kein Automatismus für Asylbewerber und weitere Flüchtlingsgruppen. Der Zugang zum Arbeitsmarkt oder zu einer Ausbildung stellen für diese Personengruppen Hürden dar. Durch niedrige Asylantragszahlen und relativ viele Ablehnungen in den vergangenen 20 Jahren wurde die Frage, wie ein Flüchtling es schaffen kann, Arbeitnehmer zu werden, nur nachrangig betrachtet. Es war für sie nicht selbstverständlich, eine Beratung der Arbeitsagentur in Anspruch zu nehmen. Und für die Arbeitsagenturen gab es umgekehrt keine Notwendigkeit, Kunden mit einem Asylstatus ausfindig zu machen, die ihre Leistungen ohnehin anderweitig erhalten. Dazu kommt eine hochkomplexe Gesetzgebung, die sowohl Arbeitgeber und Ratgebende als auch Arbeitsagenturen verunsichert.

Denn Flüchtlinge sind nicht gleich Flüchtlinge. Es gibt verschiedenste Statusgruppen mit unterschiedlichen Ansprüchen. Wer darf arbeiten? Wer hat Zugang zu Fördermaßnahmen? Für wen ist die Arbeitsagentur der richtige Ansprechpartner und für wen das benachbarte Jobcenter? Wer soll da noch durchblicken?

Aus der Arbeitsmarktperspektive sind zwei Gruppen zu unterscheiden.

Gruppe 1: Gestattete und Geduldete. Das sind diejenigen, deren Verfahren läuft, sowie ausreisepflichtige Ausländer, deren Abschiebung ausgesetzt ist.

Gruppe 2: Anerkannte Flüchtlinge und Bleibeberechtigte. Der Unterschied ist wesentlich: Gruppe 1 bekommt zwar finanzielle Leistungen nach dem Asylbewerberleistungsgesetz, enthält aber keinen automatischen Zugang zu Förderleistungen, die einen fit machen für den Arbeitsmarkt. Gruppe 2 stehen alle Förderangebote offen, auf die Inländer auch einen Anspruch haben.

Seit der Steigerung der Asylanträge in den vergangenen Jahren haben die Bundesregierung, Länder und Kommunen einiges für alle Flüchtlingsgruppen in die Wege geleitet, um einen erfolgreichen Start in eine Ausbildung oder in eine Beschäftigung zu ermöglichen. Mit den Asylpaketen I und II sowie dem Integrationsgesetz 2016 wurde das Asylrecht zwar verschärft, es bietet aber für verschiedene Statusgruppen einen frühzeitigen Zugang zu Förderung und Möglichkeiten der Integration in Arbeit, Ausbildung oder ausbildungsvorbereitenden Maßnahmen.

Erstmals ist Gestatteten die Vermittlung nach 3 Monaten durch Arbeitsagenturen möglich

Mit dem Koalitionsvertrag der aktuellen Bundesregierung ist es Gestatteten (Gruppe 1) erstmals möglich, bereits nach 3 Monaten Wartezeit von den Arbeitsagenturen gefördert und vermittelt zu werden. Aktuell wird sogar in 128 Arbeitsagenturbezirken auf eine Vorrangprüfung (die bisher erfolgte, um zu prüfen, ob nicht ein deutscher Staatsbürger besser qualifiziert für eine Stelle ist) verzichtet, was bedeutet, dass uneingeschränkt und ohne Hürden einer Beschäftigung nachgegangen werden kann.

Neu ist auch, dass Geduldete einen rechtssicheren Aufenthalt während der Ausbildung erhalten. Für eine anschließende Beschäftigung wird ein Aufenthaltsrecht für zwei Jahre erteilt. Sowohl zur Suche einer Beschäftigung als auch zur Suche eines neuen Ausbildungsplatzes bleibt der rechtssichere Aufenthalt für sechs Monate bestehen.

Obwohl nicht alle Statusgruppen die gleichen Rechte haben können (von einer generellen Förderung aller Statusgruppen sind ungewünschte Pull-Faktoren im Sinne einer weiteren Beförderung der Migration zu befürchten), haben sich doch für viele die Rahmenbedingungen für einen Start in einer neuen Gesellschaft wesentlich verbessert.

Jetzt stellt sich die Frage, wie Geflüchtete in sich selbst investieren können und wie Staat, Gesellschaft und Unternehmen sie bei Qualifizierung, Ausbildung und Beschäftigung unterstützen können.

Geduldete haben ein Recht auf Beratung

Bei der Ankunft in Deutschland kann ein Asylantrag gestellt werden, z. B. bei einer Polizeidienststelle. Nach der Meldung von Flüchtlingen in der zuständigen Aufnahmeeinrichtung der Länder erfolgt im Regelfall zeitnah auch eine persönliche Asylantragstellung bei der zuständigen Außenstelle des BAMF. Nach Klärung der Zuständigkeit Deutschlands im Rahmen des sog. Dublin-Verfahrens erfolgt die weitere Prüfung des Asylbewerberantrags. Während der Dauer des Asylverfahrens liegt die Zuständigkeit für die Betreuung von Asylbewerbern (mit Aufenthaltsgestattung) in Bezug auf die Arbeitsförderung im Bereich SGB III. Mit einer Anerkennung als Flüchtling (Asylberechtigte und Flüchtlinge mit einem anerkannten Schutzgrund) wird eine Aufenthaltserlaubnis erteilt

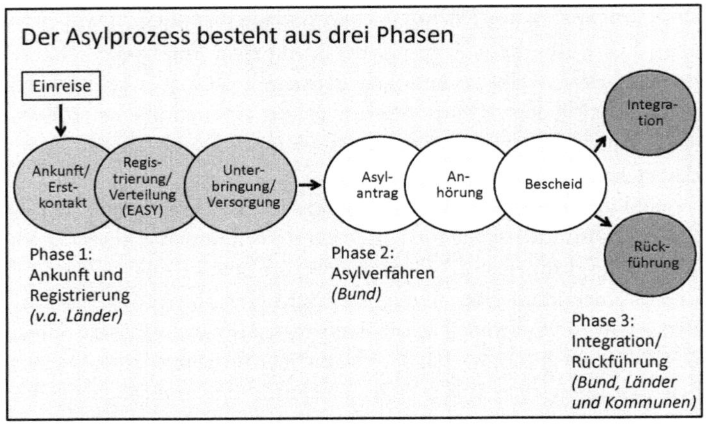

Abb. 1.1 Phasen des Asylprozesses

und bei Hilfebedürftigkeit können Leistungen aus der Grundsicherung für Arbeitsuchende bezogen werden. Die Zuständigkeit fällt dann in Bezug auf die Arbeitsförderung in den Bereich SGB II. Bei Ablehnung droht die Abschiebung (Abb. 1.1). Geduldete Ausländer, bei denen die Abschiebung ausgesetzt ist, haben ein Recht auf Beratung (sowie auf Vermittlung – sofern kein Beschäftigungsverbot vorliegt).

1.2 Sofortige Unterstützung nach Ankunft

A-Fälle: Flüchtlinge mit hoher Bleibeperspektive

Bei A-Fällen (Flüchtlinge aus unsicheren Herkunftsgebieten mit deshalb sehr hoher Bleibeperspektive) wird innerhalb von 48 Stunden eine positive Entscheidung getroffen. Die BA macht ihren Prozess an dieses beschleunigte Asylverfahren anschlussfähig und zeigt über ein spezifisches Dienstleistungsangebot in den Ankunftszentren Präsenz (Abb. 1.2). Die BA stellt sicher, dass kein erwerbsfähiger Schutzberechtigter davon ausgeschlossen wird.

B-Fälle: Geflüchtete aus sicheren Herkunftsländern

B-Fälle (Geflüchtete aus sicheren Herkunftsländern) sollen in der Regel ebenfalls binnen 48 Stunden eine Entscheidung erhalten. Über 99% der Fälle werden negativ entschieden. Sofern es den Betroffenen allein darum geht, Zugang zum deutschen Arbeitsmarkt zu finden, gibt dann das mehrsprachige Willkommensportal für internationale Fachkräfte „Make it in Germany" die notwendige Hilfestellung.

C-Fälle: komplexe Fälle

C-Fälle (komplexe Fälle) werden zur weiteren Bearbeitung von den Ankunftszentren an die Außenstellen des BAMF geleitet. Das mit dem Integrationsgesetz neu eingeführte Instrument der Arbeitsgelegenheiten in Flüchtlingsintegrationsmaßnahmen (FIM) bietet für insgesamt 100 000 Schutzsuchende dieser Personengruppe die Möglichkeit, bereits vor Abschluss des Asylverfahrens niedrigschwellig an den deutschen

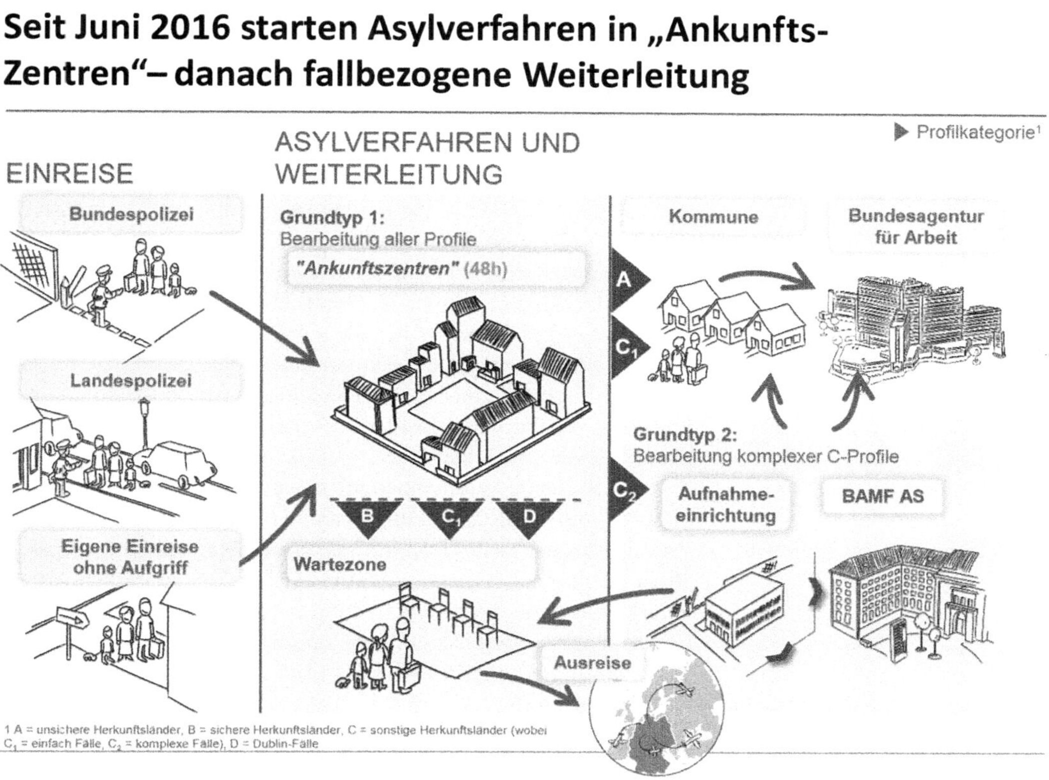

Abb. 1.2 Ankunftszentren

Arbeitsmarkt herangeführt zu werden und damit erste Erfahrungen zu sammeln.

Für Menschen mit unmittelbarem Arbeitsmarktzugang sind die Prozesse schlank und umfassend aufgebaut. Für die anderen Personengruppen sind Angebote vorhanden, die umfassend über Chancen und Grenzen des Zugangs zum deutschen Arbeitsmarkt informieren.

1.3 In Deutschkenntnisse investieren

Ein absolutes „Muss“ ist es, Zeit und Aufwand in den Erwerb von Deutschkenntnissen zu investieren. Ein bisher typisches Vorgehen war, erst die allgemeinsprachlichen und danach die berufsbezogenen Deutschkenntnisse zu erwerben, um dann in eine Qualifizierung oder ausbildungsvorbereitende Maßnahme einzusteigen. Diese sind einerseits notwendig für eine berufliche Integration, aber es berücksichtigt andererseits nicht das Bedürfnis vieler Asylbewerber und anderer Statusgruppen, schnell Geld zu verdienen, um z. B. Angehörige finanziell zu unterstützen oder Schlepper sowie Kosten der Rechtsberatung im Anerkennungsprozess abzuzahlen.

Feststellung vorhandener fachlicher Kompetenzen plus Spracherwerb

Daher wurden Maßnahmen nach dem 3. Sozialgesetzbuch (SGB III) angepasst und sogar mit den Deutschförderkursen des Bundesamts für Migration und Flüchtlinge (BAMF) verknüpft. So bietet die BA ein neues Angebot an, das die Feststellung vorhandener fachlicher Kompetenzen, eine frühzeitige Heranführung an den Arbeitsmarkt und Spracherwerb enthält. Eine betriebliche Erprobung kann hierbei sehr schnell nach Ankunft in Deutschland angeboten werden und berücksichtigt die Interessen der neuen Migranten.

Jeder Mensch hat Potenzial und dieses Potenzial wird weltweit unterschiedlich erworben. In Deutschland, Österreich und in der Schweiz wird Fachwissen sowohl schulisch als auch betrieblich erworben. In vielen Asylherkunftsländern findet der Erwerb von Fachwissen aber informell statt, also nicht organisiert per Lernkurrikulum. Da stellt sich die Frage, welche Möglichkeiten jemand hat, dieses vorhandene Wissen einzusetzen.

Die BA bietet Maßnahmen mit einer sechswöchigen Kompetenzfeststellung im sog. „Echtbetrieb" an. In der Maßnahme werden auch berufsbezogene Deutschkenntnisse vermittelt. Es erfolgt eine ausführliche Beratung zur ersten Orientierung auf dem deutschen Arbeitsmarkt sowie zu den Möglichkeiten der Anerkennung im Ausland erworbener Abschlüsse. Außerdem unterstützt die BA bei der Erstellung von Bewerbungsunterlagen und zu Strategien für eine erfolgreiche Bewerbung.

Damit zielgerichteter vermittelt und qualifiziert werden kann, entwickelt die BA in Kooperation mit der Bertelsmann-Stiftung und dem Forschungsinstitut für berufliche Bildung ein spracharmes und bildgestütztes System zur Erfassung von Berufskompetenzen für ausgewählte Berufe und Tätigkeitsfelder. Dieses System wird die BA in den kommenden Jahren in ihr Angebot aufnehmen. Dadurch sollen Menschen ohne formale Abschlüsse neue Chancen auf dem Arbeitsmarkt und beim Zugang zur formalen Berufsbildung eröffnet werden. Das Testergebnis liefert eine differenzierte Einschätzung der vorhandenen Kenntnisse und wird in die berufliche Beratung einbezogen. Für die Teilnehmenden selbst sollen diese verständlich formuliert und verwertbar sein. Arbeitgeber sollen daraus Hinweise für Ausbildungs- und Einsatzmöglichkeiten erhalten.

1.4 Jugendliche unterstützen

Im Jahr 2015 wurde eine große Mehrheit der Asylanträge von unter Dreißigjährigen gestellt (BAMF 2016, Das Bundesamt in Zahlen 2015, S. 18). Diese Jugendlichen haben keine Berufsorientierung erhalten und wissen somit nicht, welche Möglichkeiten sie auf dem Arbeitsmarkt haben oder welche Möglichkeiten der Ausbildung oder Weiterbildung es gibt. Die Arbeitsagenturen bieten hier Beratungs- und Orientierungsangebote an.

Schulpflichtige junge Flüchtlinge und Flüchtlinge in Vorbereitungs- bzw. Sprachlernklassen erhalten Sprachförderung in der Schule und nehmen an den regulären Berufsorientierungsveranstaltungen, Berufseinstiegsbegleitungen und Berufsorientierungsmaßnahmen genau wie inländische Schülerinnen und Schüler teil.

Praktika für Jugendliche

Nicht mehr schulpflichtige Flüchtlinge können (Jugend-)Integrationskurse und berufsbezogene Deutschkurse besuchen, die vom BAMF gefördert werden. Auch können sie an einer Einstiegsqualifizierung teilnehmen, um zu einer Ausbildung herangezogen zu werden. Die Jugendlichen werden hierbei direkt in einem Unternehmen im Rahmen eines 6- bis 12-monatigen Praktikums auf eine Berufsausbildung vorbereitet.

Asylbewerber mit guter Bleibeperspektive können nach drei Monaten mit assistierter Ausbildung (AsA), ausbildungsbegleitenden Hilfen (abH) oder Berufsvorbereitenden Bildungsmaßnahmen (BvB) gefördert werden. Geduldete können bereits nach 12 Monaten AsA oder abH erhalten und allerdings erst nach sechs Jahren an BvB teilnehmen.

1.5 Gezielt Frauen fördern

Zur Frauenförderung besonders wichtig: Kinderbetreuungsangebote

Flüchtlinge sind häufig mit anderen kulturellen, gesellschaftlichen und Frauen- sowie Familienbildern aufgewachsen. Diese verschiedenen Erfahrungen und Erwartungen sind bei den Integrationsbemühungen eine Herausforderung. Für diesen Personenkreis wird eine Unterstützung und Stärkung sowohl der eigenen Ressourcen als auch zur Bewältigung der Alltagshürden benötigt. Erfahrungen von Sozial- und Arbeitsmarktakteuren zeigen, dass weibliche Flüchtlinge keine oder nur geringe eigene Möglichkeiten und kaum Kenntnisse der Kinderbetreuungsstrukturen haben, um selbstständig eine ausreichende Kinderbetreuung zu organisieren. Hinzu kommt, dass eine außerfamiliäre Kinderbetreuung in den Asylherkunftsländern häufig nicht bekannt ist und erst Vertrauen zu den Regelkinderbetreuungseinrichtungen aufgebaut werden muss. Gerade traumatisierte Frauen geben ihre Kinder nicht oder nur ungern in eine ihnen unbekannte und nicht in ihrer Nähe befindliche Fremdbetreuung. Weibliche Flüchtlinge benötigen daher Hilfe zur Selbsthilfe, Zugang zu Informationen, Stärkung ihrer Ressourcen, Unterstützung bei der Kinderbetreuung (sowie Kostenübernahme) und eine ihren Potenzialen entsprechende Integration.

Die BA hat ein Maßnahmenangebot entwickelt, das alle diese Aspekte des Integrationsprozesses dieser Frauen, insbesondere auch Mütter, aufgreift. In dem Angebot werden Frauen gezielt an den Ausbildungs- und Arbeitsmarkt herangeführt. Sie erlangen dabei berufsbezogenen Sprachunterricht und lernen die Berufspraxis kennen. Das wichtigste Angebotselement ist eine Kinderbetreuung während des Maßnahmenbesuchs.

1.6 Arbeits-, Ausbildungs- und Qualifizierungsplätze gebraucht!

Die Möglichkeit der Erprobung in Betrieben, die betriebsnahe Vorbereitung auf Ausbildung oder Arbeit in Unternehmen und das Engagement der Arbeitgeber, Verbände und Ministerien sind wichtige Ansätze, um die Integration der verschiedenen Flüchtlingsgruppen in der Gesellschaft zu unterstützen. Die BA kooperiert mit verschiedenen Ministerien, Verbänden und Arbeitgebern, um sprachliche und berufliche Qualifizierungs- und Beschäftigungsmöglichkeiten zu schaffen. Die Kombination von beruflicher Tätigkeit, Spracherwerb und Einstieg in eine Weiterbildung mit Abschluss stehen in Vordergrund.

Arbeitgeber-Service der Bundesagentur für Arbeit

Die Arbeitgeber-Services der BA unterstützen Arbeitgeber bei der Integration durch vielfältige Dienstleistungen. Sie vermitteln und beraten u. a. zu grundsätzlichen Voraussetzungen und Rahmenbedingungen der Beschäftigung von Flüchtlingen sowie zu Fördermöglichkeiten, sie helfen dabei, Unsicherheiten und Vorbehalte abzubauen, und sensibilisieren für eine Willkommenskultur im Unternehmen. Informationen rund um das Thema Beschäftigung geflüchteter Menschen erhalten Arbeitgeber zudem durch die Broschüre „Potenziale nutzen – geflüchtete Menschen beschäftigen“.

1.7 Fazit

Für Flüchtlinge wurde eine Vielzahl von Möglichkeiten geschaffen, besser, schneller und zielgerichteter als früher auf eine Ausbildung oder Beschäftigung vorbereitet zu werden. Es gibt mittlerweile viele Beispiele von Flüchtlingen, die trotz fehlender Deutschkenntnisse einen Neustart machten und eine Ausbildung absolviert oder eine Beschäftigung und letztendlich neues Lebensglück gefunden haben. Was alle verbindet, ist der Wille, die Gelegenheit beim Schopf zu packen und die gebotene Unterstützung anzunehmen.

Arbeitsrechtliche Aspekte der beruflichen Integration von Flüchtlingen

Boris Alexander Blunck

A. Frintrup (Hrsg.), *Berufliche Integration von Flüchtlingen und Migranten*,
https://doi.org/10.1007/978-3-662-53942-2_2

Zahlreiche Unternehmen hegen den Wunsch, Flüchtlingen durch eine Beschäftigungsmöglichkeit Perspektiven zu bieten. Damit leisten sie einen wichtigen Beitrag zur gesellschaftlichen Integration der Flüchtlinge. Arbeitgeber, die Flüchtlinge einstellen möchten, sollten jedoch bereits bei der Anbahnung und der Begründung des Arbeitsverhältnisses einige rechtliche Aspekte beachten, um unliebsame Konsequenzen zu vermeiden. Ferner stellen sich während der laufenden Zusammenarbeit mit Menschen aus einem fremden Kulturkreis und mit teilweise nur rudimentären Kenntnissen der deutschen Sprache arbeitsrechtliche Fragen, die für (potenzielle) Arbeitgeber relevant sind. Schließlich empfiehlt es sich aus Unternehmenssicht, bei Eintritt von spezifischen Störfällen die arbeitsrechtlichen Reaktionsmöglichkeiten zu kennen. Der folgende Beitrag gibt einen komprimierten Überblick über die jeweiligen rechtlichen Rahmenbedingungen und Handlungsempfehlungen für die Praxis.

2.1 Anbahnung und Begründung des Arbeitsverhältnisses

2.1.1 Stellenanzeige

Schadensersatzrisiko bei diskriminierenden Stellenanzeigen

Sofern ein Unternehmen offene Arbeitsplätze mit Flüchtlingen[1] besetzen möchte und hierfür Stellenanzeigen schaltet, sollten bei der konkreten Ausgestaltung dieser Anzeigen gewisse Spielregeln beachtet werden. Hintergrund sind die Bestimmungen des Allgemeinen Gleichbehandlungsgesetzes (AGG), die u. a. eine Benachteiligung beim Zugang zu einer Erwerbstätigkeit aufgrund der „Rasse" und ethnischen Herkunft des Bewerbers für unzulässig erklären. Enthält eine Stellenanzeige Formulierungen, die in dieser Hinsicht mittelbare oder unmittelbare Diskriminierungen darstellen, kann sich ein abgelehnter Bewerber auf einen Verstoß gegen das Benachteiligungsverbot gemäß AGG berufen und von dem betreffenden Unternehmen Schadensersatz verlangen.

Sprachkenntnisse als Einstellungsvoraussetzung

Nachvollziehbares Interesse der Unternehmen

Bei der Einstellung von Flüchtlingen bzw. Ausländern spielt erfahrungsgemäß die ausreichende Beherrschung der deutschen Sprache eine große Rolle. Dies ist aus Sicht der Unternehmen mehr als verständlich – eine Beeinträchtigung der betrieblichen Abläufe ist quasi vorprogrammiert, wenn nicht ein gewisses Maß an Kommunikation mit Kollegen, Vorgesetzten oder Kunden möglich ist. Potenzielle Arbeitgeber von Flüchtlingen werden daher ein großes Interesse haben, bereits im Rahmen der Stellenanzeige die Anforderungen an die Sprachkenntnisse der Bewerber festzulegen. Dies kann rechtlich problematisch werden,

1 Der Begriff „Flüchtling" hat im deutschen Recht keine feststehende Bedeutung. Er bezeichnet im Folgenden insbesondere Asylbewerber mit Aufenthaltsgestattung und sog. Geduldete.

wenn die verwendeten Formulierungen diskriminierend sind oder zumindest entsprechende Indizien enthalten.

Es kommt auf die Formulierung an

Paradebeispiel für eine solche Diskriminierung ist die Forderung nach „Deutsch als Muttersprache". Hier liegt eine zwingende und grundsätzlich nicht gerechtfertigte Andersbehandlung derjenigen Bewerber vor, die Ethnien außerhalb des deutschen Sprachraums angehören. Das Landesarbeitsgericht Hessen hat in einem jüngeren Urteil festgestellt, es gäbe keinen dahingehenden Erfahrungssatz, dass deutsche Muttersprachler die deutsche Sprache besser beherrschen als jemand, der Deutsch als Fremdsprache erlernt hat, und vor diesem Hintergrund eine unzulässige Benachteiligung bejaht[2]. Auch das Arbeitsgericht Berlin vertritt die Auffassung, es sei anderen Muttersprachlern möglich, sich perfekte Deutschkenntnisse anzueignen, weshalb das Kriterium „Muttersprache" als Ausschließungskriterium absolut ungeeignet sei[3].

Keine überzogenen Sprachanforderungen

Dies bedeutet jedoch nicht, dass Sprachkenntnisse in einer Stellenanzeige gar keine Rolle spielen dürfen. Vielmehr ist die Forderung eines gewissen Sprachniveaus für Arbeitgeber unschädlich, solange die Anforderungen aufgrund der zu verrichtenden Tätigkeit sachlich gerechtfertigt sind und dies auch aus der Stellenanzeige hervorgeht. Lässt die Anzeige z. B. erkennen, dass eine „kommunikationslastige" Position besetzt werden soll, ist die Anforderung „sehr gutes Deutsch" nicht zu beanstanden[4]. Es ist also im Einzelfall zu beurteilen, ob die Stellenanzeige für die konkrete Tätigkeit überzogene Sprachanforderungen stellt (was ein Indiz für eine Diskriminierung wäre) oder nicht[5].

Praxistipp
Ob Sprachanforderungen in einer Stellenanzeige AGG-konform sind oder nicht, hängt von der konkreten Tätigkeit ab, die ausgeschrieben wird. Der Arbeitgeber sollte einzelfallabhängig beurteilen, ob für die jeweilige Position die Beherrschung der deutschen Sprache nach der Verkehrsanschauung eine herausragende oder eher untergeordnete Rolle spielt. Da Schadensersatzklagen abgelehnter Bewerber keine Seltenheit mehr sind, sollte die Stellenanzeige im Zweifel eher zurückhaltend formuliert werden.

Bevorzugte Einstellung von Flüchtlingen möglich?

„Filter" durch die sog. Vorrangprüfung

Nach derzeitiger Rechtslage können Flüchtlinge mit dem aufenthaltsrechtlichen Status eines Asylbewerbers oder eines Geduldeten grundsätzlich erst nach einer sog. Vorrangprüfung eine Erlaubnis zur Aufnahme eines Arbeitsverhältnisses erhalten. Die zuständige Agentur

---

2 LAG Hessen, Urteil vom 15.06.2015 – 16 Sa 1619/14.
3 ArbG Berlin, Urteil vom 11.02.2009 – 55 Ca 16952/08.
4 LAG Nürnberg, Urteil vom 05.10.2011 – 2 Sa 171/11.
5 Vgl. zum Ganzen auch Göbel-Zimmermann/Marquardt, ZAR 2012, 369 ff.

für Arbeit hat im Rahmen dieser Prüfung zu untersuchen, ob nicht zunächst Deutschen oder EU-Staatsbürgern ein Arbeitsplatz vermittelt werden kann. Nach 15 Monaten Aufenthalt in Deutschland entfällt diese Vorrangprüfung jedoch; das neue Integrationsgesetz sieht sogar vor, dass sie unter bestimmten Voraussetzungen von vornherein unterbleiben kann[6]. Damit können Flüchtlinge zu einer Konkurrenz für Einheimische auf dem Arbeitsmarkt werden. Mit Wirkung seit August 2016 hat das Bundesministerium für Arbeit und Beschäftigung die Vorrangprüfung durch Verordnung in zahlreichen Arbeitsamtsbezirken vorübergehend außer Kraft gesetzt, sodass diese Prüfung in den genannten Bezirken entfällt[7].

Bevorzugte Behandlung von Flüchtlingen unter AGG-Gesichtspunkten problematisch

Diese Gemengelage sollte auch bei der Gestaltung einer Stellenanzeige beachtet werden. Es mag auf den ersten Blick verlockend wirken, etwa durch den Zusatz „Bewerbungen von Flüchtlingen werden bevorzugt behandelt" nach außen zu dokumentieren, dass man etwas Gutes tun will. Arbeitgeber würden durch eine solche Formulierung aber Gefahr laufen, sich dem Vorwurf einer sog. Inländerdiskriminierung auszusetzen, da sie deutsche Bewerber aufgrund ihrer ethnischen Herkunft benachteiligen würden. In der Tat scheint es zwar eine Art gesellschaftlichen Konsens dahingehend zu geben, die Integration von Flüchtlingen in den Arbeitsmarkt sei unabdingbar. Eine rechtliche Grundlage für eine bevorzugte Behandlung existiert jedoch – anders als z. B. im Bereich der Frauenförderung durch Gleichstellungsgesetze auf Länderebene – nicht. Damit fehlt es derzeit auch an einer Rechtfertigung für die Benachteiligung von deutschen Bewerbern.

Praxistipp
Stellenanzeigen sollten neutral formuliert werden, um das Risiko von Schadensersatzklagen abgelehnter inländischer Bewerber zu vermeiden. Statt einer bevorzugten Behandlung von Flüchtlingsbewerbungen könnte z. B. darauf hingewiesen werden, dass man sich „auch auf Bewerbungen geflüchteter Personen freue".

2.1.2 Abschluss des Arbeitsvertrages

Hat ein Flüchtling den Bewerbungsprozess erfolgreich absolviert, stellt sich die Frage, ob bei der Begründung des Arbeitsverhältnisses durch Vertragsschluss Besonderheiten zu beachten sind. Dies betrifft etwa die Vertragssprache – können die deutschen Standardverträge verwendet werden oder bedarf es neuer Dokumente in der jeweiligen

6 BT-Drucks. 18/8615.

7 Vierte Verordnung zur Änderung der Beschäftigungsverordnung (4. BeschVÄndV) vom 31.07.2016 veröffentlicht im BGBl. I Nr. 39, S. 1953; Inkrafttreten 06.08.2016

Muttersprache (oder zumindest auf Englisch)? Oftmals besteht auch der Wunsch, den Bestand des Arbeitsverhältnisses von vornherein an eine gültige Aufenthaltsgenehmigung und Arbeitserlaubnis zu koppeln.

Vertragssprache

Deutschsprachiger Arbeitsvertrag kann verwendet werden

Mit Blick auf die Arbeitsvertragssprache kann aus rein rechtlicher Sicht Entwarnung gegeben werden: Eine Vertragsübersetzung ist auch bei Neueinstellungen, die der deutschen Sprache nicht vollständig mächtig sind, nicht erforderlich. Das Risiko liegt hier beim Arbeitnehmer. Wenn er einen Vertrag unterschreibt, dessen Inhalt er aufgrund mangelnder Sprachkenntnisse nicht oder nur teilweise versteht, kann er sich später nicht auf die Unwirksamkeit des Vertrages oder einzelner darin enthaltener Bestimmungen berufen. Es ist ihm zumutbar, sich vor Unterzeichnung des Vertrages eine Bedenkzeit auszubitten und dafür zu sorgen, dass er sich über die Bedeutung des Vertragsinhalts im Klaren wird. Dies gilt auch dann, wenn vor Abschluss des Vertrages Bewerbungsgespräche in einer anderen Sprache – etwa im Beisein eines Dolmetschers – geführt wurden. Denn die Verwendung einer Sprache in Vertragsverhandlungen begründet keine Verpflichtung, in Zukunft Erklärungen nur in dieser Sprache abzugeben[8].

Praxistipp
Wenn offensichtlich ist, dass der Bewerber den Inhalt des deutschsprachigen Arbeitsvertrages nicht versteht, sollte ihm eine gewisse Bedenkzeit eingeräumt werden, bevor er unterschreibt. Ferner kann es sich anbieten, die wichtigsten Arbeitsbedingungen in einer in der Landesprache des Bewerbers (oder auf Englisch) verfassten Anlage zusammenzufassen. Durch diese Maßnahmen wird Missverständnissen und späteren Auseinandersetzungen vorgebeugt.

Gestaltungsmöglichkeiten

Arbeitgeber können durch die Aufnahme einiger Klauseln in den mit einem Flüchtling abzuschließenden Arbeitsvertrag das Risiko verringern, bei Auftreten eines Störfalles keine wirkungsvollen arbeitsrechtlichen Maßnahmen zur Beseitigung der Störung treffen zu können.

Zusicherung von Sprachkenntnissen und Genehmigungen

Zu denken ist beispielsweise an die vertragliche Vereinbarung, dass die Arbeitssprache Deutsch ist und der Flüchtling diese Sprache auf einem gewissen Niveau zu beherrschen hat (z. B. Niveaustufe „B1“). Ferner könnte sich der Arbeitgeber zusichern lassen, dass der Flüchtling über alle zur Aufnahme der Tätigkeit notwendigen Genehmigungen

8 BAG, Urteil vom 19.03.2014 – 5 AZR 252/12 (B).

und Erlaubnisse verfügt, insbesondere natürlich die Aufenthaltsgenehmigung und die Arbeitserlaubnis[9].

Keine Befristung für die Dauer der Aufenthaltserlaubnis

Der Arbeitsvertrag sollte allerdings nicht auf die Dauer der Aufenthaltserlaubnis befristet werden. Dies gilt jedenfalls, wenn die Befristungsdauer zwei Jahre überschreitet. Denn dann ist für eine wirksame Befristung ein Sachgrund im Sinne von § 14 Abs. 1 Teilzeit- und Befristungsgesetz (TzBfG) erforderlich. Die Befristung einer Aufenthaltserlaubnis kann nach der Rechtsprechung des Bundesarbeitsgerichts (BAG) aber nur dann einen Sachgrund darstellen, wenn bei Abschluss des Arbeitsvertrages eine überwiegende Wahrscheinlichkeit besteht, dass die Aufenthaltserlaubnis nicht verlängert wird[10]. Diese Prognose wird in den seltensten Fällen verlässlich getroffen werden können.

Ratsamer ist es, den Vertrag zunächst auf eine relativ kurze Dauer (z. B. ein Jahr oder weniger) zu befristen. Solche Vereinbarungen sind ohne Notwendigkeit eines sachlichen Grundes zulässig und geben dem Arbeitgeber die Möglichkeit, die Zusammenarbeit mit dem Flüchtling relativ risikolos zu erproben. Während der ersten sechs Monate würde auch das Kündigungsschutzgesetz (KSchG) keine Anwendung finden, sodass das Arbeitsverhältnis in diesem Zeitraum auch ohne rechtfertigenden Grund einseitig beendet werden könnte.

Praxistipp
Wenn Arbeitgeber in der Erprobungsphase möglichst flexibel bleiben wollen, sollten sie zunächst befristete Verträge mit einer Laufzeit von nicht mehr als zwei Jahren verwenden. In den Verträgen sollte eine Kündigungsmöglichkeit und eine Probezeit (d. h. eine kürzere Kündigungsfrist in den ersten sechs Monaten) vereinbart werden. Wichtig ist dabei, die Befristung vor der tatsächlichen Arbeitsaufnahme schriftlich, also mit originalen Unterschriften, zu vereinbaren. Ansonsten gilt das Arbeitsverhältnis gemäß § 16 TzBfG als auf unbestimmte Zeit abgeschlossen.

2.2 Durchführung des Arbeitsverhältnisses

2.2.1 Dokumentensprache

Die Frage, ob Dokumente auch in anderen Sprachen als der deutschen verfasst werden müssen, stellt sich nicht nur im Zusammenhang mit dem Abschluss des Arbeitsvertrages. Auch während der Durchführung des Arbeitsverhältnisses mit einem (teilweise) sprachunkundigen

9 Siehe hierzu auch die Ausführungen unter ▶ Abschn. 3.3.3.
10 BAG, Urteil vom 12.01.2000 – 7 AZR 863/98.

Flüchtling können Situationen auftreten, in denen eine Übersetzung der üblichen Erklärungen und Mitteilungen ratsam erscheint.

Abmahnung und Kündigung

Dies gilt in erster Linie für sog. einseitige Willenserklärungen, die der Arbeitgeber gegenüber einem Arbeitnehmer abgibt. Im Gegensatz zu einem einvernehmlichen Vertragsschluss besteht hier für den Arbeitgeber ein Risiko, dass der sprachunkundige Arbeitnehmer die Erklärung nicht versteht und sie deshalb keine Rechtswirkung entfaltet.

Unverständliche Abmahnung entfaltet keine Rechtswirkung

So kann etwa eine Abmahnung ihre Warn- und Rügefunktion nicht erfüllen, wenn der Empfänger mangels Sprachkenntnissen gar nicht übersieht, welches Fehlverhalten ihm vorgeworfen wird und welche Konsequenzen ihm angedroht werden[11]. Will der Arbeitgeber dann nach einem erneuten Fehlverhalten eine verhaltensbedingte Kündigung aussprechen, läuft er Gefahr, dass ihm in einer gerichtlichen Auseinandersetzung vorgehalten wird, es fehle an einer vorherigen ordnungsgemäßen Abmahnung. In diesem Falle würde die Kündigung des Arbeitsverhältnisses für unwirksam erklärt werden.

Unverständliche Kündigungserklärung setzt u. U. keine Fristen in Gang

Ein gleichgelagertes Problem stellt sich bei der (zwingend) schriftlichen Kündigungserklärung. Hier ist bereits fraglich, ob eine für den Empfänger unverständliche Erklärung überhaupt als wirksam zugegangen angesehen werden kann – mit weitreichender Bedeutung: Aus Sicht des Arbeitgebers ist der Zeitpunkt des Zugangs v. a. für den Ablauf der Kündigungsfrist relevant. Stellt er z. B. am Letzten eines Monats ein unverständliches Schreiben zu, könnte dieses den Lauf der Kündigungsfrist u. U. nicht in Gang setzten. Da eine Kündigung grundsätzlich nur mit Wirkung zum Monatsende erklärt werden kann, würde das Arbeitsverhältnis – auch wenn am nächsten Tag eine Übersetzung des Kündigungsschreibens nachgeliefert würde – einen weiteren Monat andauern, in dem der Arbeitgeber zur Gehaltszahlung verpflichtet wäre. Bei Kündigungsfristen zum Ende eines Quartals kann sich das finanzielle Risiko noch deutlich erhöhen. Für den Arbeitnehmer ist der Zeitpunkt des Zugangs ebenfalls relevant, da er den Beginn der dreiwöchigen Klagefrist gemäß § 4 KSchG markiert. Versäumt der Arbeitnehmer, binnen dieser Frist Kündigungsschutzklage vor dem Arbeitsgericht zu erheben, gilt die Kündigung als wirksam, auch wenn keine sie rechtfertigenden Gründe vorliegen.

Praxistipp

Um die vorgenannten Rechtunsicherheiten und Risiken zu vermeiden, sollten Abmahnungen und v. a. Kündigungsschreiben (auch) in einer für den Flüchtling verständlichen Sprache abgefasst werden.

---

11 BAG, Urteil vom 09.08.1984 – 2 AZR 400/83.

Informationen zur Betriebsratswahl

Unterrichtungspflicht des Wahlvorstands gegenüber ausländischen und sprachunkundigen Arbeitnehmern

In vielen Unternehmen finden alle vier Jahre Betriebsratswahlen statt. Diese werden von einem anlässlich der Wahl gebildeten Wahlvorstand geleitet, der wiederum von dem Arbeitgeber bei der Erfüllung seiner Aufgaben zu unterstützen ist. Eine dieser Aufgaben besteht gemäß § 2 Abs. 5 der Wahlordnung zum Betriebsverfassungsgesetz (WO) darin, ausländische und sprachunkundige Arbeitnehmer vor Einleitung der Betriebsratswahl über das Wahlverfahren, die Aufstellung der Wähler- und Vorschlagslisten, den Wahlvorgang und die Stimmabgabe in geeigneter Weise zu unterrichten.

Im Zweifel ist von unzureichenden Deutschkenntnissen auszugehen

Bei der Beurteilung der Frage, ob die im Betrieb beschäftigten ausländischen Arbeitnehmer der deutschen Sprache mächtig sind, ist nicht lediglich darauf abzustellen, ob sie sich bei der täglichen Arbeit hinreichend verständigen können. Entscheidend ist vielmehr, ob ihre Deutschkenntnisse ausreichen, um die zum Teil komplizierten Wahlvorschriften und den Inhalt eines Wahlausschreibens verstehen zu können. Im Zweifelsfall muss der Wahlvorstand von unzureichenden Sprachkenntnissen ausgehen – jedenfalls dann, wenn in dem Betrieb eine größere Anzahl ausländischer Arbeitnehmer mit einfachen Hilfsarbeiten beschäftigt ist[12].

Risiko bei Verletzung der Unterrichtungspflicht: Wahlanfechtung und Neuwahl

Kommt der Wahlvorstand seiner gesetzlichen Aufforderung gemäß § 2 Abs. 5 WO nicht oder nur unzureichend nach, kann die Betriebsratswahl gemäß § 19 Betriebsverfassungsgesetz angefochten und müsste gegebenenfalls wiederholt werden. Dies stellt in der Regel ein großes Ärgernis für den Arbeitgeber dar, da der Wahlvorgang sehr aufwendig ist und viele Ressourcen bindet. Zudem verursacht er Kosten, die allein vom Arbeitgeber zu tragen sind.

> **Praxistipp**
> Wahlvorstand und Arbeitgeber sollten rechtzeitig vor den Betriebsratswahlen eruieren, ob und in welchem Umfang eine Unterrichtung nach § 2 Abs. 5 WO notwendig ist. Sofern erforderlich, sollten zumindest das Wahlausschreiben sowie die Bekanntmachungen und Aushänge des Wahlvorstands vor der Einleitung der Wahl übersetzt werden. Ferner können Merkblätter in den im Betrieb vertretenen Sprachen angefertigt oder Dolmetscher zu Wahlversammlungen hinzugezogen werden[13].

Unterrichtungsschreiben bei Betriebsübergang

Unterrichtungspflicht bei Betriebsübergang

Ein nicht alltägliches, aber im Fall der Fälle bedeutsames Problem kann im Zusammenhang mit einem Betriebsübergang gemäß § 613a Abs. 1 BGB auftreten. Hier ist gesetzlich vorgeschrieben, dass die von dem

---

12 BAG, Beschluss vom 13.10.2004 – 7 ABR 5/04.

13 Siehe hierzu auch Herbert/Oberrath, DB 2010, 391 (393).

Betriebsübergang betroffenen Arbeitnehmer in Textform über die Umstände und die arbeitsrechtlichen Konsequenzen des Betriebsübergangs zu unterrichten sind, also insbesondere über den gesetzlichen Übergang ihrer Arbeitsverhältnisse auf einen neuen Arbeitgeber und die Bedeutung dieses Übergangs für die bisherigen Arbeitsbedingungen (§ 613a Abs. 5 BGB).

Hohe inhaltliche Anforderungen

Die Anforderungen der Rechtsprechung an die inhaltliche Verständlichkeit und Transparenz der Unterrichtungsschreiben sind sehr hoch. Immerhin sollen sie die Empfänger in die Lage versetzen, eine wichtige Entscheidung zu treffen: Gemäß § 613a Abs. 6 BGB können von einem Betriebsübergang betroffene Arbeitnehmer binnen eines Monats nach Erhalt des Unterrichtungsschreibens dem Übergang ihrer Arbeitsverhältnisse auf den neuen Inhaber des Betriebes widersprechen. Üben sie dieses Recht aus, bleiben ihre Arbeitsverhältnisse mit dem Veräußerer des Betriebes bestehen und können nur unter den Voraussetzungen des KSchG (sofern anwendbar) beendet werden. Die Arbeitnehmer müssen also auf Grundlage des Unterrichtungsschreibens abwägen, ob sie ihre Tätigkeit bei einem neuen, eventuell weniger etablierten Arbeitgeber fortsetzen oder in ihrem bisherigen Unternehmen verbleiben wollen.

Risiko: Rückkehr der übergegangenen Arbeitnehmer auch nach längerer Zeit

Genügt das Unterrichtungsschreiben den inhaltlichen Anforderungen nicht, beginnt die einmonatige Widerspruchsfrist nicht zu laufen. Stattdessen können Arbeitnehmer ihr Widerspruchsrecht auch noch nach längerer Tätigkeit bei dem Betriebserwerber ausüben, daraufhin zu ihrem alten Arbeitgeber zurückkehren und dessen Personalplanung erheblich durcheinanderbringen. Sowohl der Betriebsveräußerer als auch der Betriebserwerber haben daher stets ein großes Interesse daran, ordnungsgemäße Unterrichtungsschreiben abzufassen.

Unklar, ob Unterrichtung in deutscher Sprache ausreicht

Werden in einem Unternehmen ausländische Arbeitnehmer mit mangelhaften Sprachkenntnissen beschäftigt, stellt sich zwangsläufig die Frage, ob eine Unterrichtung ausschließlich in deutscher Sprache ausreichend ist. Diese Thematik wurde von der Rechtsprechung bis dato nicht geklärt und ist in der Literatur umstritten. Tendenziell wird jedoch eine Unterrichtung in ausschließlich deutscher Sprache für grundsätzlich ausreichend erachtet[14].

Praxistipp
Ist von einem Betriebsübergang eine verhältnismäßig hohe Anzahl von Arbeitnehmern mit nur rudimentären Deutschkenntnissen betroffen, sollte aus Gründen der Rechtssicherheit erwogen werden, das Unterrichtungsschreiben nach § 613a Abs. 5 BGB auch in den jeweils erforderlichen Landessprachen abzufassen. Dies gilt besonders dann, wenn innerhalb des Betriebes auch bei anderen Anlässen in verschiedenen Sprachen mit den

---

14 Vgl. etwa Fuhlrott/Ritz, BB 2012, 2689 (2690), m. w. N.

ausländischen Arbeitnehmern kommuniziert wurde. Die beteiligten Arbeitgeber sollten das (finanzielle) Risiko von unkalkulierbaren Widersprüchen, die lange Zeit nach dem Betriebsübergang erfolgen könnten, gegen den Aufwand bei der Erstellung der Unterrichtungsschreiben abwägen.

Aushang von Gesetzen

Verpflichtung zum Aushang zahlreicher Gesetzestexte

Zahlreiche Gesetze legen Arbeitgebern die Pflicht auf, die jeweiligen Gesetzestexte in ihren Betrieben auszuhängen oder den Gesetzesinhalt anders bekannt zu machen. Exemplarisch seien hier § 12 Abs. 5 AGG, § 16 Abs. 1 Arbeitszeitgesetz, § 18 Mutterschutzgesetz und § 47 Jugendarbeitsschutzgesetz genannt. Verstöße gegen diese Pflichten werden in der Regel mit Bußgeld geahndet.

Übersetzungspflicht wird überwiegend abgelehnt

Auch in diesem Zusammenhang ist fraglich, ob der dem Schutz der Arbeitnehmer dienenden Aushangpflicht Genüge getan werden kann, wenn in einem „multikulturellen" Betrieb die Gesetzestexte nur in deutscher Sprache veröffentlicht werden. Rechtsprechung zu dieser Frage existiert (soweit ersichtlich) nicht. Die überwiegende Meinung in der Literatur hält eine Übersetzung in die in dem Betrieb vertretenen Landessprachen für nicht erforderlich und beruft sich dabei auf die Tatsache, dass die jeweiligen Gesetze auch nur in deutscher Sprache veröffentlicht werden[15].

Praxistipp

Von den allermeisten deutschen Gesetzen existieren keine offiziellen Übersetzungen in andere Sprachen, erst recht nicht in jene etwas exotischerer Länder. Vor diesem Hintergrund kann Arbeitgebern in der Tat schwerlich abverlangt werden, die teilweise sperrig formulierten Gesetzestexte übersetzen zu lassen, um ihren Aushangpflichten nachkommen zu können. Wollen Arbeitgeber mit einem hohen Ausländeranteil dennoch auf Nummer sicher gehen, bietet die Vorschrift des § 11 Abs. 2 Arbeitnehmerüberlassungsgesetz (AÜG) eine brauchbare Orientierung: Danach sind die Unternehmen der Zeitarbeitsbranche verpflichtet, ihren Arbeitnehmern ein Merkblatt mit dem wesentlichen Inhalt des AÜG auszuhändigen, wobei nichtdeutsche Arbeitnehmer ein Merkblatt in ihrer Muttersprache verlangen können. Pflichtbewusste Arbeitgeber könnten demnach die relevanten Vorschriften der auszuhängenden Gesetze durch komprimiertes Informationsmaterial zur Verfügung stellen, das in den wichtigsten im Betrieb vertretenen Landessprachen verfasst ist.

15 Vgl. etwa Pepping/Rancke, § 18 MuSchG, Rn. 10, m. w. N.

2.2.2 Religiöse und kulturelle Aspekte

Werden Flüchtlinge aus einem fremden Kulturkreis mit teilweise stark ausgeprägtem Religionsbewusstsein in den deutschen Betriebsalltag integriert, stellt sich für Arbeitgeber naturgemäß die Frage, inwieweit aus rechtlicher Sicht auf die Belange des Flüchtlings Rücksicht zu nehmen ist und wann das Interesse des Arbeitgebers an einem reibungslosen Betriebsauflauf überwiegt. Dies betrifft vor allem die während der Arbeit getragene Kleidung, religiös motivierte Abwesenheiten und den Umgang mit anderen (insbesondere weiblichen) Arbeitnehmern.

Religiöse Kleidung

Religiöse Kleidung als „Dauerbrenner" in der Rechtsprechung

Das Thema religiöse Kleidung im Arbeitsverhältnis hat deutsche Gerichte in der Vergangenheit regelmäßig beschäftigt. Bekannt geworden sind vor allem die sogenannten „Kopftuchurteile" des BAG und des Bundesverfassungsgerichts (BVerfG). Es ging dabei jeweils um die Frage, ob einer Arbeitnehmerin muslimischen Glaubens untersagt werden kann, während der Arbeitszeit ein Kopftuch zu tragen bzw. bei einer Weigerung der Arbeitnehmerin das Arbeitsverhältnis zu beenden. Die Tatsache, dass hierzu mehrere höchstrichterliche Entscheidungen ergangen sind und auch das BVerfG als höchstes aller deutschen Gerichte angerufen wurde, verdeutlicht die Komplexität der Spannungslage. Aus der Rechtsprechung können jedoch einige Grundregeln für die Arbeitsvertragsparteien abgeleitet werden[16].

Grundsatz: Ausgewogene Berücksichtigung der Religions- und der Unternehmerfreiheit

Als Obersatz gilt zunächst, dass die jeweils im Grundgesetz (GG) verankerte Glaubensfreiheit des Arbeitnehmers (Art. 4 GG) und die Unternehmerfreiheit des Arbeitgebers (Art. 12 GG) ausgewogen berücksichtigt werden müssen. Dabei ist der Arbeitgeber grundsätzlich gehalten, religiöse Kleidung des Arbeitnehmers so lange zu dulden, wie seine unternehmerische Tätigkeit dadurch nicht beeinträchtigt wird. Beweisbelastet ist dabei stets der Arbeitgeber. Er müsste z. B. nachweisen können, dass Kunden nur aufgrund der religiösen Kleidung eines Arbeitnehmers den geschäftlichen Kontakt abgebrochen haben oder durch die Kleidung der innere betriebliche Frieden massiv gestört wird[17]. Strebt der Arbeitgeber die Beendigung des Arbeitsverhältnisses an, muss er stets vorrangig prüfen, ob nicht die Zuweisung einer anderen Aufgabe, bei der beispielsweise kein Kundenkontakt bestünde, möglich wäre[18].

Einschränkungen bei feststehenden Berufsbildern, zwingenden Schutzvorschriften und Tendenzbetrieben

Dieser Grundsatz erfährt jedoch einige Einschränkungen. Zunächst kann der Arbeitgeber bei einem durch die Verkehrssitte definierten Erscheinungsbild verlangen, dass sich der Arbeitnehmer diesem Erscheinungsbild entsprechend kleidet (z. B. Tragen eines Anzugs als Mitarbeiter einer Bank). Vorrang genießen auch Arbeitnehmerschutzvorschriften. Ist etwa für die Verrichtung einer Tätigkeit das Tragen

16 Zusammenfassend ErfK/Schmidt, Art. 4 GG, Rn. 23, m. w. N.

17 Zu den hohen Anforderungen explizit BAG, Urteil vom 10.10.2002 – 2 AZR 472/01.

18 Siehe hierzu auch die Ausführungen unter ► Abschn. 3.3.2.

eines Schutzhelmes zwingend erforderlich, kann ein religiös motivierter Turbanträger nicht verlangen, auf dieser Stelle beschäftigt zu werden, solange er sich weigert, den Turban gegen den Schutzhelm einzutauschen. Bei kirchlichen Arbeitgebern oder Arbeitgebern mit Bildungsauftrag (Schulen, Kindertagesstätten) kann religiöse Kleidung ebenfalls untersagt werden, wenn die religiöse Neutralität nicht mehr gewährleistet ist und eine Beeinflussung der Schutzbefohlenen droht.

Praxistipp
Bereits im Einstellungsverfahren dürfte ein Eindruck davon gewonnen werden, ob und in welchem Umfang das Thema religiöse Kleidung bei der Beschäftigung eines Flüchtlings relevant werden könnte. Sofern Konfliktpotenzial besteht, kann sich die Aufnahme eines Hinweises auf die notwendige Bekleidung in den Arbeitsvertrag empfehlen. Der Arbeitnehmer könnte sich in diesem Falle nicht darauf berufen, ihm sei die „Kleiderordnung" des Arbeitgebers nicht bekannt gewesen. Dies würde es dem Arbeitgeber erleichtern, beim Auftreten von Spannungen wirksame arbeitsrechtliche Maßnahmen zu treffen.

Gebetspausen

Kurze Gebetspausen sind grundsätzlich zu akzeptieren

Besonders die Anhänger des muslimischen Glaubens fühlen sich verpflichtet, täglich mehrere Gebete zu verrichten – auch während ihrer Arbeitszeit. Sofern diese Gebete jeweils nur wenige Minuten dauern, ist eine solche kurzzeitige Unterbrechung der Arbeitsleistung von der grundgesetzlich garantierten Religionsfreiheit gedeckt und arbeitsrechtlich nicht zu beanstanden. Der Arbeitnehmer geht auch nicht seines Vergütungsanspruchs für die Zeit seiner Abwesenheit verlustig, da ein Fall des § 616 BGB vorliegt. Diese Vorschrift erlaubt kurzzeitige, vergütungspflichtige Abwesenheiten von Arbeitnehmern, wenn persönliche Gründe diese Abwesenheit erfordern. Zu diesen persönlichen Gründen können auch religiöse Pflichten gehören.

Unterbrechung darf jedoch nicht zu Störungen führen; Abstimmung mit Vorgesetztem erforderlich

Anders verhält es sich jedoch, wenn durch die Abwesenheit des Arbeitnehmers die betrieblichen Abläufe gestört werden. Zu denken ist etwa an Fließbandarbeiten, bei denen das reibungslose Ineinandergreifen verschiedener Arbeitsschritte grundlegende Bedeutung hat und die Unterbrechung an einer Stelle die komplette Produktion beeinflusst. In derartigen Fällen überwiegt grundsätzlich das Interesse des Arbeitgebers am Schutz der betrieblichen Belange[19]. Ferner sind Arbeitnehmer nicht berechtigt, den Zeitpunkt ihrer Arbeitsunterbrechung für die Verrichtung der Gebete ohne Rücksprache mit dem Vorgesetzten selbst zu bestimmen[20].

19 LAG Hamm, Urteil vom 18.01.2002 – 5 Sa 1782/01.
20 LAG Hamm, Urteil vom 26.02.2002 – 5 Sa 1582/01.

Keine Pflicht, Gebetsräume zur Verfügung zu stellen

Arbeitgeber sind im Übrigen nicht verpflichtet, ihren muslimischen Arbeitnehmern spezielle Gebetsräume zur Verfügung zu stellen. Ungeachtet dessen erscheint es ratsam, bei Bedarf die ungestörte Verrichtung der Gebete zu ermöglichen, sofern dadurch kein unverhältnismäßiger Aufwand entsteht.

Praxistipp
Unter AGG-Gesichtspunkten erscheint es etwas heikel, bereits im Einstellungsprozess nach der Notwendigkeit von Gebetspausen zu fragen. Dennoch besteht ein Interesse des Arbeitgebers, seine betrieblichen Abläufe möglichst reibungslos zu organisieren. Hierfür können auch kurzzeitige, aber regelmäßig auftretende Abwesenheiten des Arbeitnehmers eine Rolle spielen. Es könnte daher in Betracht gezogen werden, im Arbeitsvertrag an geeigneter Stelle darauf hinzuweisen, dass zu bestimmten Zeiten eine durchgehende Anwesenheit des Arbeitnehmers an seinem Arbeitsplatz erforderlich ist.

Pilgerfahrten und Fasten

Keine Sonderbehandlung bei religiös motivierten Urlaubswünschen

Neben den täglichen Gebeten können auch weitere religiöse „Pflichttermine" Auswirkungen auf den Arbeitsalltag mit Flüchtlingen haben. So musste sich das Arbeitsgericht Köln bereits mit der Frage auseinandersetzen, ob die unerlaubte Selbstbeurlaubung einer muslimischen Arbeitnehmerin mit der Begründung gerechtfertigt werden könne, die Arbeitnehmerin habe nur in dem fraglichen Zeitraum eine Pilgerfahrt nach Mekka unternehmen können, zu deren Durchführung sie ihr muslimischer Glaube verpflichte[21]. Auch wenn in dem konkreten Fall aufgrund der besonderen Umstände zugunsten der Arbeitnehmerin entschieden wurde, sind hier grundsätzlich die normalen Instrumentarien des Arbeitsrechts zu verwenden. Konkret heißt das: Will ein Arbeitnehmer an einer Pilgerfahrt teilnehmen, hat er dies rechtzeitig zu planen und bei seinem Arbeitgeber entsprechend Erholungsurlaub zu beantragen. Dieser Urlaubwunsch kann von dem Arbeitgeber – wie jeder anderer Urlaubsantrag auch – gemäß § 7 Abs. 1 Bundesurlaubsgesetz nur dann abgelehnt werden, wenn dringende betriebliche Belange oder Urlaubswünsche anderer Arbeitnehmer, die unter sozialen Gesichtspunkten den Vorrang verdienen, entgegenstehen. Einen besonderen „Religionsurlaub" gibt es nicht[22].

21 ArbG Köln, Urteil vom 12.08.2008 – 17 Ca 51/08.

22 Ebenso Hoevels, ArbRAktuell 2012, 5 (8); kritisch Schneider, ArbRAktuell 2016, 298 (299), die aufgrund der Religionsfreiheit einen fünftägigen, besonders geschützten Urlaubsanspruch fordert, der nur aus „herausragenden betrieblichen Gründen" abgelehnt werden dürfe.

Fasten in der Regel unproblematisch

Auch das religiöse Fasten ist unter allgemeinen arbeitsrechtlichen Gesichtspunkten zu betrachten. Es wird ohnehin in der Regel nur mittelbar die Interessen des Arbeitgebers berühren und dürfte daher ohne größere Schwierigkeiten befolgt werden können. Nur dort, wo der Arbeitnehmer schwerste körperliche Arbeiten schuldet und dieser Verpflichtung aufgrund einer physischen Schwächung während der Fastenzeit nicht ordnungsgemäß nachkommen kann, kommen arbeitsrechtliche Sanktionen (Abmahnung, Kündigung) in Betracht.

Umgang mit Frauen

Konfliktfälle sind bereits bekannt

Reibungspunkte können auch bei der Interaktion zwischen männlichen Flüchtlingen und weiblichen Kollegen oder Vorgesetzten am Arbeitsplatz entstehen. In der Öffentlichkeit wurden zuletzt Fälle bekannt, in denen sich muslimische Flüchtlinge weigerten, das in den Aufnahmeunterkünften ausgegebene Essen von weiblichen Helfern entgegenzunehmen. An einer Hamburger Schule verweigerte ein muslimischer Schüler seiner Lehrerin einen Handschlag und begründete dies mit seinem muslimischen Glauben. In ▶ Kap. 9 ist nachzulesen, dass bei einer Befragung vor der Einstellung für eine Einstiegsqualifizierung ein signifikanter Anteil an Bewerbern weibliche Führungskräfte ablehnt.

Fehlverhalten im Umgang mit Kollegen darf nicht mit Religionsfreiheit gerechtfertigt werden

Überträgt man diese Einstellungen und Verhaltensweisen auf das heutige Arbeitsleben, erscheinen Konflikte vorprogrammiert. Je nach Tätigkeit und Position werden arbeitende Flüchtlinge permanent mit Kolleginnen und weiblichen Vorgesetzten in Kontakt kommen und gegebenenfalls auch Arbeitsanweisungen von ihnen erhalten. Sollte sich ein Flüchtling weigern, im Umgang mit Frauen betriebsüblichen Verhaltensweisen zu entsprechen oder gar Anweisungen einer weiblichen Führungskraft missachten, kann dies nach der hier vertretenen Ansicht nicht mit der Religionsfreiheit des jeweiligen Arbeitnehmers gerechtfertigt werden. Einerseits ist die Gleichbehandlung von Mann und Frau ebenfalls ein verfassungsrechtlich geschütztes Gut, ferner würde die Akzeptanz derartiger Verhaltensweisen völlig falsche gesellschaftspolitische Signale setzen und der angestrebten Integration der Flüchtlinge zuwiderlaufen. Entsprechendes Fehlverhalten gegenüber weiblichen Kollegen muss daher arbeitsrechtliche Konsequenzen nach sich ziehen und u. U. die Beendigung des Arbeitsverhältnisses rechtfertigen können.

Praxistipp

Es kann ratsam sein, während des Einstellungsprozesses auf die Notwendigkeit der Zusammenarbeit mit Frauen hinzuweisen. Im Arbeitsvertrag könnte sogar festgehalten werden, dass der Arbeitnehmer verpflichtet ist, den Anweisungen weiblicher Führungskräfte Folge zu leisten.

2.2.3 Vergütung

Bei der Zusammenarbeit mit Flüchtlingen stellt sich für viele Unternehmen die Frage, in welcher Höhe die verrichteten Tätigkeiten zu vergüten sind. Da oftmals wegen der fehlenden Sprachkenntnisse und nur unzureichenden beruflichen Qualifikation (zunächst) lediglich einfache Hilfsarbeiten in Betracht kommen, wird vielfach angenommen, eine Bezahlung unterhalb des gesetzlichen Mindestlohnniveaus sei möglich.

Das Mindestlohngesetz enthält keine Ausnahmen für die Beschäftigung von Flüchtlingen

Dies entspricht jedoch nicht der geltenden Rechtslage. Das Mindestlohngesetz (MiLoG) enthält keine Ausnahmen für die Beschäftigung von Flüchtlingen; derzeit werden Modifikationen lediglich politisch diskutiert. Der Gesetzgeber hat jedoch auch in dem neuen Integrationsgesetz keine entsprechenden Vorkehrungen getroffen. Somit bleibt es bei den bisher in § 22 MiLoG geregelten Ausnahmefällen, die sich vor allem auf Praktikumsverhältnisse beziehen. Erfasst sind allerdings nicht alle Praktika, sondern nur in die § 22 Abs. 1 Satz 2 MiLoG abschließend aufgezählten Tätigkeiten im Zusammenhang mit einer Berufsausbildung (Ausbildung, Schule, Universität). Allen Fällen ist gemein, dass das Praktikum entweder aufgrund einer Ausbildungsordnung verpflichtend abzuleisten ist oder im Vorfeld einer Ausbildung, deren Beginn mehr oder weniger konkret bevorsteht, absolviert wird. Diese Voraussetzungen dürften bei der (erstmaligen) Beschäftigung von Flüchtlingen in den seltensten Fällen erfüllt sein. Es muss also zuvor unternehmerisch beurteilt werden, ob der Grenznutzen der Beschäftigung oder Ausbildung eines Flüchtlings die durch den gesetzlichen Mindestlohn gesetzten Grenzkosten übersteigt.

Arbeitserlaubnis kann bei ungünstigeren Arbeitsbedingungen nicht erteilt werden

Des Weiteren sollten potenzielle Arbeitgeber beachten, dass die zuständige Agentur für Arbeit der Aufnahme einer Beschäftigung durch einen Ausländer nur dann zustimmen darf, wenn dieser nicht zu ungünstigeren Bedingungen als vergleichbare deutsche Arbeitnehmer beschäftigt wird (§ 39 Abs. 2 Satz 1 Aufenthaltsgesetz). Die Prüfung der Behörde bezieht sich auf die Arbeitsbedingungen der konkreten Stelle mit Verdienst und Arbeitszeit. Wenn also beispielweise ein ungelernter inländischer Arbeitnehmer in der betreffenden Branche und Region durchschnittlich einen Bruttostundenlohn von EUR 12,00 erzielt, könnte ein vergleichbarer Flüchtling nicht für den deutlich geringeren Mindestlohn eingestellt werden.

Praxistipp
Arbeitgeber, die zur Einstellung von Flüchtlingen bereit sind und auch den gesetzlichen Mindestlohn zahlen wollen, sollten sich im Vorfeld bei der Agentur für Arbeit über die Arbeitsbedingungen vergleichbarer deutscher Arbeitnehmer informieren. Auf diese Weise kann in Erfahrung gebracht werden, ob und in welchem Umfang eine Bezahlung oberhalb des Mindestlohnniveaus nötig ist.

2.3 Umgang mit einzelnen Störfällen

Dass in der Zusammenarbeit mit Personen aus einem fremden Kulturkreis und mit teilweise nur rudimentären Sprachkenntnissen auch Störfälle auftreten können, liegt in der Natur der Sache. Im Folgenden sollen drei typische Konstellationen aufgezeigt werden, die bereits Gegenstand der arbeitsgerichtlichen Rechtsprechung waren.

2.3.1 Mangelnde Sprachkenntnisse

Sollte sich während des laufenden Arbeitsverhältnisses mit einem Flüchtling herausstellen, dass die deutsche Sprache schlechter beherrscht wird als zunächst vermutet, stellt sich die Frage nach zulässigen Reaktionsmöglichkeiten des Arbeitgebers.

Aufforderung zur Teilnahme an Deutschkurs ist keine Diskriminierung

Das BAG hatte im Jahre 2011 über einen Fall zu befinden, in dem eine ausländische Arbeitnehmerin von ihrem Arbeitgeber aufgrund anhaltender Verständigungsprobleme mit Kollegen und Kunden dazu aufgefordert wurde, auf eigene Kosten und während ihrer Freizeit einen Deutschkurs zu belegen. Die Arbeitnehmerin sah sich hierdurch aufgrund ihrer Rasse und ethnischen Herkunft diskriminiert und verlangte eine Entschädigung in Höhe von EUR 15 000. Das BAG sah hier jedoch den Arbeitgeber im Recht und lehnte einen entsprechenden Anspruch ab. Im konkreten Fall war die vertraglich geschuldete Tätigkeit ohne die verlangten Deutschkenntnisse nicht zu erbringen, sodass die Forderung des Arbeitgebers erforderlich und angemessen im Sinne des AGG war[23].

Kann der Sprachmangel nicht beseitigt werden, kommen arbeitsrechtliche Sanktionen in Betracht

Sofern betriebliche oder tarifvertragliche Regelungen nicht entgegenstehen, können Arbeitgeber daher bei nachträglich auftretenden Sprachdefiziten von dem betroffenen Arbeitnehmer verlangen, dass er auf seine Kosten und außerhalb der Arbeitszeit für Abhilfe sorgt. Wird dann etwa die eigenfinanzierte Teilnahme an einem Deutschkurs verweigert, kann eine Abmahnung und im Wiederholungsfalle eine verhaltensbedingte Kündigung ausgesprochen werden. Ist der Arbeitnehmer intellektuell nicht in der Lage, sich die erforderlichen Sprachkenntnisse anzueignen, kommt eine personenbedingte Kündigung in Betracht. Voraussetzung ist aber stets, dass der Arbeitnehmer nicht auf einer anderen Position mit geringerer „Sprachrelevanz“ eingesetzt werden kann[24].

Praxistipp
Wenn die Sprachkenntnisse eine gewisse Bedeutung für die Tätigkeit des Flüchtlings haben, sollte im Arbeitsvertrag das geschuldete Mindestniveau vereinbart werden (s. bereits

23 BAG, Urteil vom 22.06.2011 – 8 AZR 48/10.
24 Ausführlich hierzu Latzel, RdA 2013, 73 ff.

oben unter ► Abschn. 2.1.2 „Gestaltungsmöglichkeiten"). Dies erleichtert beim Auftreten von Störfällen die Durchsetzung der Arbeitgeberinteressen und kann Diskussionen darüber vermeiden, ob die vom Arbeitgeber geforderten Maßnahmen zur Beseitigung des Sprachmangels angemessen sind.

2.3.2 Weigerung, bestimmte Tätigkeiten zu verrichten

Arbeitsrechtliche Probleme können auch entstehen, wenn sich ein Arbeitnehmer aus religiösen Gründen weigert, an sich arbeitsvertraglich geschuldete Tätigkeiten zu verrichten.

Bekannter Fall: Weigerung, Alkoholika in ein Regal einzuräumen

Bekannt ist beispielsweise der Fall eines muslimischen Arbeitnehmers, der als Ladenhilfe in einem Warenhaus tätig war und sich weigerte, im Getränkebereich zu arbeiten. Ihm seien aufgrund seines Glaubens jegliche Handlungen verboten, die der gewerblichen Verbreitung von Alkoholika dienten. Dieses Verbot beziehe sich auch auf das von ihm verlangte Ein- und Ausräumen von alkoholischen Getränken in die Regale des Warenhauses. Der Arbeitnehmer sprach daraufhin eine außerordentliche und hilfsweise ordentliche verhaltensbedingte Kündigung aus. Beide Kündigungen wurden letztendlich vom BAG für unwirksam erklärt[25].

Bei Glaubenskonflikt kann Leistungsverweigerungsrecht des Arbeitnehmers bestehen

In dem Urteil aus dem Jahre 2011 trifft das BAG einige grundlegende Aussagen zum rechtlichen Umgang mit derartigen Konstellationen. Zunächst wird festgestellt, dass ein Arbeitgeber, dem der Glaubenskonflikt eines Arbeitnehmers bekannt ist, dem Arbeitnehmer die aufgrund des Konflikts verweigerte Tätigkeit nicht wirksam zuweisen kann. Stattdessen sei der Arbeitnehmer gehalten, den Arbeitnehmer – soweit möglich und zumutbar – mit anderen Aufgaben zu betrauen. Beharre der Arbeitgeber dennoch auf seiner ursprünglichen Weisung, stünde dem Arbeitnehmer ein Leistungsverweigerungsrecht zu; die Weigerung zur Vornahme der Tätigkeit sei deshalb keine Pflichtverletzung und könne somit keine verhaltensbedingte Kündigung rechtfertigen. Sollte keine anderweitige Einsatzmöglichkeit vorhanden sein, komme eine personenbedingte Kündigung in Betracht.

Praxistipp
Vor dem Hintergrund dieser Rechtsprechung sollten Arbeitgeber vor Ausspruch einer Kündigung stets sorgfältig prüfen, ob der betroffene Arbeitnehmer (ohne unverhältnismäßigen Aufwand) nicht auch „konfliktfrei" eingesetzt werden kann. Die Position

25 BAG, Urteil vom 24.02.2011 – 2 AZR 636/09.

des Arbeitgebers kann gestärkt werden, indem bei Arbeitsvertragsschluss klar kommuniziert und festgehalten wird, welche Aufgaben der Arbeitnehmer zu erfüllen hat. Wenn – so auch das BAG – der Arbeitnehmer von Anfang an wusste, dass er die vertraglich eingegangenen Verpflichtungen aufgrund seiner Glaubensüberzeugung nicht würde erfüllen können, kann er sich später nicht (oder nur in Ausnahmefällen) auf ein religiös motiviertes Leistungsverweigerungsrecht berufen.

2.3.3 Fehlen bzw. Wegfall der Arbeitserlaubnis

Die legale Beschäftigung eines Flüchtlings ist nur bei Vorliegen einer gültigen Arbeitserlaubnis möglich. Fehlt sie (für den Arbeitgeber unerkannt) schon bei Beginn des Arbeitsverhältnisses oder entfällt sie zu einem späteren Zeitpunkt, stellt sich die Frage, welche Auswirkungen dies auf den abgeschlossenen Arbeitsvertrag hat.

Wegfall der Arbeitserlaubnis rechtfertigt in der Regel eine ordentliche personenbedingte Kündigung

Fest steht, dass der Arbeitsvertrag als solcher stets wirksam bleibt und keinesfalls als nichtig anzusehen ist. Stattdessen bedarf es eines besonderen Beendigungstatbestands, um das Arbeitsverhältnis mit dem Flüchtling auflösen zu können. Da der Wegfall der Arbeitserlaubnis ein in der Person des Arbeitnehmers liegendes rechtliches Beschäftigungshindernis darstellt, ist regelmäßig die ordentliche personenbedingte Kündigung das richtige Mittel. Dabei ist jedoch zu unterscheiden, ob die Arbeitserlaubnis bei Zugang der Kündigung bereits endgültig verweigert worden ist oder nicht: Ist der ablehnende Bescheid schon bestandskräftig bzw. von den Gerichten rechtskräftig bestätigt worden, steht dem Einsatz des Arbeitnehmers ein dauerndes Beschäftigungsverbot entgegen, das eine personenbedingte Kündigung zu rechtfertigen vermag. Falls hingegen noch nicht endgültig über die Versagung der Erlaubnis entschieden worden ist, kommt es (ähnlich wie bei einer lang dauernden Erkrankung) darauf an, ob der Arbeitgeber bei objektiver Beurteilung zum Zeitpunkt der Kündigungserklärung davon ausgehen durfte, es werde keine Wiedererteilung der Arbeitserlaubnis erfolgen, und ob der Arbeitsplatz ohne erhebliche betriebliche Beeinträchtigungen für den Arbeitnehmer hätte freigehalten werden können[26].

Außerordentliche Kündigung nur in Ausnahmefällen möglich

Eine außerordentliche Kündigung mit sofortiger Wirkung dürfte in den meisten Fällen ausscheiden. Wenn aber z. B. ein Arbeitnehmer seinem Arbeitgeber vorsätzlich über längere Zeit verschweigt, dass er keine Aufenthaltsgenehmigung und Arbeitserlaubnis mehr besitzt, stellt dies einen wichtigen Grund dar, auf den die fristlose Beendigung des Arbeitsverhältnisses gestützt werden kann[27]. An eine ordentliche verhaltensbedingte Kündigung ist stattdessen zu denken, wenn sich der

26 Boecken, Düwell, Diller, Hanau/Kerwer, § 1 KSchG, Rn. 568, m.w.N.
27 LAG Nürnberg, Urteil vom 21.09.1994 – 3 Sa 1176/93.

Arbeitnehmer nicht rechtzeitig um die Erteilung bzw. Verlängerung der Arbeitserlaubnis kümmert[28].

Anfechtung des Arbeitsvertrags bei anfänglicher Täuschung

Sollte der Arbeitnehmer bei Vertragsschluss über das Vorhandensein einer gültigen Arbeitserlaubnis getäuscht haben, kann der Arbeitsvertrag auch angefochten werden. Die Anfechtung würde aber nur für die Zukunft wirken; eine Rückabwicklung der gegenseitig erbrachten Leistungen scheidet bei einem bereits vollzogenen Arbeitsverhältnis in aller Regel aus.[29]

Praxistipp

Arbeitgeber sollten sich im Arbeitsvertrag zusichern lassen, dass alle für die Ausübung der Tätigkeit erforderlichen Genehmigungen und Erlaubnisse vorliegen. Ferner kann in Absprache mit der Agentur für Arbeit geklärt werden, welche Dokumente der Arbeitnehmer vorweisen können muss.

28 Boecken, Düwell, Diller, Hanau/Kerwer, § 1 KSchG, Rn. 570.

29 BAG, Urteil vom 03.12.1998 – 2 AZR 754/97.

Das neue Integrationsgesetz

Doreen Carpenter

A. Frintrup (Hrsg.), *Berufliche Integration von Flüchtlingen und Migranten*,
https://doi.org/10.1007/978-3-662-53942-2_3

Das Integrationsgesetz ist im Bundesgesetzblatt vom 5. August 2016 verkündet worden und ist am Tag nach der Verkündung in Kraft getreten. Bei nahezu 500 000 Asylsuchenden, die 2015 in Deutschland einen Antrag gestellt haben, wollte man alte Fehler vermeiden und eine Integration von vorneherein vorantreiben, um die Kosten einer mangelnden Integration möglichst gering zu halten. Unter dem Motto „Fördern und Fordern" sind im Integrationsgesetz Rechte und Pflichten für beide Seiten festgelegt. Man wolle integrieren und den Zuflucht suchenden Personen ein neues Zuhause bieten, fordere aber auf der anderen Seite auch den Willen und den Einsatz der Geflohenen, sich zu integrieren. Mehrere Gesetzesänderungen sind nötig, die vor allem auf Spracherwerb, Ausbildung und soziale Integration abzielen. Bei der Ablehnung von Integrationsmaßnahmen kann es künftig zu Leistungskürzungen kommen.

3.1 Das Gesetz

Motto: „Fördern und Fordern"

Unter dem Motto „Fördern und Fordern" hat der Deutsche Bundestag am 7. Juli 2016 das Integrationsgesetz beschlossen (Drucksache 18/9090). Nach einer kurzen und zum Teil hitzigen Debatte wurde dem Gesetzesentwurf der Bundesregierung nach dem Bundestag ebenfalls einen Tag nach dem Bundestag vom Bundesrat zugestimmt. Sowohl Asylsuchende als auch der deutsche Staat haben aus dem neu beschlossenen Gesetz Ansprüche aneinander und bei Verstößen drohen Sanktionen. Mit den darin beschriebenen Regelungen und Maßnahmen erhofft sich die Regierung eine möglichst reibungslose Integration der nach Deutschland kommenden Ausländer mit Bleibeperspektive in die deutsche Gesellschaft. „Integration" erhält demnach zum ersten Mal in Deutschland ein gesetzlich normiertes Standbein. Man wolle aus den Fehlern der Vergangenheit lernen, heißt es, und das Gesetz soll die Grundlage dafür sein. Doch was waren diese Fehler der Vergangenheit und welche Regelungen im neuen Integrationsgesetz sind es genau, die diese Fehler verhindern sollen?

3.2 Rückblick bzw. mangelnde Integration

Ein kurzer Blick in die Geschichte der deutschen Nachkriegszeit gibt Antwort auf diese Frage. 1955 war das erste Anwerbeabkommen zwischen Deutschland mit Bundeskanzler Konrad Adenauer und Italien geschlossen worden. Der Wirtschaftsboom ließ die Arbeitslosenzahlen sinken, was den Bedarf an Arbeitskräften im niedrig qualifizierten Bereich, insbesondere im landwirtschaftlichen Sektor, im Bergbau und im Straßen- und Brückenbau, anstiegen ließ. Deutsche bewarben sich auf die besser bezahlten Stellen und wollten im Niedriglohnbereich nicht arbeiten. In Italien gab es dagegen eine hohe Arbeitslosenzahl und viele waren bereit, nach Deutschland zu gehen und diese Arbeit auch für wenig Lohn zu übernehmen. Das Land selbst hatte neben der Verringerung der Arbeitslosigkeit im eigenen Land auch die Hoffnung, im Gegenzug gut ausgebildete Arbeiter aus Deutschland zurückzubekommen und damit einen Gewinn an Know-how zu erhalten. Aus den gleichen Gründen folgten bis 1968 Verträge mit Spanien, Griechenland, Türkei, Marokko, Südkorea, Portugal, Tunesien und Jugoslawien.

Vertraglich war meistens zwischen den Ländern vereinbart, dass nur unverheiratete „Gastarbeiter" mit einem Ausschluss des Familiennachzugs und nur für maximal zwei Jahre nach Deutschland kommen sollten. Das sog. „Rotationsprinzip" sollte verhindern, dass sich die Arbeiter in Deutschland niederließen. Der Plan ging nicht vollumfänglich auf. Die Unternehmen wollten nicht ständig wechselnde Arbeitnehmer haben, womit sich die Aufenthaltszeit der „Gastarbeiter" verlängerte und zunehmend Familienangehörige nachzogen. Auch wollten trotz steigender Arbeitslosigkeit viele deutsche Arbeitskräfte die Arbeit am unteren Ende der Arbeitsmarkthierarchie nicht übernehmen. Erste Niederlassungstendenzen zeigten sich, ohne dass darauf von der Politik reagiert worden ist.

1973 blieben rund 4 Millionen „Gastarbeiter" trotz Anwerbestopps im Land

Bis zur Ölkrise 1973 und dem daraus resultierenden Anwerbestopp lebten knapp 14 Millionen Ausländer in Deutschland. Davon blieben1973 rund 4 Millionen „Gastarbeiter" trotz Anwerbestopps im Land.

Familienangehörige, die nicht am Arbeitsleben teilnahmen, unterhielten eigenen Subkulturen

War es anfangs zum Teil die Einstellung der führenden Politiker, dass die „Gastarbeiter" nach kurzer Zeit wieder gehen würden, waren es später auch die fehlenden Integrationsmaßnahmen und eine gewisse „Vogel-Strauß-Haltung", die dazu führten, dass die ehemaligen „Gastarbeiter" zum großen Teil nicht in die deutsche Gesellschaft integriert wurden. Gerade Familienangehörige, die nicht am Arbeitsleben teilnahmen, unterhielten eigenen Subkulturen, in denen viele nicht einmal die deutsche Sprache lernten. Das Bildungsniveau ist gerade auch wegen der mangelnden Sprachkompetenz bei vielen niedrig geblieben, was wiederum dazu führte, dass bis heute und auch in 2. oder 3. Generation Zuwanderer im Niedriglohnsektor geblieben bzw. erwerbslos sind (Tucci, 2008).

3.3 Kosten bzw. Nachteil

Unzureichende Integration von Zuwanderern kostet den deutschen Staat jährlich ca. 16 Milliarden Euro

Laut einer Studie der Bertelsmann-Stiftung aus dem Jahre 2007 (Fritschi & Jann, 2008; die Stichprobe stammt aus dem Jahre 2005) kostet unzureichende Integration von Zuwanderern (darunter fallen auch Eingebürgerte, Aussiedler sowie Kinder mit mindestens einem im Ausland geborenen Elternteil) den deutschen Staat jährlich ca. 16 Milliarden Euro. In dieser Studie wurden weniger integrierte Zuwanderer mit integrierten verglichen. Als Integrationsindex wurden drei Bereiche herangezogen, die für die Chancen auf dem deutschen Arbeitsmarkt als ausschlaggebend angesehen werden: Grad, zu dem die Personen mit Migrationshintergrund der deutschen Sprache mächtig sind, ein adäquates Bildungsniveau aufweisen und über ein soziales Netzwerk verfügen. Der Anteil der Zuwanderer lag zum Zeitpunkt der Studie bei rund 19%. Die ermittelten Kosten der unzureichenden Integration fallen bei unterschiedlichen Finanzträgern (Kommunen, Länder, Bund, Sozialversicherungen, Wirtschaft bzw. Gesellschaft) an und sind vor allem die Folgekosten, die aus der mangelnden Integration resultieren.

Aus diesem Grunde und mit diesem Wissen und der Erfahrung wurde der Ruf nach einer Steuerung der Integration durch die Regierung in den letzten Jahren immer lauter. Mit fast einer halben Million Asylanträgen allein im Jahre 2015 wurde die Regierung schließlich aktiv.

3.4 Inhalt des Integrationsgesetzes

Integrationsprozess kann so schnell wie möglich in Gang gesetzt werden

Der Erkenntnis hoher Kosten durch mangelnde Integration folgend, soll das Integrationsgesetz Hürden beseitigen, die einer schnellen und wirkungsvollen Integration vor allem auf dem Arbeitsmarkt von Asylsuchenden mit Bleibeperspektive und Geduldeten entgegenstehen. Unnötige Wartezeiten sollen vermieden werden, damit der Integrationsprozess so schnell wie möglich in Gang gesetzt werden kann. Arbeitgeber sollen Rechtssicherheit erhalten, um deren Mitwirkung sicherzustellen, und darüber hinaus sollen motivierte Flüchtlinge nicht dadurch entmutigt werden, dass sie bürokratisch „ausgebremst" werden. Die drei Säulen Sprache, Bildung und soziales Netzwerk stehen bei den neu geschaffenen Regelungen im Vordergrund.

Die Adressaten des Gesetzesentwurfs teilen sich zum einen auf in Asylbewerber mit guter Bleibeperspektive, bestimmte Geduldete und Inhaber eines humanitären Aufenthaltstitels nach § 25 Absatz 5 Aufenthaltsgesetz (AufenthG) und zum anderen in Asylberechtigte, anerkannte Flüchtlinge und subsidiär Schutzberechtigte (Inhaber eines Aufenthaltstitels gemäß § 25 Absatz 1 oder 2 AufenthG). Asylsuchende aus sicheren Herkunftsländern oder offensichtlich ohne Bleibeperspektive mit vollziehbarer Ausreisepflicht werden zwar an manchen Stellen in die Regelungen miteinbezogen (so soll auch ihnen von Anfang an ein Orientierungskurs zur Verfügung stehen), werden aber zum größten Teil von Integrationsmaßnahmen nicht erfasst. In den folgenden Abschnitten werden die Inhalte des Integrationsgesetzes kurz dargestellt.

3.4.1 Integrationsleistungen

Der Spracherwerb im Rahmen von Integrationskursen soll zukünftig bereits nach 6 Wochen beginnen (bisher 3 Monate). Hierfür werden in der Regel insgesamt 600 Stunden vorgesehen (in Ausnahmefällen können noch 300 weitere bewilligt werden), in denen die Teilnehmer auf das Sprachniveau B1 gebracht werden sollen. Im Anschluss daran werden durch den Deutschtest für Zuwanderer („DTZ") die tatsächlich erworbenen Fähigkeiten der Sprachschüler ermittelt. Laut der Statistik des Bundesamts für Migration und Flüchtling liegt für das erste Halbjahr 2016 die festgestellte B1-Bestehensquote bei 63,7%, somit konnte das Niveau des Vorjahrs in etwa gehalten werden (65%). Ist das Niveau von B1 erreicht, stehen den Flüchtlingen weitere Förderungen zu. Gemäß § 4 Absatz 3 der im Mai 2016 erlassenen Verordnung über die berufsbezogene Deutschsprachförderung (DeuFöV) können ab einem Niveau von B1 weitere berufsbezogene Sprachkurse zur Verbesserung der Sprachfähigkeiten in Anspruch genommen werden.

Vermittlung von Werten

Die Vermittlung von Werten soll bei den sog. Orientierungskursen im Vordergrund stehen, wobei die Unterrichtseinheiten von bisher 60 auf 100 erhöht werden. Der Teilnahmeanspruch an einem Integrationskurs erlischt nach dem neuen Gesetz nach einem Jahr statt nach bisher zwei Jahren, um auch dadurch den frühzeitigen Spracherwerb zu verlangen. Demgemäß kann auch eine Verpflichtung zur Teilnahme verfügt werden, wenn Leistungen nach dem AsylbLG bezogen werden und die zuständige Leistungsbehörde zur Teilnahme auffordert. Dies gilt selbst dann, wenn bereits Deutschkenntnisse vorhanden sind. Ausnahmen werden zugelassen.

3.4.2 Flüchtlingsintegrationsmaßnahmen (FIM)

Niedrigschwellige Heranführung an den deutschen Arbeitsmarkt

Es werden zusätzlich Arbeitsgelegenheiten aus Bundesmitteln geschaffen, die eine niedrigschwellige Heranführung an den deutschen Arbeitsmarkt für noch nicht anerkannte Flüchtlinge ermöglichen sollen. Dieses Arbeitsmarktprogramm „Flüchtlingsintegrationsmaßnahmen" (FIM) hat das Bundeskabinett in seiner Sitzung am 13. Juli 2016 beschlossen. Der Verwaltungsrat der Bundesagentur (BA) hat der Verwaltungsvereinbarung mit dem Bundesarbeitsministerium zur Durchführung und Abrechnung des Programms am 15. Juli 2016 trotz Kritik der Arbeitgeber- und Arbeitnehmervertreter zugestimmt. Sinnvolle und gemeinnützige Betätigungen während des Asylverfahrens sollen dazu beitragen, den Flüchtlingen eine Orientierung und Eingewöhnung zu vermitteln. Ziel ist es, die Motivation langfristig aufrechtzuerhalten und den Weg für eine erfolgreiche Integration in den Arbeitsmarkt zu ebnen. Gefördert werden ab dem 1. August 2016 bis zum 31. Dezember 2020 jährlich 100 000 Arbeitsgelegenheiten nach dem Asylbewerberleistungsgesetz (AsylbLG).

3.4.3 Rechtssicherheit während der Ausbildung

Auszubildende erhalten eine Duldung (auch wenn ein Asylantrag vorher abgelehnt wurde) während der Zeit einer qualifizierten Berufsausbildung

Auszubildende erhalten eine Duldung (auch wenn ein Asylantrag vorher abgelehnt wurde) während der Zeit einer qualifizierten Berufsausbildung in einem staatlich anerkannten oder vergleichbar geregelten Ausbildungsberuf. Nach erfolgreichem Abschluss der Berufsausbildung wird bei Übernahme durch den Ausbildungsbetrieb ein

Aufenthaltsrecht für weitere 2 Jahre erteilt (3-plus-2-Regelung). Zur Arbeitsplatzsuche bei Nichtübernahme wird die Duldung für sechs Monate verlängert. Diese Sechsmonatsregelung gilt auch bei Abbruch einer Ausbildung und erneuter Suche. Die bisherige Altersbegrenzung von 21 Jahren für den Beginn einer Ausbildung wird aufgehoben.

3.4.4 Ausbildungsförderung

Bereits nach drei Monaten können Asylbewerber mit guter Bleibeperspektive und Geduldete ausbildungsbegleitende Hilfen, assistierte Ausbildung oder berufsvorbereitende Bildungsmaßnahmen in Anspruch nehmen. Läuft nach 15 Monaten Aufenthalt die Asylbewerberleistung ab und die Ausbildungsvergütung reicht nicht für Wohnung und den Lebensunterhalt, können Berufsausbildungshilfe und Ausbildungsgeld bewilligt werden. Davon ausgenommen ist der Fall, dass der Asylbewerber noch in einer Aufnahmeeinrichtung wohnt.

3.4.5 Wohnsitzzuweisung

Nach dem neuen § 12a Aufenthaltsgesetz müssen alle Asylbewerber drei Jahre in dem Bundesland bleiben, dem sie nach ihrer Ankunft zugewiesen wurden. Die Länder können in diesen drei Jahren verpflichtend einen bestimmten Wohnsitz zuweisen. Bei sog. integrationshemmenden Wohnverhältnissen können Flüchtlinge innerhalb von sechs Monaten umgesiedelt werden, um die Integration sicherzustellen. Es gilt, soziale Brennpunkte und Segregation zu vermeiden. Außerdem kommt eine Neuzuweisung dann in Betracht, wenn an einem anderen Ort Verbesserungen beim Wohnraum, bei der Sprache und auf dem Ausbildungs- und Arbeitsmarkt erzielt werden können.

Zwar gibt es eine Härtefallregelung, aber es kann auch der Umzug in ein Ballungsgebiet verboten werden. Außerdem sind diejenigen ausgenommen, die bereits eine Ausbildung machen oder sozialversicherungspflichtig mit mindestens 15 Wochenarbeitsstunden beschäftigt sind und den monatlichen Durchschnittsbedarf gemäß Sozialgesetzbuch von 712,00 € verdienen.

3.4.6 Vorrangprüfung (als Teil der Verordnung zum Integrationsgesetz)

Die Vorrangprüfung nach dem Aufenthaltsgesetz soll für drei Jahre ausgesetzt werden

Die Vorrangprüfung nach dem Aufenthaltsgesetz, wonach Deutsche oder Ausländer mit unbeschränkter Erlaubnis zur Erwerbstätigkeit nach dem Aufenthaltsgesetz vorrangig zu beschäftigen sind, soll für drei Jahre ausgesetzt werden. Dies soll jedoch nur in noch festzulegenden Agenturbezirken der Bundesagentur für Arbeit (BA) unter Berücksichtigung der Arbeitsmarktsituation unter Beteiligung der Länder in den einzelnen

Bundesländern gelten. In diesen Fällen wird auch die Beschäftigung in der Zeitarbeit möglich sein, wenn der Einsatzort in einem dieser Agenturbezirke liegt. Die BA hat von ihrer Befugnis Gebrauch gemacht und in 133 von insgesamt 156 Agenturbezirken die Vorrangprüfung bei der Beschäftigung von Asylbewerbern und Geduldeten für die Dauer von drei Jahren durch die Vierte Verordnung zur Änderung der Beschäftigungsverordnung von 2016 ausgesetzt. In 23 Agenturbezirken wurde die Vorrangprüfung beibehalten: in Bayern (Aschaffenburg, Bayreuth-Hof, Bamberg-Coburg, Fürth, Nürnberg, Schweinfurt, Weiden, Augsburg, München, Passau, Traunstein), in Nordrhein-Westfalen (Bochum, Dortmund, Duisburg, Essen, Gelsenkirchen, Oberhausen, Recklinghausen) sowie in ganz Mecklenburg-Vorpommern.

3.4.7 Verpflichtungserklärung

Die Verpflichtungserklärung, wonach Angehörige, die sich legal in Deutschland niedergelassen haben, für verwandte Flüchtlinge einstehen müssen bzw. wonach staatlichen Stellen eine Rückgriffsmöglichkeit für den Fall haben, dass sie wegen des Aufenthalts Kosten tragen müssen, denen keine Beitragszahlungen entgegenstanden, wird künftig auf fünf Jahre begrenzt. Da die Verpflichtungserklärung nicht mehr ausgeweitet werden und uferlos Schutz gewähren kann, wird erwartet, dass sich mehr Angehörige bereit erklären werden, die Verantwortung für einen verwandten Flüchtling zu übernehmen. Dadurch wird Verantwortung verlagert und eine Entlastung des Staates erreicht.

3.4.8 Niederlassungserlaubnis

Ein Bleiberecht soll erst nach fünf Jahren (früher drei Jahre) erteilt werden können und wird an bestimmte Voraussetzungen geknüpft werden. So muss der Antragssteller u. a. hinreichende Sprachkenntnisse (entsprechend Sprachniveau A2 des Gemeinsamen Europäischen Referenzrahmens) vorweisen und den Lebensunterhalt überwiegend selbst sichern können. Ein Erwerb der Niederlassungserlaubnis nach drei Jahren kann nur noch demjenigen erteilt werden, der das fortgeschrittene C1-Sprachniveau erreicht und für seinen Unterhalt selbst sorgen kann.

3.4.9 Änderung des Asylgesetzes

Das Asylgesetz wird geändert, um Prozesse im Bundesamt für Migration und Flüchtlinge (BAMF) effizienter zu machen. Ziel ist u. a. die Flexibilisierung der Einrichtung von Außenstellen sowie die Schaffung der Möglichkeit, freie Kapazitäten bei anderen Außenstellen des BAMF für die Antragsstellung zu nutzen. Eine Unterscheidung von Asylsuchenden, die unerlaubt aus einem sicheren Drittstaat einreisen, und anderen Asylsuchenden wird bei der Entstehung der Aufenthaltsgestattung nicht mehr gemacht. Mit Ausstellung des Ankunftsnachweises wird diese zukünftig erteilt werden.

3.4.10 Sanktionen

Für Asylsuchende mit Bleibeperspektive und für Geduldete werden im Asylbewerberleistungsgesetz (AsylbLG) Leistungseinschränkung geregelt, wenn bestimmte Mitwirkungspflichten gegenüber dem BAMF verletzt werden.

Pflichtwidrige Ablehnung bzw. Abbruch eines Integrationskurses hat künftig eine Absenkung auf das Leistungsniveau nach § 1a Absatz 2 AsylbLG zur Folge

Die Verpflichtung, an Integrationsmaßnahmen teilzunehmen, kann ebenfalls mit leistungsrechtlichen Konsequenzen versehen werden. Die pflichtwidrige Ablehnung bzw. der Abbruch eines Integrationskurses hat künftig eine Absenkung auf das Leistungsniveau nach § 1a Absatz 2 AsylbLG zur Folge.

3.5 Fazit

Das Integrationsgesetz und die daraus resultierenden Änderungen in mehreren Gesetzen (z. B. SGB II, III, AufenthG, AsylbLG) zeigen deutlich, vor welcher Herausforderung Deutschland steht. Es gab viele Kontroversen und sicherlich kann man an der einen oder anderen Stelle noch Verbesserungen vornehmen, doch bietet es einen ersten Ansatz. Die Praxis wird zeigen, inwiefern die getroffenen Regelungen tatsächlich sinnvoll für eine Integration sind. Auch wenn es gerade bzgl. der Wohnsitzzuweisung viele Kritiker gibt, die vor allem die Selbstbestimmung des Wohnorts durch den Asylsuchenden als wichtiges Instrument für die Integration sehen, kann nicht ignoriert werden, dass diesbezüglich kaum Erfahrung besteht. Es ist zumindest ein mögliches Mittel, um aktiv auf die Integration einwirken zu können und Subkulturen zu verhindern. Auch kommen Kritiker der Flüchtlingsintegrationsmaßnahmen (FIM), die hierin eine Verdrängung der richtigen Jobs sehen, nicht umhin anzuerkennen, dass gerade sinnvolle Aufgaben und Beschäftigungen dafür sorgen, dass sich ein Mensch nützlich und wertgeschätzt fühlt und so von gesellschaftlich kontraproduktivem Verhalten einschließlich Social Loafing, Kriminalität und Anfälligkeit für ideologische und religiöse Radikalisierung und Fanatisierung ferngehalten wird. Die Zukunft wird nun zeigen, inwiefern es noch Verbesserungen bedarf und welche Regelungen bereits sinnvoll auf die Integration hinwirken. Der erste Schritt ist gemacht.

Literatur

Fritschi, T. (BASS), Jann, B. (ETH Zürich) (2008). Studie der Bertelsmann-Stiftung: Gesellschaftliche Kosten unzureichender Integration von Zuwanderinnen und Zuwanderern in Deutschland; Welche gesellschaftlichen Kosten entstehen, wenn Integration nicht gelingt? http://www.bertelsmann-stiftung.de/fileadmin/files/BSt/Presse/imported/downloads/xcms_bst_dms_23656_23671_2.pdf. Zugegriffen: 14.01.2017

Tucci, I. (2008). Lebenssituation von Migranten und deren Nachkommen in Deutschland. In H.-H. Noll, R.Habich, Statistisches Bundesamt (Hrsg.): Ein Sozialbericht für die Bundesrepublik Deutschland. Bundeszentrale für politische Bildung: Bonn. https://www.destatis.de/DE/Publikationen/Datenreport/Downloads/Datenreport2008.pdf?__blob=publicationFile. Zugegriffen: 14.01.2017

Bundesamt für Migration und Flüchtlinge (2016). Integrationskurszahlen, Stand 27.10.2016. http://www.bamf.de/DE/Infothek/Statistiken/InGe/inge-node.html. Zugegriffen: 14.01.2017

Kompetenzanalyse für Flüchtlinge und Migranten

Personalpsychologische Grundlagen der Kompetenzanalyse für Geflüchtete und Migranten

Andreas Frintrup und Brigitte Flubacher

A. Frintrup (Hrsg.), *Berufliche Integration von Flüchtlingen und Migranten*,
https://doi.org/10.1007/978-3-662-53942-2_4

Definition
Kompetenzanalysen ermitteln die berufsrelevanten Ressourcen einer Person und gleichen sie für Zwecke der beruflichen Orientierung und Vermittlung mit den Anforderungen einer Vielzahl beruflicher Optionen ab.

Auch wenn dieser Ansatz grundsätzlich von klassischen Prozessen der anlass- und stellenbezogenen Personaldiagnostik abweicht, gelten doch auch hier die gleichen Qualitätserfordernisse an die diagnostischen Methoden und die beteiligten Akteure. Die seit Juli 2016 in zweiter, revidierter Version vorliegende DIN 33430 „Anforderungen an berufsbezogene Eignungsdiagnostik" (DIN, 2016) definiert einen zwar rechtlich unverbindlichen, aber fachpsychologisch soliden Orientierungsrahmen, welche Qualitätsstandards einzuhalten sind. Alle Beteiligten in der beruflichen Kompetenzanalyse von Flüchtlingen sind gut beraten, sich an diesen und den teilweise darüber hinaus reichenden Standards der personalpsychologischen Fachdisziplin zu orientieren. Auf eine detaillierte Darstellung wird hier verzichtet, zur schnellen Einführung in die Norm wird verwiesen auf den Kommentar von Ackerschott, Gantner & Schmitt (2016).

Eine kurze Einführung in die Grundlagen und qualitativen Voraussetzungen der Personaldiagnostik darf jedoch auch in diesem Band nicht fehlen, da sich einige der weitergehenden Kapitel (vgl. Tress in ► Kap. 6 oder Frintrup & Spengler in ► Kap. 5 und Schwarzinger & Frintrup in ► Kap. 7) mit Fragen der Eignungsbeurteilung und der Passung von Flüchtlingen und Migranten zu Berufsoptionen befassen. Wir stellen deshalb diesen Beiträgen einige Grundlagen voran, die sich partiell mit den Darstellungen aus dem ebenfalls bei Springer erschienenen Buch „Diversity Management in der Personalauswahl" (Frintrup & Flubacher, 2014) decken.

Personaldiagnostik ist die methodisch gestützte Beurteilung der Passung zwischen Person und Job sowie Person und Organisation und vice versa. Es geht also um die bilaterale Klärung der Frage, ob eine Person zu den durch Job und Person gestellten Anforderungen und den weiteren Bedingungen der Tätigkeit und einer Organisation passt und ob Tätigkeit und Organisation den Beschäftigungsansprüchen der Person entsprechen.

Personalauswahl bezieht sich auf die Feststellung beruflicher Eignung einer Person für eine konkret beschriebene Position, Laufbahn oder Ausbildung

Richtet sich das Erkenntnisinteresse auf die Auswahl von Bewerbern für eine konkrete Position, Ausbildung oder Laufbahn, ist eine konkrete, stellenbezogene Eignungsprüfung in Bezug auf die konkreten Berufsanforderungen erforderlich. Der damit verbundene Prozess wird als Auswahlverfahren bezeichnet, die darin eingesetzten Auswahlmethoden als Instrumente der Berufseignungsdiagnostik. Basis für die Definition der auswahlrelevanten Eignungskriterien und entsprechender Gestaltung der Auswahlverfahren bildet eine tätigkeitsspezifische Anforderungsanalyse fachlicher und überfachlicher Anforderungsmerkmale. In der

Regel darf hierbei von einer Mehrzahl von Bewerbern für eine Position, Laufbahn oder Ausbildung ausgegangen werden – das Ziel der Berufseignungsdiagnostik ist es dann, aus der Pluralität der Bewerber die Bestgeeigneten für die zu besetzenden Arbeitsplätze auszuwählen. Das kann nur gelingen, wenn die Diagnostik reale Berufsanforderungen abbildet und Instrumente nutzt, die in Bezug auf diese Anforderungen Unterschiede in der jeweiligen Merkmalsausprägung zwischen den Bewerbern aufdeckt. Ziel ist es, aus den Leistungsdifferenzen der Bewerber in der Auswahlsituation auf künftige Leistungsunterschiede in Ausbildung oder Berufsausübung zu schließen. Neben klarem Anforderungsbezug aller eingesetzten Verfahren sind für das Gelingen dieser Erfolgsprognose weitere Voraussetzungen zwingend erforderlich, dazu zählen Objektivität, Reliabilität und Validität der Diagnostik. Diese Qualitätsanforderungen werden nachgängig erläutert.

Kompetenzanalysen dienen der Erhebung berufsrelevanter Ressourcen einer Person und des Abgleichs dieser Ressourcen mit den Anforderungen einer Mehrzahl beruflicher Optionen

Richtet sich das Erkenntnisinteresse nicht auf die Besetzung konkreter Vakanzen, sondern auf die Klärung der Frage, welche Berufsoptionen für eine Person auf Basis individueller berufsrelevanter Ressourcen der Person (Wissen, Erfahrungen, allgemeiner und spezifischer Leistungsfähigkeit, Berufsinteressen, Persönlichkeit, Kenntnisse und Fertigkeiten sowie weitere psychologische und physiologische Merkmale) geeignet sind, muss die Diagnostik entsprechend breiter angelegt werden und darf sich nicht auf einen engen Merkmalsraum wie bei der stellenspezifischen Personalauswahl beschränken. In der Praxis haben sich für die von konkreten Vakanzen unabhängige Bewertung berufsrelevanter Ressourcen einer Person die Begriffe „Kompetenzanalyse", „Profiling", „Berufsprofiling" oder „Matching" verbreitet. Kompetenzanalysen stellen auf allgemein berufserfolgsrelevante Merkmale ab und ermöglichen in spezifischen Verfahren einen überfachlichen Abgleich zwischen den Anforderungen multipler Berufe oder Berufsgruppen und den Ressourcen der Person (vgl. Frintrup & Spengler, ▶ Kap. 5 für berufsfeldübergreifendes Matching oder Tress, ▶ Kap. 6 für spezifisches Matching in Bezug auf technisch-handwerkliche Berufe und entsprechender Fertigkeiten).

Egal ob Personalauswahl oder Kompetenzanalyse – berufsbezogene Eignungsuntersuchungen sind für die betroffene Person und Organisation von zentraler Bedeutung. Für Bewerber hängt in der Regel der individuelle Lebensweg davon ab und für Unternehmen gehört die Personalauswahl zu den Konsequenzen reichsten sowie profitabelsten Investitionen (Görlich & Schuler, 2006). Es ist deshalb unerlässlich, personaldiagnostische Verfahren hinsichtlich ihrer prognostischen Möglichkeiten und Qualität vor einem Praxiseinsatz kritisch zu beurteilen. Nur mit validen und bedarfsorientierten Verfahren können geeignete Bewerber für eine Position oder Laufbahn ausgewählt oder das aktuelle Kompetenzgerüst einer Person verlässlich beurteilt werden. Analog gilt daher auch für die nicht auf konkrete Vakanzen gerichtete Kompetenzanalyse die gleiche Qualitätsanforderung, hängt doch die wichtige Funktion der beruflichen Orientierung und Beratung unmittelbar von den diagnostischen Ergebnissen ab. In Beratung und Orientierung darf der methodische Qualitätsanspruch nicht geringer sein als in der auf Besetzung konkreter Positionen ausgerichteten Eignungsdiagnostik.

Statt ausschließlich spezifisch berufserfolgsrelevanter Eignungsmerkmale für eine Position oder Vakanz müssen bei der Kompetenzanalyse allgemein anforderungsrelevante Merkmale erhoben werden, die für ein breites Spektrum beruflicher Optionen Anforderungsrelevanz besitzen. Die individuell unterschiedliche Ausprägung dieser Merkmale einerseits und das je nach Beruf oder Berufsgruppe unterschiedliche Ausmaß der Anforderungsrelevanz andererseits erlauben einen Abgleich, ein „Matching“ zwischen den Anforderungsvoraussetzungen eines Berufsbilds oder einer anforderungshomogenen Gruppe von Berufen und den Ressourcen einer Person (vgl. hierzu auch Frintrup & Spengler, ▸ Kap. 5). Anders als in unternehmensspezifischen Auswahlprozessen bildet bei der Kompetenzanalyse deshalb auch nicht die Bewerberpopulation eines Unternehmens (d. h. alle Bewerber um eine Position, Laufbahn bzw. Ausbildung) den Referenzmaßstab (Eichgruppe) für die Bewertung individueller Merkmalsausprägungen, sondern eine für den jeweiligen Arbeitsmarkt möglichst repräsentative Gesamtnorm.

Die nachfolgenden Abschnitte sollen ein grundlegendes Verständnis für die Qualitätsanforderungen an Methoden und Verfahren der Eignungsdiagnostik und Kompetenzanalyse vermitteln. Die Ausführungen verstehen sich als Einführung; für eine vertiefte Befassung, die den diagnostisch oder psychologisch nicht vorgebildeten Laien in die Lage einer eigenständigen Qualitätsbeurteilung versetzen, wird auf die Beratung durch eignungsdiagnostische Experten und die einschlägige Fachliteratur zur Testentwicklung verwiesen.

Die zentralen Qualitätskriterien für Personaldiagnostik sind Objektivität, Reliabilität und Validität

Das Grundprinzip personaldiagnostischer Entscheidungen besteht in dem Abgleich individueller (Leistungs-)Voraussetzungen aufseiten der Bewerber mit den (Leistungs-)Anforderungen einer Position oder Tätigkeit. Es gilt daher, einerseits die **Anforderungen** an eine Position bzw. Laufbahn klar und umfassend zu erheben und andererseits die **Ausprägung** dieser Merkmale auf der Personenseite zu ermitteln. Auf Personenseite gelangen personaldiagnostische Instrumente zum Einsatz, mit denen die individuelle Ausprägung gemessen wird. Je nach Art der anforderungsrelevanten Merkmale können verschiedene Instrumente der Personaldiagnostik zum Einsatz gelangen – z. B. psychologische Testverfahren, Arbeitsproben, Interviewverfahren, Rollenspiele, Fallstudien oder eine zu Einzel- oder Gruppen-Assessments verdichtete Kombination verschiedener Instrumente. An jede Messung, ob in der Personalauswahl oder der nicht auf konkrete Vakanzen gerichteten Kompetenzanalyse, sind hierbei Qualitätsansprüche zu stellen, anhand derer beurteilt werden kann, ob die Messung als solche korrekt ist und ob es zulässig ist, auf dieser Basis weitreichende Entscheidungen zu treffen oder Beratungsleistungen zu erbringen.

Die Qualität eines diagnostischen Instruments wird maßgeblich durch drei wissenschaftliche Gütekriterien definiert: **Objektivität, Reliabilität** und **Validität** eines Verfahrens.

- **Objektivität**

Die Objektivität einer Messung (z. B. eines psychologischen Tests oder einer Arbeitsprobe) bezeichnet den Grad, in dem die Ergebnisse der Messung unabhängig vom Untersucher sind. Je nach Phase des diagnostischen Prozesses wird unterschieden zwischen Durchführungs-, Auswertungs- und Interpretationsobjektivität.

Unter **Durchführungsobjektivität** wird der Grad der Unabhängigkeit der Ergebnisse vom Verhalten des Untersuchungsleiters während der Durchführung verstanden. Eine Maximierung der Durchführungsobjektivität kann durch eine genaue und schriftliche Festlegung der Instruktion erreicht werden sowie durch eine weitgehend standardisierte Untersuchungssituation. Bei einem computergestützten Testverfahren z. B. kann von einer sehr hohen Durchführungsobjektivität ausgegangen werden, sofern die Instruktion des Tests, aber auch die Zeitnahme bei zeitlich beschränkten Aufgaben durch das Testsystem für alle Teilnehmer identisch erfolgt. Einflüsse durch Testleiter und unterschiedliche Instruktionen oder Standards in der Zeitmessung scheiden als Quelle für unterschiedliche Messergebnisse aus. Bei einem Verfahren mit Beteiligung und Einwirkung eines Testleiters oder eines Rollenspielers ist die Durchführungsobjektivität deutlich geringer. Je nach Konstanz der Ausübung einer Rollenanweisung in einem diagnostischen Rollenspiel hängt ein Teil der individuellen Leistungsmessung nicht nur von der objektiven Leistungsfähigkeit der Teilnehmer, sondern von dem Verhalten der eingesetzten Rollenspieler ab. Auch Geschlechtseffekte sind relevant – z. B. darf je nach kultureller Herkunft von Migranten davon ausgegangen werden, dass das Geschlecht eines Rollspielers oder einer Interviewpartnerin nicht unerhebliche Auswirkungen auf die Situation der Informationsaufnahme bzw. Messung und das Ergebnis ausübt. Hiermit soll nicht gefordert werden, z. B. nur Männer in der Diagnostik einzusetzen – der für die berufliche Integration relevante lokale Kulturraum ist maßgeblich für den Einsatz von Diagnoseverfahren und beteiligten Person, nicht die Herkunft der zu Beurteilenden. Dennoch sollte bei Einsatz verschiedener Personen als Akteuren in der Diagnostik unabhängig von der Ausprägung des Geschlechts oder des Alters über eine Kohorte zu Beurteilender hinweg Konstanz gewahrt werden, es sollten also z. B. ausschließlich Männer *oder* Frauen eingesetzt werden, um entsprechende „Versuchsleitereffekte" systematisch zu verringern.

Die **Auswertungsobjektivität** bezeichnet das Ausmaß, in dem die Auswertung der gegebenen Antworten bzw. des gezeigten Verhaltens und gezeigter Leistungen unabhängig von den Auswertenden ist. Entsprechend ist sie am höchsten, wenn kein Mensch daran beteiligt ist, der Lese-, Schreib-, Rechen- oder Übertragungsfehler verursachen könnte. Verfahren, die automatisch ausgewertet werden, haben die höchste Auswertungsobjektivität. Auch bei Auswertungen per Scanner (in der Personaldiagnostik heute kaum noch gebräuchlich), über den Antwortbögen in einen Computer eingelesen werden, ist von einer hohen Auswertungsobjektivität auszugehen. Die Auswertung z. B. psychologischer Tests mit Schablone oder eine Übertragung von Antworten in einen Computer per Hand bergen hingegen die Gefahr unsystematischer Fehler. Hier ist von einer etwas geringeren Auswertungsobjektivität auszugehen. Die geringste Auswertungsobjektivität weisen interaktive Verfahren auf, also alle Messungen, die auf einer direkten Interaktion von Messenden und zu Beurteilendem und ggf. weiteren Beobachtern basieren. Hier liegt der Schlüssel zu Bewertung einer Aussage oder Leistung häufig zu weiten Teilen im Auge des Betrachters, z. B. des Interviewpartners oder Assessors. (Teil)standardisierte Verfahren mit vorgegebenen Fragen bzw. Aufgaben, eindeutigen Bewertungsankern (z. B. Beobachtungsskalen), metrischen bzw. numerischen statt freien Bewertungen und zuvor festgelegten Regeln der Gesamtauswertung ermöglichen eine vergleichsweise gute Objektivität gegenüber unstandardisierten Methoden.

Die **Interpretationsobjektivität** beschreibt den Grad der Unabhängigkeit der Ergebnisinterpretation vom Anwender. Sie ist dann gegeben, wenn aus gleichen Ergebnissen verschiedener Probanden gleiche Schlussfolgerungen, wie z. B. Berufserfolgsprognosen oder Kompetenzeinschätzungen gezogen werden. Zur leichten und eindeutigen Interpretierbarkeit der Ergebnisse sollte ein Verfahren nach der Auswertung idealerweise Teilergebnisse und (z. B. bei digitalisierten Entscheidungen) einen Gesamtergebniswert in normierten Standardwerten aufweisen. So wird sichergestellt, dass bei der Interpretation individueller Ergebnisse auch die Ergebnisverteilung in der gesamten Stichprobe bzw. Population Berücksichtigung findet, also eine relationale Aussage auf gesicherter Datenbasis getroffen werden kann. Gerade in Bezug auf Kompetenzaussagen ist die Verwendung eines eindeutigen Referenzmaßstabes wichtig. Die Aussage, ein Sportler laufe „schnell", ist eine individuelle Einschätzung, für die z. B. die eigene Laufgeschwindigkeit des Urteilers maßgeblich sein könnte – erst die Schaffung eines z. B. alters- und geschlechtsspezifischen Referenzmaßstabes der Laufgeschwindigkeit erlaubt eine objektive und vom Urteiler unabhängige Interpretation, ob 10 Sekunden auf 50 Meter schnell oder langsam ist. Deshalb werden z. B. auch bei internationalen Schul- und Bildungsvergleichsstudien, z. B. zur Beurteilung von Rechenkompetenzen, international genormte Vergleichsmaßstäbe zur Beurteilung von Leistungsdifferenzen zwischen Ländern verwendet.

▪ Reliabilität

Die Reliabilität oder Zuverlässigkeit einer Messung betrifft das Ausmaß der Genauigkeit, mit dem ein bestimmtes Merkmal gemessen wird. Reliabilität umschreibt in diesem Sinne die Güte einer Messung hinsichtlich Präzision bzw. Genauigkeit. Diese kann auf verschiedene Arten geprüft werden. Zwei gebräuchliche Maße sind die Interne Konsistenz (Cronbach's Alpha), vgl. Cronbach (1951) und die Retest-Reliabilität. Die **Interne Konsistenz (Cronbach's Alpha)** gibt an, wie homogen die Bestandteile bzw. Einzelskalen eines Verfahrens sind, d. h. inwiefern alle Items einer Skala tatsächlich das gleiche Konstrukt erfassen. Methodisch verbirgt sich hinter der Maßzahl Alpha die durchschnittliche, korrigierte Korrelation zwischen allen Items bzw. Messpunkten eines Verfahrens.

Das andere, aussagekräftige Maß für die Reliabilität ist die **Retest-Reliabilität**. Hierbei wird das gleiche Verfahren von identischen Probanden nach einem gewissen Zeitraum erneut bearbeitet. Sollte das Verfahren das erfasste Merkmal exakt messen, müssten die Ergebnisse der beiden Testzeitpunkte hoch miteinander korrelieren. Lerneffekte durch die erste Anwendung werden entweder statistisch kontrolliert oder durch einen größeren zeitlichen Abstand der beiden Testdurchführungen zueinander vermieden. Die Prüfung der Äquivalenz einer Messung gelingt mit der **Paralleltest-Methode**. Hierbei wird nicht das gleiche Verfahren von den Kandidaten noch einmal bearbeitet, sondern ein äquivalentes, d. h. paralleles Verfahren. Auch hier wäre die methodische Forderung, dass für eine Person unabhängig von der gewählten Parallelversion und ohne Trainingseffekte bzw. Intervention aus beiden Versionen ein näherungsweise identisches Ergebnis innerhalb der Grenzen statistischer Konfidenzintervalle resultiert. Zur praktischen Relevanz dieser Anforderung erinnere man sich an die eigene Schulzeit oder die aktuellen Erfahrungen des Nachwuchses: Statt bei Klassenarbeiten Schulranzen zwischen den Schülern aufzubauen, um das Abgucken zu verringern, verwenden Lehrer Version A, B und C der gleichen Mathearbeit – in der Praxis leider meist ohne vorangehende statistische Prüfung der Äquivalenz dieser Versionen, wodurch ein Teil des Ergebnisses der Mathearbeit nicht vom mathematischen Können der Schüler, sondern von der ihnen zufällig zugewiesen Version bestimmt wird. In der modernen Personalpsychologie werden erhebliche Anstrengungen unternommen, um eignungsdiagnostische Verfahren einerseits gegen Abnutzung zu schützen (das spräche z. B. für Parallelversionen), andererseits aber höchste Standards in den psychometrischen Qualitätskriterien zu erzielen. So sind z. B. Umsetzungen möglich, bei denen sich eine nahezu unendliche Zahl verschiedener Versionen eines Leistungstests zur Laufzeit des Tests selber generieren oder aus einer Item-Pool-Datenbank gezogen und zu einer individuellen Testvorgabe (nur für eine Person, jeder Teilnehmer erhält quasi einen „eigenen" Test) kombiniert werden, während über komplexe Rechenprozesse mit Verwerfung und dynamischer Neukombination sichergestellt wird, dass insbesondere Aspekte von Messgenauigkeit (Reliabilität) und Schwierigkeit der Verfahrenskombination für alle Teilnehmer konstant gehalten werden. So lassen sich selbst bei großen Anwendungszahlen und größerer Gefahr der Abnutzung psychometrisch solide Lösungen umsetzen – allerdings nur bei elektronischer Vorgabe.

▪ Validität

Die Validität eines Verfahrens bezeichnet den Grad der Genauigkeit, mit dem ein Verfahren das Leistungs- oder Persönlichkeitsmerkmal, das es zu messen beabsichtigt, auch tatsächlich misst. Etwas anders ausgedrückt bedeutet Validität die Angemessenheit oder Sinnhaftigkeit der Schlüsse, die aus diagnostischen Werten gezogen werden können. Validität hat insofern in der Eignungsdiagnostik eine herausragende Bedeutung, da sie Aufschluss über die Ausprägung des interessierenden Merkmals gibt und erlaubt, Vorhersagen über künftiges Verhalten und künftigen (Berufs-)Erfolg zu treffen. Objektivität und Reliabilität sind Voraussetzungen von Validität – unzuverlässige oder nichtobjektive Messverfahren können nicht zu validen Ergebnissen führen.

Eine Möglichkeit zur quantitativen Bestimmung dieses Gütekriteriums ist die **Konstruktvalidität**. Hierbei wird untersucht, inwiefern das Testverfahren einen Zusammenhang (Korrelation) mit einem etablierten Messverfahren zum gleichen Konstrukt aufweist. Eine weitere Möglichkeit zur Feststellung der Konstruktvalidität ist die Faktorenanalyse. Hierbei handelt es sich um eine multivariate statistische Methode, mit der eine große Menge empirisch ermittelter Datenpunkte (z. B. Items eines Testverfahrens oder einer Befragung) auf dahinter liegende Ähnlichkeitsmerkmale (latente Variablen = Faktoren) reduziert werden kann. Die Faktorenanalyse kann herangezogen werden, um die Konstruktvalidität eines Verfahrens zu belegen, indem sie zeigt, dass sich die Items tatsächlich zu den jeweils hypothesen- oder konstruktkonformen Dimensionen zusammenschließen.

Zum begründeten Einsatz eines Verfahrens in der Eignungsdiagnostik ist jedoch ein Nachweis seiner **Kriteriumsvalidität** unerlässlich. Diese beantwortet die Frage, ob ein Instrument in der Lage ist, Berufserfolg vorherzusagen. Geprüft wird dies durch die Korrelation der Testwerte mit einem Berufserfolgskriterium. Je nach Berufsbild und Beschäftigungsform gelten verschiedene Kriterien als Indikator für beruflichen Erfolg. Am aussagekräftigsten sind die erreichte hierarchische Position, Beförderungen und Vorgesetztenbeurteilungen mit standarisierten Beurteilungsverfahren und dort, wo keine absolute Definition durch Tarife vorliegt, auch die Höhe der relativen Vergütung und individuelle Bonuszahlungen. Als noch befriedigende Kriterien gelten Kollegeneinschätzungen und Ausbildungs- bzw. Studiumsnoten. Absolutes Gehalt, eigene Berufserfolgseinschätzung, Tätigkeitszufriedenheit und die Übereinstimmung von Fremd- und Selbstbild sind weniger geeignet, da diese durch viele andere Aspekte stärker beeinflusst werden bzw. mit Berufserfolg im engeren Sinne weniger zusammenhängen. So ist z. B. das absolute Gehalt von Branche, Firmengröße, Region etc. abhängig. Optimal sind multiple Kriterien, die sich durch Aggregation mehrerer Einzelkriterien ergeben, sowie die Auspartialisierung irrelevanter Einflüsse, wie z. B. des Alters beim Gehalt (Letzteres ist wichtig, da z. B. mit steigendem Alter aufgrund von Effekten der Regelbeförderung, des Senioritätsprinzips bzw. aufgrund von Tarifvereinbarungen das Gehalt ebenfalls steigt, ohne dass hieraus Rückschlüsse auf die berufliche Leistung zu ziehen wären).

Praxistipp

Prüfen Sie die psychometrischen Gütekriterien eines Diagnoseverfahrens vor dem ersten Einsatz. Verfahrensanbieter müssen in der Lage sein, entsprechende Kennwerte insbesondere zu Reliabilität und Validität zu berichten. Entwickler spezifischer

Diagnoseverfahren müssen Validierungsstrategien anbieten können. Ein qualitativ hochwertiges Verfahren sollte zudem geeignete Normen für die relevante Zielgruppe liefern oder zumindest die projektspezifische Berechnung ermöglichen. Nur ein valides und an einer geeigneten, vergleichbaren Stichprobe geeichtes (normiertes) Verfahren ermöglicht zuverlässige Berufserfolgsprognosen und Kompetenzbeurteilungen.

Die vorgenannten Kriterien gelten als „Hauptgütekriterien" aller eignungsdiagnostischen Verfahren, deren Konstruktionsprinzip auf der „Klassischen Testtheorie" (KTT) basiert. Der Kern dieses auch als „Messfehlertheorie" bezeichneten Prinzips ist es, durch solide Konstruktion diagnostischer Verfahren den Anteil von Messfehlern am Gesamtergebnis einer Messung zu minimieren und damit eine möglichst zuverlässige Aussage über die Ausprägung eines Merkmals zu ermöglichen, den „wahren Wert" einer Merkmalsausprägung also bestmöglich zu approximieren. Neben der Klassischen Testtheorie gibt es auch alternative Konstruktionsprinzipien wie z. B. probabilistische Modelle (Rasch-Skalierung), die angesichts geringerer Verbreitung und geringerer Einsatzbreite in Bezug auf unterschiedliche Verfahrensarten hier ausgespart bleiben.

Nebengütekriterien

Neben diesen Hauptgütekriterien gibt es auch Nebengütekriterien. In der Personalpsychologie werden u. a. die Ökonomie eines diagnostischen Verfahrens, die Nützlichkeit eines Verfahrens (Utilität), die Transparenz von Verfahren und Anwendung und die Fairness hierunter zusammengefasst. Angesichts unterschiedlicher kultureller und ethnischer Hintergründe der diagnostischen Zielgruppe dieses Buches muss die Fairness eingesetzter Verfahren gesondert gewürdigt werden. In der psychologischen Diagnostik wird ein Verfahren dann als fair bezeichnet, wenn es Kandidaten nicht aufgrund ethnischer, soziokultureller oder z. B. geschlechtsspezifischer Gruppenzugehörigkeit systematisch benachteiligt. Zu Aspekten der statistischen Fairness in diversityförderlichen Auswahlprozessen wird auf detailliertere Darstellungen in Frintrup & Flubacher (2014) verwiesen. Ein Aspekt, die sprachbedingte Fairness, muss auch hier angesprochen werden.

Die Mehrzahl aller diagnostischen Verfahren zeichnet sich durch einen hohen Sprachanteil aus – in Instruktionen, Aufgabenstellungen oder Antwortalternativen. Diese Sprachlastigkeit von Verfahren benachteiligt Personen mit eingeschränktem Sprachverständnis, u. a. diejenigen Bewerber, deren Muttersprache eine andere ist. Selbst wenn die Sprache von nichtmuttersprachlichen Kandidaten ausreichend gut beherrscht wird, um alle Wörter zu verstehen, wirkt sich ein hoher Anteil von Sprache negativ beim Verständnis sprachlicher Feinheiten sowie auf die Bearbeitungsdauer aus, was insbesondere bei zeitbegrenzten Verfahren direkten Einfluss auf das Messergebnis nimmt. Auch bei interaktiven Verfahren spielt passive und aktive Sprachbeherrschung eine zentrale Rolle. Ein Muttersprachler vermag beispielsweise eine Interviewfrage deutlich schneller und exakter zu erfassen sowie sprachgewandter zu beantworten oder sich in einem Rollenspiel rascher und sprachlich souveräner einzubringen oder die Arbeitsschritte und möglicher Alternativen in einer Arbeitsprobe verständlicher zu erläutern. Geringere Sprachbeherrschung führt deshalb häufig zu einer Konfundierung der Messung, weil die Bewertung der eigentlich zu messenden Merkmale durch z. B. sehr geringe Sprachbeherrschung erschwert wird. Dies kann zu einer systematischen Geringerbewertung aller Personen führen, die eine diagnostische Aufgabe nicht in ihrer Muttersprache zu bearbeiten haben.

Bei dem Einsatz standardisierter, vom Anwender unabhängiger Verfahren wie z. B. psychologischen Testverfahren oder Arbeitsproben ist auf die Verfügbarkeit entsprechender Sprachversionen aller Aufgaben-, Arbeits- und Antwortmaterialien zu achten. Gerade aufgrund der Standardisierung dieser Verfahrenstypen und der Unabhängigkeit von sprachkompetenten Anwendern oder Übersetzern werden objektive und faire Feststellungen berufsrelevanter Kompetenzen speziell bei geflüchteten Menschen ermöglicht, bei Testverfahren sogar in beliebig skalierbarem Volumen. Der zeitliche und ökonomische Aufwand für die Herstellung zueinander äquivalenter Sprachversionen darf jedoch nicht unterschätzt werden. Insbesondere bei psychologischen Testverfahren sind Übersetzungsprozesse sehr aufwendig und erfordern erhebliche fachpsychologische Qualifikationen zur Steuerung und Umsetzung (mit Hin- und Rückübersetzungen, Übersetzerkonferenzen, Probeanwendungen sowie ggf. statistischen Äquivalenzprüfungen).

Vor- und Nachteile sprachfreier Diagnoseverfahren

Angesichts sprachlicher Herausforderungen in der Kompetenzanalyse und auch Eignungsdiagnostik für Flüchtlinge und Migranten und teilweise nennenswerter Analphabetisierungsraten selbst in den Muttersprachen könnte nun geschlussfolgert werden, ausschließlich sprachfreie Diagnoseverfahren einzusetzen. Das wäre falsch, denn bei gänzlich sprachfreier Diagnostik werden wichtige überfachliche Anforderungsmerkmale vernachlässigt. Methodisch würden hier Varianzanteile für die Erfolgsprognose systematisch verschenkt. So ist beispielsweise Erwerb und Beherrschung der (deutschen) Sprache bei vielen Tätigkeiten ein zentraler Aspekt für die erfolgreiche Besetzung vakanter Stellen und Grundvoraussetzung dualer Berufsbildung und kulturübergreifender Integration. Die Beherrschung einer Ausgangssprache ist wiederum eine wichtige Voraussetzung für weiteren Spracherwerb und selbst die Messung allgemeiner Intelligenz setzt nach gängigen Intelligenzstrukturmodellen sowohl sprachliches, numerisches und rein grafisches (nonverbales) Itemmaterial voraus. Zudem lassen sich nicht alle relevanten Anforderungen wie z. B. Persönlichkeitsmerkmale zuverlässig sprachfrei erfassen.

Doch selbst nach Übersetzung psychologischer Tests können erhebliche Unterschiede zwischen Gruppen verbleiben, die gemeinsam um die Teilnahme am Arbeitsmarkt konkurrieren. In der türkischen Übersetzung des Intelligenztests AID 2 von Kubinger (2009) zeigte sich z. B., dass die Mittelwerts unterschiede zwischen türkischen und deutschen Kindern trotz Darbietung in türkischer Sprache sehr hoch blieben (ca. 1 Standardabweichung). Frintrup und Spengler (2017, vgl. ► Kap. 5) legen dar, dass trotz Übersetzung eines Verfahrens zur Berufsorientierung für Flüchtlinge und Migranten in Sprachen wie Arabisch, Farsi, Englisch und Französisch erhebliche Ergebnisdifferenzen (< 1 Standardabweichung) der Zielgruppe im Vergleich zu einer deutschen Arbeitsmarktnorm verbleiben, insbesondere sogar in weitestgehend sprachunabhängigen numerischen Aufgaben verschiedener Intelligenztests, und folgern, dass mangelnde Sprachbeherrschung nicht das größte berufliche Integrationshemmnis darstellt.

Im weiteren Verlauf dieses Buches werden verschiedene Verfahren der Kompetenzanalyse vorgestellt, deren Ziel es ist, die individuellen Kompetenzen und Talente geflüchteter Menschen so kulturfair wie möglich zu erheben und in einen Abgleich mit Anforderungen des lokalen Arbeitsmarktes zu stellen. Hierbei wird zwischen Methoden differenziert, die grundlegende Berufsorientierung in Bezug auf die gesamte Breite des Arbeitsmarkspektrums leisten sollen (Frintrup & Spengler, ► Kap. 5), sowie Methoden, die sich auf einen Ausschnitt primär technisch-handwerklicher Tätigkeiten beziehen (Tress, ► Kap. 6) und solchen, die sich als Arbeitsprobenverfahren spezifisch für konkrete Anforderungen einzelner Berufe entwickeln lassen (Schwarzinger & Frintrup, ► Kap. 7). Allen Ansätzen ist eine Orientierung an der eingangs beschriebenen KTT und den vorgenannten psychometrischen Qualitätskriterien gemeinsam.

Literatur

Ackerschott, H., Gantner, N. & Schmitt, G. (2016). *Eignungsdiagnostik. qualifizierte Personalentscheidungen nach DIN 33430*. Berlin Wien Zürich: Beuth.

Cronbach, L.J. (1951). Coefficient Alpha and the internal Structure of Tests. *Psychometrika*, 16, 297–334.

DIN Deutsches Institut für Normung e. V. (2016). *Anforderungen an berufsbezogene Eignungsdiagnostik*. Berlin: Beuth.

Frintrup., A. & Flubacher, B. (2014). *Diversity Management in der Personalauswahl*. Berlin Heidelberg New York Tokio: Springer.

Görlich, Y. & Schuler, H. (2006). Personalentscheidungen, Nutzen und Fairness. In H. Schuler (Hrsg.), *Lehrbuch der Personalpsychologie*. Göttingen: Hogrefe. S. 797–840

Kubinger, K.D. (2009) Testfairness für „globalisierte" türkische Kinder. Die Intelligenz-Testbatterie AID 2-Türkisch. *Report Psychologie*, 2:72–81

Outtz, J.L. (2002). The role of cognitive ability tests in employment selection. *Human performance*, 15, 161–172.

Wigdor, A.K. & Sackett, P.R. (1993). Employment testing and public policy: The case of the General Aptitude Test Battery. In H. Schuler, J.L. Farr, M. Smith (Hrsg.), *Personnel selection and assessment: Individual and organizational perspectives*. Erlbaum, Hillsdale, NJ, S. 183–204.

Berufliche Orientierung für Flüchtlinge und Migranten: psychologische Kompetenzanalyse und Berufsprofiling mit CAIDANCE-R

Andreas Frintrup und Maik Spengler

A. Frintrup (Hrsg.), *Berufliche Integration von Flüchtlingen und Migranten*,
https://doi.org/10.1007/978-3-662-53942-2_5

CAIDANCE-R ist eine ressourcenorientierte Kompetenzanalyse für Flüchtlinge. Mit dem webbasierten Verfahren werden kognitive Leistungsfähigkeit, berufsrelevante Persönlichkeitsmerkmale, berufliche Interessen und basales Sprachverständnis mit eignungsdiagnostischen Verfahren der Personalpsychologie erfasst. Die Messung erfolgt sowohl sprachgebunden als auch sprachfrei und ist in verschiedenen Sprachversionen, darunter Arabisch und Persisch, verfügbar. Durch einen Abgleich der individuellen Ressourcen mit beruflichen Anforderungen verschiedener Berufsgruppen resultieren konkrete Empfehlungen für Qualifikation, Ausbildung und berufliche Integration. Das Verfahren und seine psychometrischen Hintergründe sowie Normdaten und Ergebnisse im Vergleich von Flüchtlingen zu einer deutschen Arbeitsmarktnorm werden vorgestellt.

Berufliche Orientierung erfordert berufsbezogene Diagnostik – insbesondere dann, wenn Menschen, die in den Arbeitsmarkt integriert werden sollen und wollen, keine ausreichende Berufsbiografie und keine formalen Befähigungsnachweise vorzuweisen haben. Der diagnostische Prozess beginnt breit mit einer Feststellung überfachlicher Kompetenzen, Talente und Potenziale sowie berufsbezogener Interessen. Hierfür gelangt mit CAIDANCE-R (HR Diagnostics, 2015) eine psychologische Kompetenzanalyse speziell für Menschen mit Flucht- und Migrationshintergrund zum Einsatz, die im Ergebnis sowohl individuelle Stärken und Entwicklungsbereiche als auch konkrete Berufsfeldempfehlungen (Berufsprofiling) umfasst. Nachfolgend können spezifischere, auf aussichtsreiche Berufsbereiche fokussierte Diagnoseverfahren wie z. B. Arbeitsproben, Betriebspraktika oder Probearbeit eingesetzt werden. Die Granularität der Diagnostik wird mit jeder Prozessstufe feiner und erlaubt so, von einer globalen Berufsorientierung zu konkreten Berufs- und Bildungsempfehlungen bis hin zu einer talentbasierten Vermittlung in Ausbildung und Beschäftigung zu führen. Das Verfahren CAIDANCE-R als berufliches Breitbanddiagnostikum geringer Granularität aber maximaler Breite der Berufsorientierung wird vorgestellt und es werden Ergebnisse der bisherigen Anwendungen und Grenzen der Verallgemeinerbarkeit beschrieben.

5.1 Berufsorientierung ist Voraussetzung beruflicher Integration

Ohne Karte, Kompass und Kenntnis des aktuellen Standorts ist Navigation auf dem Wasser ein schwieriges Unterfangen. Berufsorientierung stellt die gleichen Anforderungen – wer einen Kurs in die Zukunft setzen will, muss die eigenen Ressourcen, Talente und Qualifikationen als Ausgangspunkt kennen, auf einer Karte attraktive und zum eigenen Schiff passende Häfen entdecken und den idealen Kurs dorthin bestimmen – mit dem oder gegen den Wind, vorbei an allerlei Riffs, Untiefen oder formalen Hürden z. B. des Berufswesens.

Berufsorientierung erfordert Standortbestimmung

Wer also wissen will, wohin man beruflich „passt", muss wissen, was man kann und wofür man sich dauerhaft interessiert und begeistert, wohin es gehen soll und welche Klippen auf dem Weg zum Ziel mit welchen Maßnahmen – sei es Spracherwerb, Grundbildung oder Ausbildung – zu nehmen sind. Grundvoraussetzung sind also die Kenntnis des lokalen Arbeitsmarkts und seiner beruflichen Anforderungen (die Karte) und die objektive Einschätzung individueller Fähigkeiten, Kenntnisse, Eigenschaften und sonstiger Ressourcen (aktuelle Position). Nur so lässt sich die Anzahl der individuell passenden Tätigkeiten oder Berufe (Häfen) bestimmen und ein rechtweisender Kurs abstecken. In der Berufsberatung ergibt sich aus dem Abgleich individueller Ressourcen mit den Anforderungen verschiedener Berufsbilder ein Möglichkeitsraum für individuelle Besetzung, Vermittlung oder Qualifikation und Ausbildung und damit letztlich ein Kurs, ein individueller Entwicklungspfad. Naturgemäß gilt: Je kleiner der Abstand zwischen Ausgangspunkt und Ziel, desto kürzer ist der Weg und umso schneller und mit weniger Mühen und Kosten kommt man an. Solide Kompetenzfeststellung als Ausgangspunkt beruflicher Beratung und Integration ist damit nicht nur Unterpfand persönlicher Entwicklung, sondern auch eine Determinante volkswirtschaftlich sinnvoller Ressourcenallokation in Vermittlung beruflicher Qualifikationen und Begleitung von Menschen in wertschöpfende Arbeitsbereiche.

Die Qualität der beruflicher Orientierung und Integration geflüchteter Menschen mit Bleiberecht entscheidet maßgeblich darüber, ob sie gesellschaftlich ankommen und sich wertschöpfend in die Gemeinschaft einbringen oder vom Integrationspfad abweichen und zur ökonomischen und sozialen Belastungsprobe für die Hegemonialgesellschaft werden. Entsprechend gilt es, die Prozesse der Arbeitsintegration effizient, nachhaltig und zielgerichtet zu gestalten, damit persönliche und gesellschaftliche Ressourcen bestmöglich verwendet werden. Für das Individuum gilt, dass eine möglichst frühe Feststellung beruflicher Kompetenzen und beruflicher Präferenzen dazu beiträgt, Bildung zielgerichtet zu erwerben und durch ein konkretes Ziel Antrieb zu gewinnen, der auch über schwierige und langwierige Phasen der Integration hinweg trägt. Wie nachfolgend zu zeigen sein wird (vgl. ► Abschn. 5.3.4), stellen mangelnde Sprachkenntnisse nicht das einzige und vermutlich auch nicht das größte Hemmnis für die Integration der aktuellen Flüchtlingskohorten in den Arbeitsmarkt dar.

Geringe Berufsbildungsquote bei geflüchteten Menschen

Die Arbeitsmarktsituation für Migranten ist komplex, aber einfach zu beschreiben: Es sind sehr viele beschäftigungslose Menschen, die den lokalen Arbeitsmarkt und die Berufe nicht kennen, überwiegend keine Dokumentation ihrer Berufsbiografie besitzen und in vielen Fällen auch tatsächlich keine vergleichbare Schul- und Berufsausbildung genossen haben. Schätzungen auf Basis des Berufsbildungsniveaus in den Herkunftsländern gehen von einer Quote von rund 70% Flüchtlingen ohne Berufsabschluss in den aktuellen Flüchtlingskohorten aus (vgl. Brückner, 2016).

Schätzungen hinsichtlich des Anteils von Flüchtlingen mit Hochschulabschluss liegen lt. Bildungsökonom Wößmann von der LMU München in der Größenordnung von 10%, er folgert:

> Die Flüchtlinge werden möglicherweise langfristig kein wirtschaftlicher Gewinn für Deutschland sein. Aber das ist auch nicht die Frage. Die Frage ist eine rein humanitäre: Diese Menschen werden in ihrer Heimat verfolgt und deswegen sollten wir sie aufnehmen. Aber wir müssen uns darüber klar werden, wer da zu uns kommt – und aufhören, uns das Bildungsniveau der Flüchtlinge schönzureden. (Daldrup & Löffelholz, 2017)

Angaben zum Niveau der Allgemeinbildung werden primär durch Selbstauskünfte erhoben, eine Vergleichbarkeit zum hiesigen Bildungsniveau dieser Angaben darf auf Basis objektiver landesübergreifender Schulleistungstests bezweifelt werden, Wößmann fasste 2015 bzgl. syrischer Flüchtlinge zusammen:

> Legt man die Ergebnisse der internationalen Schulleistungsstudien Pisa und Timss von 2011 – also für die heute 18-Jährigen – zugrunde, ergibt sich ein niederschmetterndes Bild: In Syrien schaffen 65% der Schüler nicht den Sprung über das, was die OECD als Grundkompetenzen definiert (…) gegenüber 16% in Deutschland. (…) Das heißt, dass zwei Drittel der Schüler in Syrien nur sehr eingeschränkt lesen und schreiben können, dass sie nur einfachste Rechenaufgaben lösen können. Und das bedeutet, dass diese Schüler in Deutschland, selbst wenn sie Deutsch gelernt haben, kaum dem Unterrichtsgeschehen folgen können. (Wiarda, 2015)

Allgemeine Bildungsdefizite

Insbesondere hinsichtlich der Rechenleistungen wird auf die Ergebnisse der Erhebungen mit CAIDANCE-R in ▶ Abschn. 5.3 dieses Kapitels verwiesen, die aktuelle Datenlage stützt die Ableitung Wößmanns aus Bildungsvergleichsstudien empirisch für die auf dem deutschen Arbeitsmarkt ankommenden Flüchtlinge.

Woher diese Bildungsunterschiede und -defizite rühren, ist eine wissenschaftlich und kulturvergleichend spannende Fragestellung, die hier nicht beantwortet werden kann. Für die Praxis der beruflichen Integration von Flüchtlingen ist festzustellen, dass weder die bisherige schulische noch die berufliche Bildungsbiografie die Frage nach beruflicher Eignung hierzulande beantworten kann. Dennoch sollen möglichst viele Personen zeitnah nach Eignung, Neigung und Bedarf in passende Beschäftigung und Ausbildung aus einer Vielzahl möglicher Optionen vermittelt oder dafür qualifiziert werden. Es bedarf deshalb anderer Ansätze, berufliche Eignung und Entwicklungsperspektiven zu ermitteln.

Herkömmliche Prozesse der Arbeitserprobung scheitern angesichts der Fallzahlen schnell an verfügbaren Ressourcen und auch daran, dass Berufsbilder, die in Herkunftsländern und hierzulande die gleichen Bezeichnungen tragen, inhaltlich gänzlich anders geprägt sind und oftmals andere Qualifikationen erfordern. Selbstauskünfte, dass jemand im Herkunftsland bereits in einem Beruf gearbeitet habe, sind nicht nur unzuverlässig, sondern mangels Vergleichbarkeit der praktischen Berufsausübung und ihrer technischen Rahmenbedingungen auch wenig belastbar, wenn daraus eine unmittelbare Eignung für die hiesige Berufsausübung abgeleitet werden soll.

Berufsorientierung durch Diagnostik

Berufsorientierung für Geflüchtete bedarf angesichts dieser Ausgangslage einer am lokalen Arbeitsmarkt orientierten Berufseignungsdiagnostik, mit der belastbare Aussagen zu aktueller Eignung, künftigem Entwicklungspotenzial und beruflichen Interessen und Neigungen abgeleitet werden können – unabhängig von bisherigen schulischen oder beruflichen Vorbildungen. In der Praxis hat sich hierfür der Begriff „Kompetenzanalyse" etabliert. Wir wollen ihn deshalb ebenfalls nutzen, obschon dem Begriff „Kompetenz" eine Statik innewohnt, die individuelle Entwicklung partiell negiert und nahelegt, der aktuelle Stand an Kompetenz sei auch das, was künftig von jemandem zu erwarten sei.

Talent, Potenzial oder Kompetenz?

Zudem entspricht Kompetenz (lt. Duden: Sachverstand, Fähigkeiten) eher einem aktuellen Stand an Kenntnissen und Fertigkeiten, also dem aktuellen Set an biografisch erworbenen Voraussetzungen, aktuellen Berufsanforderungen zu entsprechen, als dem überfachlichen Potenzial, sich weiterzuentwickeln, neues Wissen und Kenntnisse zu erwerben und künftig anderen Anforderungen erfolgreich begegnen zu können. „Potenzial"- oder „Talentdiagnostik" wäre gerade angesichts der Veränderungsherausforderungen ein besserer, ressourcenorientierter (vgl. Frintrup, 2014) und am Arbeitsmarkt auch zunehmend verwendeter Begriff (vgl. z. B. die in der Arbeitsverwaltung eingeführte „ressourcenorientierte Fallarbeit" auf Basis von Potenzialanalysen). Für viele berufsbezogene Erfolgsmerkmale gilt angesichts hoher Heritabilität und Zeitstabilität die Statik-Annahme auch tatsächlich (zumindest in Bezug auf berufsrelevante Prognosezeiträume), hinsichtlich anderer Merkmale darf durchaus von Veränderbarkeit durch Training und Umwelteinflüsse ausgegangen werden, wenngleich die durch Training erwartbaren Effektstärken verschiedener Merkmalsbereiche stark differenzieren. Während Sprachkompetenzen oder Verhaltensaspekte trainierbar sind, gilt das weit weniger für allgemeine kognitive Fähigkeiten oder Persönlichkeitseigenschaften. Es gilt daher, sowohl statische als auch veränderbare Merkmalsbereiche zu ermitteln und mit den Anforderungen einer Pluralität beruflicher Optionen abzugleichen – stets unter Berücksichtigung individueller Interessen der Person.

Die Personalpsychologie als Teildisziplin der Arbeits- und Organisationspsychologie stellt hierfür ein breites Methodenspektrum zur Verfügung, Teile hiervon werden an anderen Stellen dieses Buchabschnitts vorgestellt. Nachfolgend soll hergeleitet werden, welche Methoden in welcher Phase der beruflichen Orientierung bei der Zielgruppe geflüchteter Menschen mit sehr heterogenen Berufs- und Bildungsbiografien diagnostisch und auch aus Effizienzerwägungen heraus sinnvoll eingesetzt werden können.

5.2 Phasen der Berufsorientierung für Geflüchtete

Breite Berufsorientierung zu Beginn

Berufliche Orientierung muss breit beginnen, damit für die betroffenen Personen alle beruflichen Optionen offengehalten werden. Es gilt, individuelle Stärken, Talente und Interessen in Abgleich mit Anforderungen eines breiten Berufs- und Arbeitsmarktes zu bringen und zunehmend in Richtung einer individuellen Berufsempfehlung zu verdichten. Gleichzeitig will bei der Berufsorientierung für große Personengruppen bedacht werden, wie Qualität in der individuellen Beratungsleistung und Effizienz in der Informationsgewinnung gleichermaßen sichergestellt werden können.

Arbeitsproben werden häufig zu früh eingesetzt

Soll eine Person für eine Mehrzahl beruflicher Optionen mit High-fidelity-Arbeitsproben (vgl. ► Kap. 7) geprüft werden, sind diese zwar nah an den jeweiligen Anforderungen, allerdings ist die Durchführung sehr zeit- und kostenaufwendig und von Beginn an auf wenige Optionen beschränkt. Selbst besser skalierbare Low-fidelity-Ansätze wie z. B. videobasierte Simulationen (vgl. die Planungen der Bundesagentur für Arbeit hierzu, ► Kap. 1) fokussieren nur einen sehr kleinen Ausschnitt vieler möglicher Optionen und setzen neben berufsspezifischem Wissen auch Kenntnis der lokalen Technologie voraus – auch sie sind daher genau wie Hands-on-Arbeitsproben nur für nachgelagerte Diagnoseschritte, nicht jedoch als Einstiegsdiagnostik geeignet. Abstrakte, nicht spezifisch auf konkrete Berufe gerichtete Arbeitsproben wie von Tress in ► Kap. 6 beschrieben, eröffnen eine breite Perspektive auf mögliche Kompetenzen, erfordern jedoch auch die physische Präsenz vor Ort und nicht unerhebliche zeitliche und materielle Voraussetzungen, u. a. die Verfügbarkeit entsprechender Werkzeuge und Räume. Sie sind deshalb sehr gut für nachgelagerte und vertiefende Diagnoseschritte, jedoch ebenfalls nicht als Ausgangspunkt der Berufserkundung geeignet.

Phasen der Kompetenzermittlung

Wir haben für die Kompetenzermittlung von Menschen ohne belastbare Bildungsbiografie deshalb Verfahrensschritte vorgeschlagen, die sich an Effizienzerfordernissen bei großen Fallzahlen einerseits und im Zeitverlauf zunehmender diagnostischer Spezifität anderseits orientieren (vgl. Frintrup & Spengler, 2016a).

◘ Abb. 5.1 veranschaulicht die Phasen der Berufsorientierung für Geflüchtete. Startpunkt bildet eine breite, überfachliche Kompetenzanalyse. Bisherige (Berufs-)Bildung wird in dieser Phase bewusst nicht berücksichtigt, um voraussetzungsfrei und unabhängig von höchst heterogenen Bildungsvoraussetzungen der verschiedenen Herkunftsgruppen Kenntnis über passende Berufsfelder der Person zu erlangen. Der Begriff „Passung" bezieht sich hierbei sowohl auf Eignungsvoraussetzungen als auch auf berufsbezogene Interessen der Person. Dieser Schritt dient damit einer allgemeinen, breiten Orientierung hinsichtlich beruflicher Optionen. Das nachfolgend beschriebene Verfahren CAIDANCE-R ist dieser breiten Diagnostik verpflichtet.

Im nachfolgenden Schritt individueller Beratungsgespräche werden Ergebnisse der breiten Kompetenzanalyse empfängerzentriert

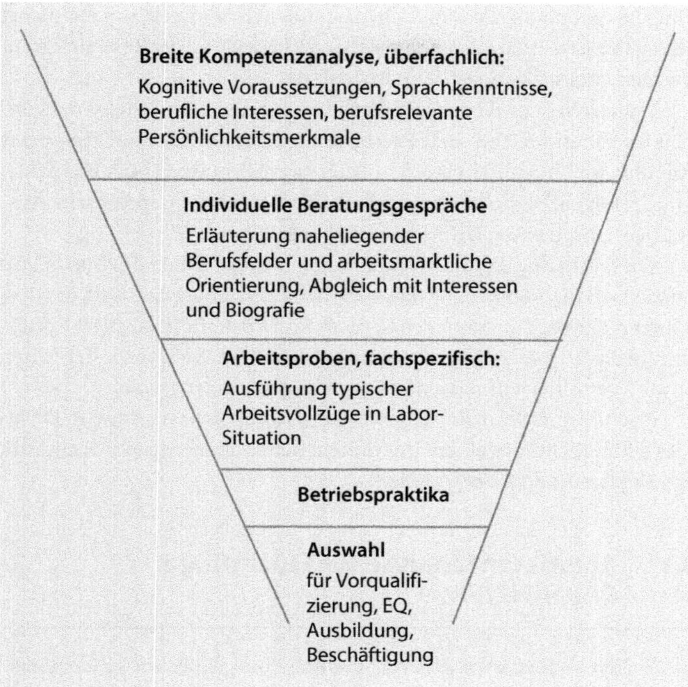

Abb. 5.1 Stufen der beruflichen Kompetenzermittlung bei Migranten ohne belastbare Berufsbiografie. (Nach Frintrup & Spengler, 2016a)

dargestellt, Arbeitsmarktorientierung vermittelt und der Abgleich mit bisherigen Berufserfahrungen (Biografie) sowie beruflichen Interessen und Präferenzen der Person erörtert. Diese Phase dient der weiteren Fokussierung auf relevante Berufs- und Tätigkeitsbereiche.

Die daran anschließende Phase von Arbeitsproben weist eine höhere Fachspezifität auf und dient der Ermittlung praktischer Kenntnisse und Fertigkeiten in laborartigen Situationen. Die Spezifität kann hierbei eher einer allgemeinen Exploration z. B. handwerklicher Fertigkeiten zum Zwecke der weiteren Orientierung (vgl. ► Kap. 6) oder bereits sehr berufsspezifischen Arbeitsproben (vgl. ► Kap. 7) verpflichtet sein. Maßgeblich für die Wahl der Spezifität sind die Sicherheit der beruflichen Orientierung aus dem vorangehenden Beratungsgespräch bzw. die unmittelbare Verfügbarkeit vakanter Positionen in Beschäftigung und Ausbildung. Der Fokus der Arbeitsproben kann auch kaufmännische, verwaltende oder soziale Berufsgruppen umfassen, die Arbeitsproben müssen hierfür entsprechend komplexer und abstrakter angelegt werden.

Probearbeiten oder Betriebspraktika in Betrieben schließen sich als nächste Phase an. Da die Ressourcen der Betriebe für die kurzfristige Integration potenzieller Arbeitnehmer und Auszubildender zur gegenseitigen Erkundung von Beruf, Betrieb und Person beschränkt sind und jede auch temporäre Aufnahme einen Eingriff in Betriebsabläufe und das bestehende Team darstellen, dienen die vorangehenden Schritte einer bestmöglichen Vorauswahl passender Kandidaten, um möglichst wenig negative Erfahrungen entstehen zu lassen und die Ressourcen auf die aussichtsreichsten Fälle zu fokussieren.

Im letzten Schritt und nach Verdichtung aller bis hierher vorliegenden Informationen zu einer Person kann dann die Auswahl geeigneter Kandidaten für (Einstiegs-)Qualifizierung, Ausbildung oder Beschäftigung erfolgen. In dieser Phase gelangen unternehmensspezifische Auswahlverfahren wie z. B. Interviews zum Einsatz.

Phasenmodell sichert Effizienz

Diese Abfolge diagnostischer Stufen ermöglicht eine schnelle und effiziente Basisorientierung für große Personenzahlen und hilft, die Ressourcen der nachfolgenden, personal- und kostenintensiveren Erkundungsschritte zielgerichtet einzusetzen und Teilnehmern, Betrieben sowie Vermittlern unpassende Empfehlungen zu ersparen.

Nachfolgend wird die psychologische Kompetenzanalyse CAIDANCE-R für Flüchtlinge als ein Instrument der breiten Eingangsdiagnostik des Prozessmodells vorgestellt.

5.3 Kompetenzanalyse für Flüchtlinge CAIDANCE-R

Merkmale von CAIDANCE-R

CAIDANCE-R ist dem Ziel verpflichtet, eine gleichsam valide, effiziente, kostengünstige und für große Fallzahlen geeignete Berufsorientierung speziell für geflüchtete Menschen bereitzustellen. CAIDANCE ist ein Kunstwort aus Career und Guidance, das „-R" bezeichnet eine spezifische Version für Flüchtlinge.

Beschreibende Merkmale von CAIDANCE-R sind (vgl. Frintrup & Spengler, 2017):

- berufsbezogene Diagnostik persönlicher Kompetenzen (im engeren Sinne Fähigkeiten, Eigenschaften, berufliche Interessen, basales Sprachverständnis Deutsch),
- Fokussierung auf die Kompetenzmerkmale der Person im Sinne einer Stärkenorientierung,
- Anwendung personalpsychologisch-diagnostischer Methoden zur Feststellung von Person-Job-Passungen für eine Vielzahl von Berufen,
- webbasierter Prozess in der Abbildung, Auswertung und Darstellung der Diagnostik, ihres Ergebnisses und des Abgleichs zwischen Person und verschiedenen beruflichen Umwelten.

5.3.1 Diagnostisches Prinzip und Entwicklungshintergrund

Berufsprofiling

CAIDANCE-R steht in der Tradition und ist eine spezielle Anwendungsversion des Berufsprofilings. Hiermit wird die Umkehr der Suchrichtung der bestpassenden Bewerber für eine Vakanz in Richtung der am besten zu einer einzelnen Person passenden beruflichen Optionen bezeichnet (vgl. Frintrup, 2015). Aus „n Bewerbern für einen Job“ wird so das Prinzip „n Jobs für einen Bewerber“. Für das Berufsprofiling liegen umfangreiche Erfahrungen in der Integration arbeitsloser Personen in den Arbeitsmarkt vor (vgl. z. B. Von der Bruck & Mussel, 2007 bzgl. der Integration älterer Erwerbsloser 50+ in den ersten Arbeitsmarkt und der daraus abgeleiteten Ressourcenmodelle älterer im Vergleich zu jüngeren Erwerbslosen bei Mussel, von der Bruck & Schuler, 2009 sowie praktische Anwendungen bei Schuler, Mussel & Frintrup, 2010 und Frintrup, 2015). CAIDANCE-R für die Kompetenzfeststellung speziell bei Flüchtlingen ist seit 2015 im Einsatz, die nachfolgend berichteten Norm- und Anwendungsdaten beziehen sich auf aktuelle Flüchtlingskohorten der Jahre 2015, 2016 und partiell Frühjahr 2017.

Jobmatching in betrieblicher Praxis

Das Diagnoseprinzip „n Jobs für einen Bewerber“ setzt sich auch in der betrieblichen Praxis verstärkt durch, insbesondere wenn es gilt, Bewerberstichproben in knappen Bewerbermärkten möglichst umfassend zu nutzen und keine Talente für das Unternehmen zu verlieren. Auch wenn sich Menschen mit sehr heterogenen und formal wenig dokumentierten Qualifikationen bewerben oder persönlich passende berufliche Optionen schlichtweg nicht kennen, stiftet dieses im betrieblichen Kontext als Jobmatching bezeichnete Prinzip einen erheblichen Zusatznutzen über gewöhnliche Prozesse und Verfahren der Eignungsdiagnostik hinaus (vgl. Frintrup & Spengler, 2016). AUDI setzt z. B. bei der Besetzung des neuen Werks in Mexico auf diese Technologie (vgl. Krauss, Olofsson & Frintrup, 2016) und auch hierzulande wird bei der Rekrutierung z. B. von Auszubildenden verstärkt auf integrierte Berufsorientierung und Auswahl gesetzt. Damit lässt sich das verfügbare Potenzial in der Bewerberpopulation optimal heben. Das ergibt insbesondere dann Sinn, wenn es eine größere Anzahl beruflicher Zielhäfen gibt. Continental ist für diesen Ansatz unter Nutzung von CAIDANCE-R für die Auswahl von Flüchtlingen für Ausbildung und Einstiegsqualifizierung im Jahr 2016 mit dem HR-Excellence-Award ausgezeichnet worden (https://www.hr-excellence-awards.de/gewinnerliste-2016/), das Projekt wird in ▶ Kap. 10 dargestellt.

Einsatzgebiet von CAIDANCE-R sind Unternehmen, Institutionen, karitative und weitere Einrichtungen. Dazu zählen:

- Unternehmen (für die Kompetenzfeststellung vor Aufnahme in Einstiegsqualifizierung, Ausbildung oder Direkteinstieg),
- Jobcenter und Kommunen (zur Vermittlung in Beschäftigung),
- Erstaufnahmeeinrichtungen (zur frühzeitigen Identifikation individueller Entwicklungs- und Förderbedarfe zur Herstellung der Beschäftigungsfähigkeit),
- private Arbeitsvermittlungen (zur Anbahnung von Beschäftigungsverhältnissen),
- kommunale, private und unter anderer Trägerschaft stehende Flüchtlingsinitiativen (zur Kompetenzfeststellung für Ausbildung und Beschäftigung),

- Industrie- und Handelskammern sowie Handwerkskammern (zur Diagnostik von Flüchtlingen für Mitgliedsbetriebe) und
- karitative und soziale Einrichtungen sowie Social-Service-Clubs (zur Unterstützung lokaler Arbeitsvermittlung).

5.3.2 Diagnostische Verfahren und Methoden

CAIDANCE-R ermöglicht mit webbasierten psychologischen Testverfahren, die sich auf kognitive Fähigkeiten, berufsbezogene Persönlichkeitsmerkmale, berufliche Interessen und das deutsche Sprachverständnis beziehen, in ca. zwei bis zweieinhalb Stunden die Ermittlung individueller Ressourcen. Die enthaltenen Messbereiche finden sich in der folgenden Übersicht.

Messbereiche von CAIDANCE-R

Kognitive Fähigkeiten
Problemlösung (sprachfreie Matrizen), Bearbeitungsgeschwindigkeit (verbal, numerisch, figural), kognitive Flexibilität (sprachfrei), Konzentration (numerische Zahlenfolgen), Rechenfähigkeit

Persönlichkeit
Motivation, soziale Kompetenz, Integrität, Verträglichkeit, Offenheit, Gewissenhaftigkeit, Extraversion, emotionale Stabilität, Wissbegier, Selbstvertrauen und Kundenorientierung

Berufliche Interessen
sprachfreies bildhaftes Material

Kurztest Sprachkompetenz Deutsch
Basisverständnis (Lesen und Verstehen) der deutschen Sprache mit alltäglichem Aufgabenmaterial

Alle eingesetzten Verfahren sind psychometrisch evaluiert. Für alle eingesetzten Einzelskalen mit Ausnahme des deutschen Sprachtests liegen Reliabilitäts- und Validitätsbelege vor. Die entsprechenden Kenndaten finden sich in ◘ Tab. 5.1.

Validiertes Verfahren

Validierungsdaten für die Gesamtbatterie ohne den deutschen Sprachtest liegen für eine Stichprobe von N=113 Personen aus der Türkei vor (durchgeführt in türkischer Übersetzung), die in einem Logistikunternehmen beschäftigt sind. Die Kriterienvalidität bemisst sich unterschiedlich für komplexe Tätigkeiten auf r=.22 (.44) und für gewerbliche, einfachere Tätigkeiten r=.29 (.56). Hinweis: Die Zusammenhänge in Klammern sind korrigiert für Varianzeinschränkungen durch Vorauswahlprozesse und Beobachterfehler im Kriterium operationalisiert über eine unabhängige Leistungseinschätzung des Vorgesetzten.

◘ **Tab. 5.1** Psychometrische Kennwerte von CAIDANCE-R: Messdimensionen von CAIDANCE-R, eingesetzte Testverfahren, Reliabilität (Cronbach's alpha) und Kriterienvalidität

Testdimension	**Test**	**Reliabilität**	**Kriterienvalidität**
Demographische Fragen		**n/a**	**n/a**
Problemlösung (sprachfrei)	MATRIX	.78	.31
Bearbeitungsgeschwindigkeit (fig., num., verb.; sprachfrei)	SPEED	.65	.38
Konzentration (sprachfrei)	SEQUENCE	.89	.11
Kognitive Flexibilität (sprachfrei)	N-BACK	.91	.21
Kopfrechnen	CALCULATE	.88	.33
Integrität	PIA	.73	.27
Motivation	DRIVE	.90	.31
Soziale Kompetenz	VSI	.84	.26
Verträglichkeit	TAKE-5-A	.71	.19
Offenheit	TAKE-5-O	.67	.32
Gewissenhaftigkeit	TAKE-5-C	.77	.26
Extraversion	TAKE-5-EX	.74	.18
Emotionale Stabilität	TAKE-5-ES	.78	.14
Wissbegier	CURIOUS	.87	.42
Selbstvertrauen	CONFIDENCE	.78	.27
Kundenorientierung	CSO	.91	.23
Berufliche Interessen (sprachfrei)	INTEREST-PIC	.83 bis.92	n/a
Sprachkompetenz Deutsch		in Evaluation	n/a

Normbasis und Beschreibung der Stichprobe

Die Normierungsstichprobe für CAIDANCE-R besteht aus N=552 Personen (85% männlich, 15% weiblich). Der Altersdurchschnitt der Norm liegt bei 24,3 Jahren mit einer Standardabweichung von 6,8 Jahren. 20% der Personen haben in ihrem Heimatland 1–6 Jahre Schulbildung genossen, 10% 7–10 Jahre, 27% 11–13 Jahre und 43% geben an, 14 oder mehr Jahre eine Schule besucht zu haben. 14% geben an, einen akademischen Abschluss (Bachelor oder höher) erworben zu haben. Hinsichtlich der Berufserfahrung geben 32% an, keine oder bis zu einem Jahr Berufserfahrung zu haben, 17% berichten von 1–2 Jahre Berufserfahrung, 43% von mehr als 2 Jahren und 8% haben keine Angaben hierzu gemacht. Zum jeweiligen Zeitpunkt der Teilnahme an CAIDANCE-R geben 22% eine Aufenthaltsdauer in Deutschland von bis zu 6 Monaten an, 54% von bis zu einem Jahr, 14% von bis zu 3 Jahren und 10% von mehr als 3 Jahren.

Die nachfolgenden Abbildungen (◘ Abb. 5.2, ◘ Abb. 5.3, ◘ Abb. 5.4, ◘ Abb. 5.5) zeigen exemplarisch sprachgebundene und sprachfreie Aufgabentypen des Verfahrens. Die Teilnehmer entscheiden zu Beginn der Bearbeitung selbst über die Sprachdarstellung für Tests und Instruktionen (s. nachfolgende Übersicht).

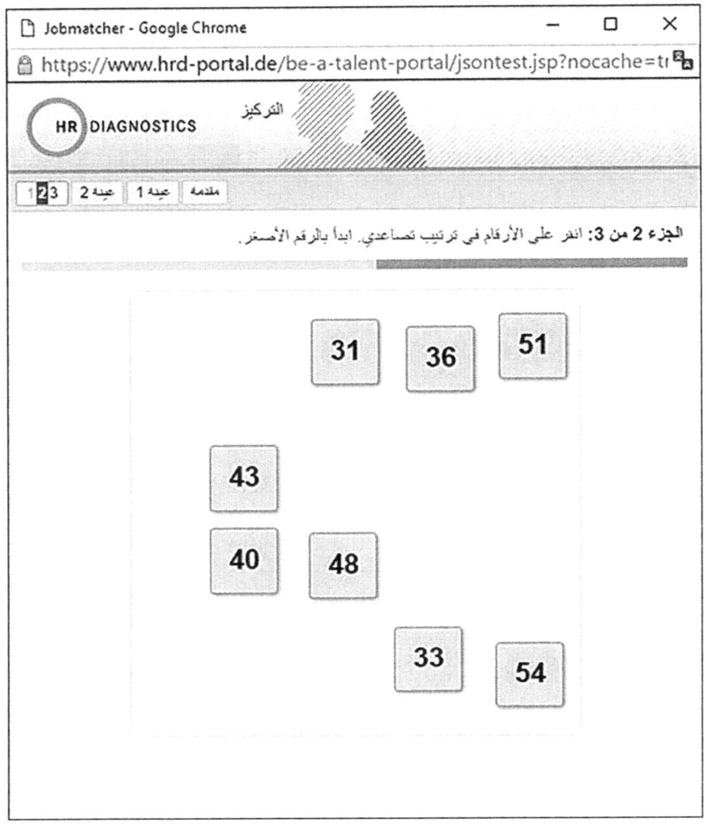

Abb. 5.2 Beispiel eines non-verbalen Testverfahrens zur Messung von Konzentrationsleistungen. Die nach Zufallsprinzip auf dem Bildschirm angeordneten Zahlen sind in auf- oder absteigender Reihenfolge zu markieren. Erfolgsmaßstab ist die Anzahl der korrekten Lösungen in einer vorgegebenen Zeitspanne.(Quelle: HR Diagnostics AG)

Verfügbare Sprachversionen für CAIDANCE-R

Deutsch, Englisch, Französisch, Arabisch, Persisch (Farsi/Dari) und partiell Türkisch.
Weitere Sprachversionen sind in Vorbereitung

Übersetzungsprozess für Sprachversionen

Das Verfahren wurde entsprechend psychologischer Fachstandards (unabhängige Hin- und Rückübersetzung, Übersetzer-Assessment, unabhängige Expertenbegutachtung, Vorerprobung durch Muttersprachler und Optimierung) aus der deutschen Sprache in die Zielsprache Englisch und unter gleichen Prozessen von dort in die vorgenannten Anwendungssprachen übersetzt. Hierbei wurden – wo nötig – kulturelle Anpassungen in den jeweiligen Sprachversionen vorgenommen und die Testdarbietung an den jeweiligen Kulturraum angepasst

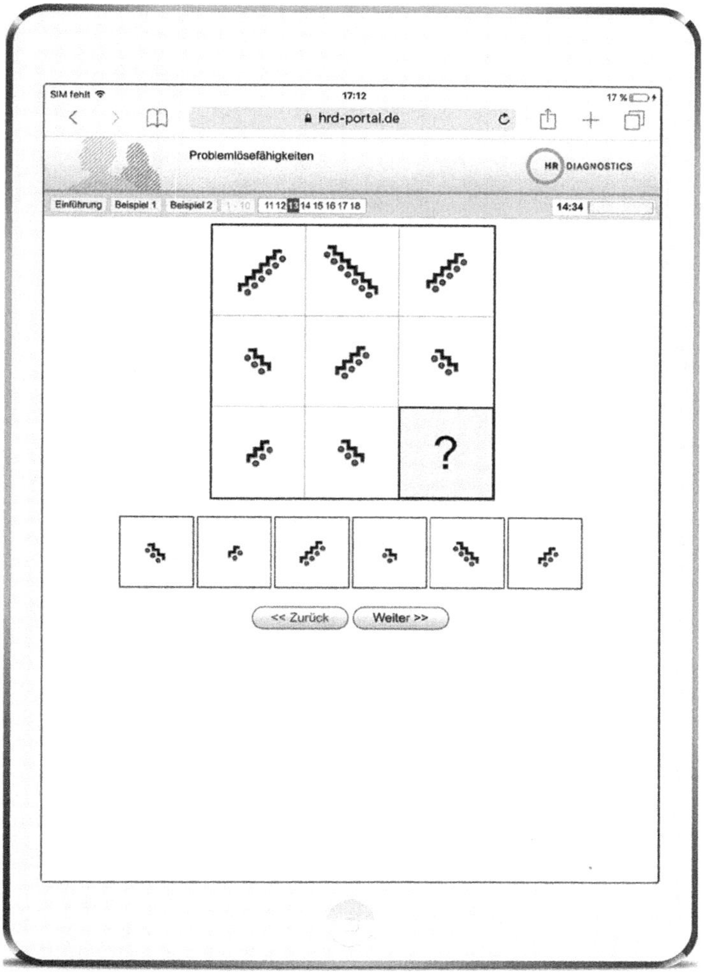

Abb. 5.3 Darbietung eines non-verbalen Matrizentests (MATRIX) auf einem Tablet. In der 9-Felder-Matrix ist in das mit Fragezeichen markierte Feld eines der angebotenen Objekte regel- und logikkonform einzusetzen. Quelle: HR Diagnostics AG

(u. a. Bearbeitung und Schriftverlauf von rechts nach links, Umpolung von Bewertungsskalen, Verwendung Kreuz-kulturell gültiger grafischer Skalenanker nach Kunin, 1955).

5.3.3 Durchführung

Durchführung als Einzel- oder Gruppenverfahren

Die Diagnosedurchführung erfolgt auf PCs, Laptops oder Tablets und ist nicht an bestimmte Raumressourcen gebunden. Es sind sowohl Einzel- als auch Gruppendurchführungen möglich, die Anzahl paralleler Nutzer ist weder aufseiten der Testteilnehmer noch aufseiten der Administratoren beschränkt. Es ist kein Testleiter erforderlich, Instruktionen und

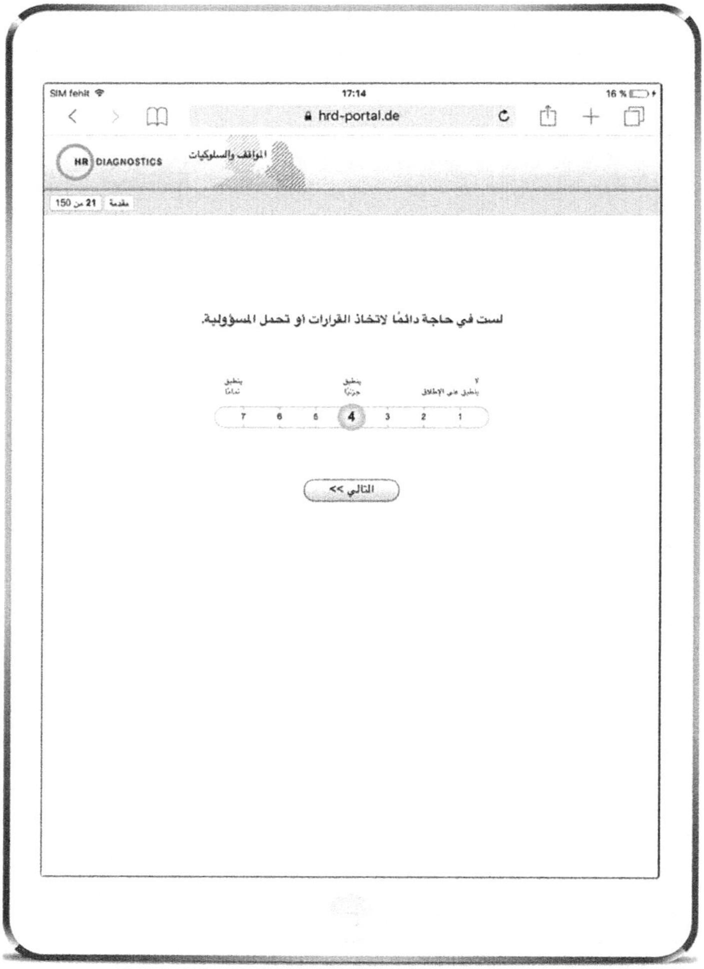

Abb. 5.4 Darbietung eines Persönlichkeitstest-Items (verbal) auf einem Tablet. Zu beachten ist hier die an die teilnehmerseitige Sprachauswahl angepasste Darstellung der Sprache und Schreibrichtung sowie die kulturangepasste Darstellung der Antwortskala (abnehmende Bewertung von links nach rechts – bei deutscher, englischer oder französischer Sprachwahl ist die Skalierung andersherum). Quelle: HR Diagnostics AG

Zeitnahme erfolgen bei jedem Teilnehmer individuell softwaregesteuert, bei Testung größerer Gruppen kann so individuell nachgerückt werden, statt auf die Gesamtgruppe zu warten (Cafeteria-Modell). Ein Internetanschluss (LAN/WLAN) sowie ein aktueller Internetbrowser sind Voraussetzung, es sind jedoch keine lokalen Installationen erforderlich. Die Administration der Zugriffe und Einsicht in Ergebnisse (liegen ohne Zeitverzug unmittelbar nach Diagnosedurchführung vor) erfolgen über eine webbasierte Verwaltungsplattform, der Zugriff durch die Teilnehmer erfolgt passwortgeschützt über eine webbasierte Testplattform.

„Proctored Assessment“

Trotz des Einsatzes webbasierter Technologien und internetbasierter Testumgebung erfolgt die Diagnosedurchführung ausschließlich in

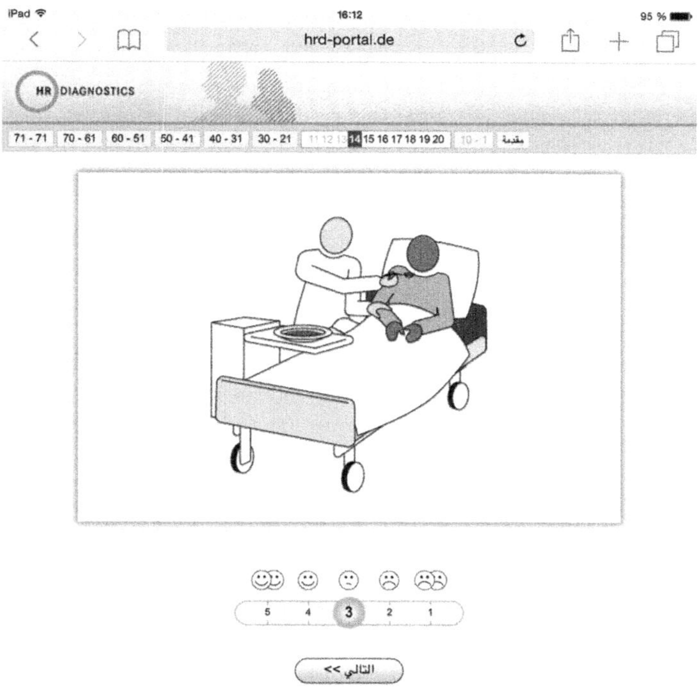

■ **Abb. 5.5** Sprachfreier Interessenstest mit bildhaftem Item-Material. Die bildhafte Darstellung von Arbeitsvollzügen ermöglicht eine Neigungsdiagnostik unabhängig von Sprachbeherrschung und dem Verständnis von Berufs- und Tätigkeitsbezeichnungen. Die Skalenanker verlaufen analog zur Schreibrichtung von rechts nach links und sind grafisch verankert (abhängig von der Sprachwahl des Teilnehmers). Quelle: HR Diagnostics AG

geschützter Umgebung unter Aufsicht und Verifikation der Personendaten. Dieses auch als „Proctored Assessment" bezeichnete Vorgehen schützt vor Manipulationen und Vertretung durch Dritte und sichert damit den Zertifikatscharakter der individuellen Ergebnisse. Außerdem wird hierdurch die Methode vor Abnutzung z. B. durch Ablichtung oder Aufzeichnung der Testinhalte geschützt.

Datenschutz und IT-Sicherheit

Der Schutz personenbezogener Daten wird durch Einhaltung aller Vorschriften des BDSG, ausschließlicher Datenhaltung- und Verarbeitung in Deutschland und einer höchsten Ansprüchen entsprechenden Sicherheitsarchitektur der verwendeten Software JobMatcher (HR Diagnostics AG) einschließlich verschlüsselter Datenübertragung und projektspezifischer Rollen-Rechte-Architektur Rechnung getragen. Die Teilnehmer stimmen vor der Bearbeitung der Erhebung, Speicherung und projektspezifischen Nutzung ihrer Daten zu. Die Administratoren entscheiden frei, ob ihre projektbezogenen Teilnehmer unter Klarnamen oder pseudonymisiert an der Bearbeitung und Datenhaltung teilnehmen. Bei pseudonymisierter Teilnahme erscheinen auf den Ergebnisberichten die verwendeten Pseudonymisierungs-Codes und keine Klarnamen, was die teilnehmerseitige Weiternutzung der Ergebnisse einschränkt.

5.3.4 Ergebnisdarstellung und Berichtlegung

Die Ergebnisse der Teilnahme an CAIDANCE-R werden auf zwei Ebenen zurückgemeldet und in einem Bericht zusammengefasst:

- **Ebene 1: Ergebnisübersicht**: Darstellung aller gemessenen Einzelergebnisse im Vergleich zu einer für den allgemeinen deutschen Arbeitsmarkt relevanten Normstichprobe (vgl. ◘ Abb. 5.6, ◘ Abb. 5.7). Hierdurch wird das jeweils individuelle Fähigkeits- und Kompetenzniveau im Vergleich zu am deutschen Arbeitsmarkt üblichen Ausprägungen sichtbar und individuelle Stärken, Talente, Ressourcen und Defizite sowie Entwicklungsbereiche und berufliche Interessensgebiete offenbar.
- **Ebene 2: Abgleich individueller Ergebnisse mit Berufsgruppen**: Die individuell ermittelten Ressourcen und Stärken werden mit den beruflichen Anforderungen von Berufsgruppen abgeglichen und damit eine Aussage zu Eignung, Passung und Qualifizierungsbedarf ermöglicht (vgl. ◘ Abb. 5.8, ◘ Abb. 5.9).

Kompetenzen	Z	PR
Problemlösen	93	26
Bearbeitungsgeschwindigkeit	103	61
Bearbeitungsgeschwindigkeit verbal	103	63
Bearbeitungsgeschwindigkeit numerisch	101	55
Bearbeitungsgeschwindigkeit figural	103	60
Konzentrationsfähigkeit	103	61
Kognitive Flexibilität	98	40
Kopfrechnen	94	27
Integrität	110	83
Motivation	85	6
Aufgabenorientierung	102	58
Lernorientierung	93	23
Wettbewerbsorientierung	82	4
Initiative	93	24
Karriereorientierung	83	5
Gewissenhaftigkeit	79	2
Emotionale Stabilität	116	94
Verträglichkeit	77	1
Extraversion	97	38
Offenheit	108	78
Wissbegier	103	61
Vertrauen	110	83
Soziale Kompetenz	100	49
Kundenorientierung	105	71

KOGNITIVE STÄRKEN

- KONZENTRATIONSFÄHIGKEIT

PERSÖNLICHE STÄRKEN

- EMOTIONALE STABILITÄT
- INTEGRITÄT
- VERTRAUEN

HAUPTINTERESSEN

- KÜNSTLERISCH-SPRACHLICH

ENTWICKLUNGSFELDER

- GEWISSENHAFTIGKEIT
- PROBLEMLÖSEN

◘ **Abb. 5.6** Auszug aus dem Ergebnisbericht von CAIDANCE-R zu leistungsorientierten Verfahren und Persönlichkeitstests. Alle Messdimensionen werden grafisch und numerisch (als Standardnormwert Z und Prozentrang PR) zurückgemeldet, zusätzlich werden Stärken und Entwicklungsfelder gesondert hervorgehoben. Quelle: HR Diagnostics AG

Berufliches Interessensprofil

R - Praktisch-technisches Interesse
I - Intellektuell-forschendes Interesse
A - Künstlerisch-sprachliches Interesse
S - Soziales Interesse
E - Unternehmerisches Interesse
C - Konventionelles Interesse

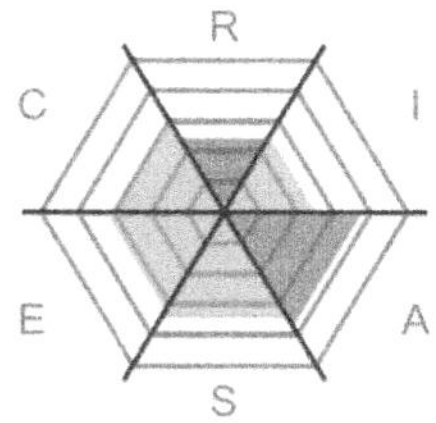

Interesse

Aktuelle Deutschkenntnisse (Leseverständnis) — **Fortgeschrittene Kenntnisse**

Abb. 5.7 Auszug aus dem Ergebnisbericht von CAIDANCE-R zum Messbereich beruflicher Interessen und Sprachverständnis Deutsch. Die Interessen werden nach Holland (1959) im RIASEC-Modell zurückgemeldet. Quelle: HR Diagnostics AG

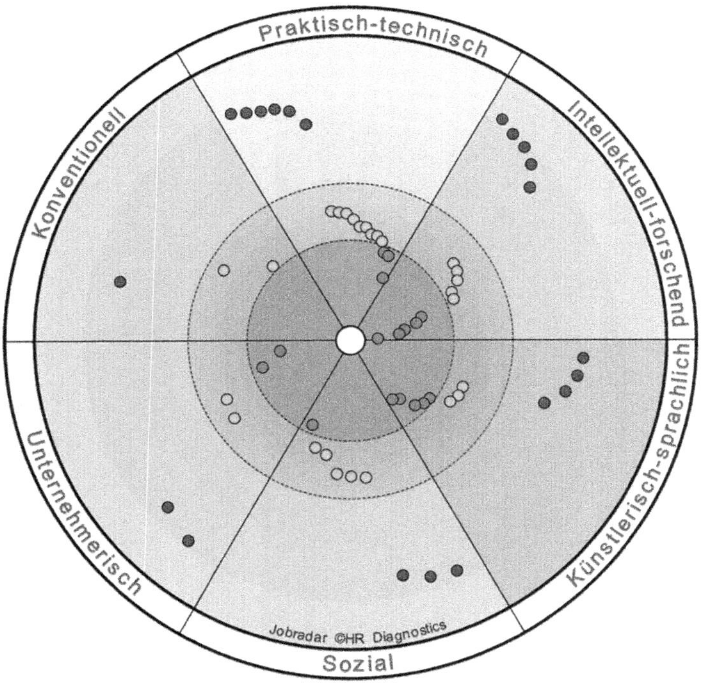

Abb. 5.8 Darstellung der Berufsgruppen im Jobradar. Quelle: HR Diagnostics AG

Die detaillierte Rückmeldung individueller Leistungen und Ergebnisse in den diagnostischen Verfahren ermöglicht eine breite Kompetenzeinschätzung und Ableitung individueller Entwicklungsbereiche sowie die Auswahl von Qualifizierungsprogrammen.

Die Person in Abb. 5.8 steht im Mittelpunkt (weiß). Radial um die Person sind berufliche Optionen dargestellt, analog eines Radarschirms in Schiffs- und Flugverkehrsüberwachung. Je näher ein Punkt an der Person in der Mitte liegt, desto höher ist die eignungsbasierte Passung

Matching-Ergebnisse (basierend auf den gemessenen Kompetenzen)

Match	Berufsgruppe	Interesse
95,7%	Naturwissenschaftliche Helferberufe *z.B. Laborhelfer, Helfer in der Forschung*	➔
88,4%	Unternehmerische Helferberufe im Bereich Wissenschaft oder Technik *z.B. Helfer in der Pharmazie*	➔
86,4%	Forschende Helferberufe im Bereich Kunst oder Unterhaltung *z.B. Helfer in Museen, Helfer im Medienbereich*	➔
82,0%	Verwaltende Helferberufe in Wissenschaft oder Technik *z.B. Hilfskraft in wissenschaftlichen oder technischen Unternehmen*	➔
80,9%	Kaufmännische Helferberufe *z.B. Hilfskraft in Buchhaltung oder Finanzen*	➔
80,5%	Wissenschaftlich-technische Helferberufe *z.B. Helfer in Laboren, Helfer in der Fertigung*	↘
80,2%	Freischaffende künstlerisch-sprachliche Helferberufe *z.B. Hilfskraft in Manufakturen*	➔
79,7%	Medizinnahe Helferberufe *z.B. Helfer in Medizin und verwandten Berufsfeldern*	➔
78,8%	Künstlerisch-sprachliche Helferberufe *z.B. Hilfskraft in künstlerisch-artistischen Einrichtungen*	↗
73,8%	Verwaltende Helferberufe im kaufmännischen Bereich *z.B. Lagerhelfer/in, Kassierer/in*	➔

Interessens-Passung: ⬆ = Sehr hoch ↗ = Hoch ➔ = Mittel ↘ = Niedrig ⬇ = Keine

© HR Diagnostics AG · Königstr. 20 · 70173 Stuttgart Seite 3 von 8

18,7%	Soziale Studienberufe *z.B. Studium Pädagogik/ Erziehungswissenschaften, Studium Sozialarbeit*	➔
18,2%	Verwaltende Studienberufe in Wissenschaft oder Technik *z.B. Studium Pharmazie*	➔
18,0%	Unternehmerisch-praktische Studienberufe *z.B. Studium Landwirtschaft/Agrarwissenschaften,Studium Landbau, Studium Weinbau*	➔
17,4%	Studienberufe in Pflege-, Gesundheitsmanagement oder Dienstleistungswesen *z.B. Studium Pflege- und Gesundheitswesen, Studium Pädagogik und Management im Gesundheitswesen*	➔
16,4%	Kaufmännische Studienberufe *z.B. Studium Wirtschaftswissenschaften, Studium Betriebswirtschaft*	➔
16,1%	Wissenschaftlich-technische Studienberufe *z.B. Studium Informatik, Studium Elektrotechnik, Studium Fahrzeugtechnik, Studium Feinwerk- und Mikrotechnik*	↘
15,3%	Sozialwissenschaftliche Studienberufe *z.B. Studium Soziologie, Studium Psychologie, Studium Medizin, Studium Ökotrophologie*	➔
14,2%	Unternehmerische Studienberufe im Bereich Wissenschaft oder Technik *z.B. Pharmareferent/in*	➔
12,1%	Naturwissenschaftliche Studienberufe *z.B. Studium Chemie, Studium Biologie, Studium Mathematik*	➔

© HR Diagnostics AG · Königstr. 20 · 70173 Stuttgart Seite 5 von 8

Abb. 5.9 Ergänzend zum Jobradar wird die eignungsbasierte Passung zwischen Berufsgruppen und Person in absteigender Listenansicht dargestellt. Die Pfeile am rechten Rand indizieren, in welchem Ausmaß die beruflichen Interessen der Person mit dem jeweiligen Berufsfeld korrespondieren.Quelle: HR Diagnostics AG

der Berufsgruppe zur Person. Große Abstände zeigen geringe Übereinstimmung an. Zusätzlich werden die dominanten Interessensbereiche der Person dargestellt (durch Farbschattierungen, hier ist das Kreissegment Mitte rechts, künstlerisch-sprachliches Interesse, Interessensschwerpunkt der Person). Die Systemansicht des Radars ist dynamisch,

d. h. Administratoren können durch Mouseover-Effekte die Berufsbezeichnungen einsehen und sich die Passung im Detail anzeigen lassen. Die getrennte Darstellung von Eignung (Punktabstand) und Interesse ermöglicht die getrennte aber auch simultane Berücksichtigung von Eignung und Interesse bei Berufsberatung und Vermittlung.

Vergleichsbasis deutsche Arbeitsmarktnorm
Die Verwendung einer allgemeinen Norm für Vergleichszwecke statt einer nur auf Flüchtlinge bezogenen Norm ist erfolgt, weil ein Vergleichsmaßstab zu lokalen Arbeitsmarktanforderungen und dem lokalen Reservoir an Arbeitsmarktteilnehmern erforderlich ist. Eine Norm, die sich nur auf einen Vergleich innerhalb der Flüchtlingsstichproben bezöge, wäre nur geeignet, Ressourcenunterschiede innerhalb dieser Stichprobe zu beschreiben, nicht aber die Frage zu beantworten, wie individuelle Kompetenzen im Vergleich zu dem allgemeinen Niveau der Arbeitsmarktteilnehmer und beruflichen Anforderungen von Tätigkeiten zu bewerten sind. Beschäftigungsfähigkeit und Beschäftigungsoptionen können deshalb nur unter Verwendung lokaler Normen als Vergleichsmaßstab abgeleitet werden.

Aussage eines Teilnehmers nach der Testteilnahme:

> » Mit den Ergebnissen können sie zumindest 50–60 Prozent meiner Fähigkeiten beurteilen. Sie wissen, die Testperson ist gebildet oder nicht gebildet, sie ist clever genug oder, verzeihen Sie, sie ist zu blöd, die Testperson hat mathematisches Verständnis, ist sozial verträglich und gut genug, um Teil der Gesellschaft zu sein. All das kann der Test zutage fördern, ohne einen gesehen zu haben. (Deutschlandfunk, 2016)

Berufsgruppen für das Matching

Durch den Abgleich mit insgesamt 63 Berufsgruppen (21 Berufsgebiete auf 3 verschiedenen Komplexitätsniveaus) wird eine konkret auf den europäischen Arbeitsmarkt bezogene Berufsberatung ermöglicht, ohne ausschließlich auf z. B. deutsche Berufsbilder festgelegt zu sein. Die Berufsgruppen sind hinreichend breit definiert, liefern im Matching deshalb keine Scheingenauigkeit und lassen genügend Raum für die arbeitsmarktliche Expertise der beteiligten Berufsberater oder aufnehmende Unternehmen. Der Verzicht auf konkrete Fokussierung auf deutsche Berufsbilder und -bezeichnungen ermöglicht paneuropäische Vergleichbarkeit von Daten, Mobilität der Teilnehmer und Gültigkeit der Ergebnisse unabhängig von konkreten Berufen. Projektspezifisch ist es überdies möglich, andere berufliche Klassifikations- und Referenzsysteme zu hinterlegen.

Matching-Algorithmen

Die Definition der Matching-Algorithmen basiert auf empirischen Anforderungsanalysen und orientiert sich inhaltlich am Interessenmodell von Holland (1954), das die Beschreibung beruflicher Interessen mit Eigenschaften verknüpft. Die Zusammenhänge von beruflichen Interessen mit Persönlichkeit haben Larson, Rottinghaus und Borgen (2002) später metaanalytisch belegen können. Die Notwendigkeit, mehrere Fähigkeitsniveaus zu unterscheiden, wurde aus der ISCO-08-Klassifikation bzw. formalen Ausbildungsanforderungen abgeleitet, die dem KldB 2010 (Klassifikation der Berufe 2010, Bundesagentur für Arbeit, 2015) zu entnehmen sind. Der Abgleich der berufsgruppenspezifischen Anforderungen mit den in CAIDANCE-R enthaltenen Testverfahren wurde über unabhängige Expertenurteile mehrerer berufsberatender Diplompsychologen und Wirtschaftspsychologen generiert und in einer Expertenkonferenz in eine einstimmige Lösung überführt. Die direkte Übernahme bestehender Klassifikationssysteme (u. a. ISCO-08) schien nicht zielführend, da diese tendenziell eher branchen- als tätigkeitsorientiert, auf Fachexpertise statt überfachliche Kompetenzen fokussiert sowie erfahrungsabhängig (biographisch) statt potenzialorientiert zusammengestellt sind. Für CAIDANCE-R wurde deshalb eine gesonderte, von konkreten Berufsbezeichnungen abstrahierende Taxonomie entwickelt.

Stabile Normbasis

Die Berufsberater erhalten eine Übersicht über alle gemessenen Merkmale und den Vergleich des individuellen Ergebnisses mit einer Referenzstichprobe aus realen Bewerbungskontexten des deutschen Arbeitsmarktes (s. o.). Es liegt eine spezifische Eichstichprobe für Flüchtlinge vor (N=552), von einem ausschließlichen Vergleich der Ergebnisse innerhalb der Migrationspopulation wird jedoch abgesehen, weil für Arbeitsmarktangebote die Anforderungen des lokalen Arbeitsmarktes und das Qualifikationsniveau aller Arbeitsmarktteilnehmer maßgeblich sind. Die vorliegenden Daten aus verschiedenen Flüchtlingsstichproben (Regionen, Anwendungskontexte) sind stabil, so zeigte sich bei zwei untersuchten unabhängigen Stichproben kein bedeutsamer Unterschied; für die erfassten Merkmale lag die mittlere Differenz (ΔSDm) unter 0,1 Standardabweichungseinheiten.

▪ Einbettung in weiteren Beratungs- und Vermittlungsprozess

Individuelle Beratung durch Experten

CAIDANCE-R bedarf der Einbettung in einen weiter gefassten Prozess der beruflichen Integration. Während CAIDANCE-R mit soliden psychologischen Diagnoseverfahren eine effiziente Bestandsaufnahme überfachlicher beruflicher Kompetenzen und einen direkten Abgleich mit dem Arbeitsmarkt erlaubt, können biografische Angaben und individuelle persönliche Präferenzen jenseits der enthaltenen Interessensdiagnostik sowie ggf. arbeitsmedizinisch relevante Einschränkungen nicht in die automatisierte Erfassung und metrische Auswertung einbezogen werden. Zu unterschiedlich sind die kulturellen Hintergründe und Berufssysteme, mithin zu gering die Vergleichbarkeit und zu unzuverlässig die Selbsteinschätzungen der Personen in Bezug auf hiesige Berufsanforderungen (vgl. Frintrup & Flubacher, 2014). Deshalb bleiben die Bewertung der bisherigen Berufs- und Bildungsbiografie oder eventueller körperlicher und psychischer Einschränkungen Experten in der Berufsorientierung und einem persönlichen Austausch mit den Teilnehmern vorbehalten.

Schulung & Training

Die Ergebnisse von CAIDANCE-R sind jedoch eine solide Vorbereitungsgrundlage für diese Experteneinschätzungen und Beratungsgespräche. Die Ergebnisse helfen, latente Qualifikationen und Talente sichtbar zu machen, dienen andererseits auch als Korrektiv für falsche Selbstberichte und verzerrte Selbsteinschätzungen und dienen auch

Was sind Z-Werte und der Prozentrang (PR)?
Die Z-Wert-Skala hat einen Wertebereich von 70 bis 130. 99,7% aller Werte liegen in diesem Bereich. Die Ergebnisse werden dabei in Relation zu einer Vergleichsgruppe gesetzt. Diese setzt sich aus durchschnittlichen Bewerbern zusammen, die am deutschen Arbeitsmarkt aktiv sind. Hierzu wurden hunderttausend Bewerberergebnisse zu einer Referenznorm verdichtet. Der Mittelwert der Vergleichsgruppe liegt bei 100. Werte über 110 gelten als überdurchschnittlich, Werte unter 90 als unterdurchschnittlich.

Der Prozentrang (PR) gibt an, wie viel Prozent der Bezugsgruppe einen Wert erzielten, der niedriger oder maximal ebenso hoch ist wie der des aktuellen Kandidaten. Das bedeutet, wenn ein Kandidat einen Prozentrang von 50 erreicht, sind 50% der Kandidaten schlechter bis maximal gleich gut wie er. Erreicht er einen Prozentrang von 0, so schneiden 0% der Kandidaten schlechter oder gleich wie er ab und wenn der Prozentrang 100 ist, so schneiden 100% der Kandidaten gleich oder schlechter als der Kandidat ab. Ein hoher Prozentrang zeigt also, dass der Kandidat im Vergleich zur Referenzstichprobe gut abgeschnitten hat, ein niedriger verweist auf ein vergleichsweise schlechtes Ergebnis.

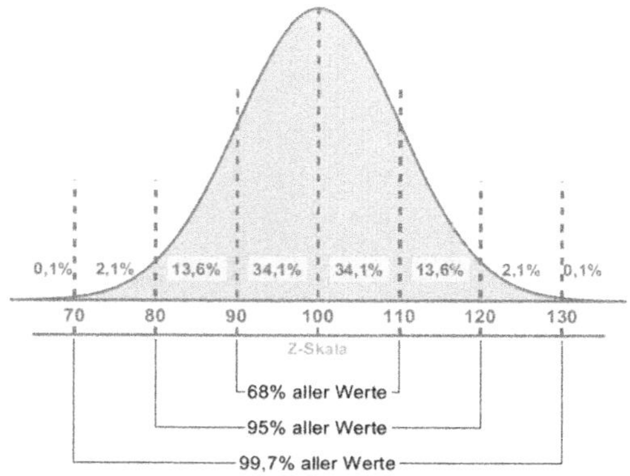

Abb. 5.10 Die letzte Seite des Ergebnisberichts zu CAIDANCE-R erläutert Interpretationen der Testergebnisse und hält „Lesehilfen" für die Beurteilung individueller Testergebnisse bereit. Quelle: HR Diagnostics AG

einer regionalen Beschreibung des für den Arbeitsmarkt relevanten Potenzials der Flüchtlinge. Ergänzende „Lesehilfen" (vgl. z. B. Abb. 5.10) im Ergebnisbericht unterstützen die Verwender bei der Arbeit. Zusätzlich werden Schulungen zum Einsatz von CAIDANCE-R angeboten, in denen die Diagnosedurchführung, Einbettung in den Beratungsprozess und Techniken des Rückmeldegesprächs an Teilnehmerinnen und Teilnehmer trainiert werden.

▪ Ergebnisse aus der Anwendung von CAIDANCE-R

Die Anwendung von CAIDANCE-R in der Kompetenzfeststellung von Flüchtlingen liefert auf individueller Ebene Informationen zu arbeitsmarktrelevanten Talenten und Ressourcen und einen Abgleich mit Anforderungen verschiedener Berufsgruppen.

Aggregierte Daten über alle Teilnehmer der Flüchtlingsstichprobe hinweg liefern Einsichten in das allgemeine Kompetenzgefüge der Flüchtlinge und erlauben so Aussagen zur Beschäftigungsfähigkeit der Zielgruppe insgesamt.

Datenbestand und Repräsentativität

Die Aussagen müssen vor dem Hintergrund der aktuellen Kohorten und statistischer Einschränkungen betrachtet werden. In der Datenlage nicht enthalten sind z. B. Flüchtlingsgruppen, die vor 2015 eingereist sind. Gleichwohl sind nach unserem Kenntnisstand die nachfolgend berichteten Daten zum Zeitpunkt der Drucklegung dieses Buches einzigartig; Literaturrecherchen lieferten keinerlei näherungsweise vergleichbaren Datenlagen zu Kompetenzen (im Sinne von kognitiven Fähigkeiten und Persönlichkeitsmerkmalen) der aktuellen Flüchtlingsgruppen. Die hier verwendeten Daten entstammen dem gesamten Bundesgebiet mit Schwerpunkten aus Niedersachsen, Bayern, Baden-Württemberg, Hessen, dem Saarland sowie Rheinland-Pfalz und dürfen damit als sehr breit gestreut und unbeeinflusst von regionalen

Besonderheiten des Zuzugs gelten. Zu beachten ist, dass die Kompetenzfeststellung zu weit überwiegendem Teil nur bei Personen mit positiver Bleibeperspektive oder bereits erteiltem Aufenthaltstitel durchgeführt wurde. Diese Personengruppe steht – nach Abschluss der Sprachqualifikationen – dem deutschen Arbeitsmarkt zur Verfügung und repräsentiert die am Arbeitsmarkt zu integrierende Teilmenge der Flüchtlinge. Eingeschränkt wird die Repräsentativität durch den gemessen am Gesamtvolumen der Flüchtlinge geringen Stichprobenumfang zum Zeitpunkt der Drucklegung dieses Buches. Trotz aller Einschränkungen hinsichtlich Stichprobenumfang, Kohortenspezifität und Repräsentativität für die Gesamtgruppe erlaubt die nachfolgend berichtete Datenlage Einsichten in das Kompetenzgefüge der Gesamtgruppe der für den Arbeitsmarkt relevanten Flüchtlinge. Erste Hinweise auf allgemeine Beschäftigungsfähigkeit und Qualifizierungsbedarfe, die nach aktueller Datenlage weit über den reinen Spracherwerb hinausreichen, können abgeleitet werden.

▪ Ergebnislage

Basierend auf der Normstichprobe von N=552 Personen aus den Flüchtlingskohorten 2015–2017 können unter vorbezeichneten Einschränkungen Aussagen hinsichtlich der relativen Ausprägung von Kompetenzen im Vergleich zur hinterlegten deutschen Referenznorm getroffen werden.

◘ Abb. 5.11 fasst die Datenlage zusammen. Dargestellt sind die Skalenmittelwerte (Quadrate für kognitive Merkmale, Rauten für Persönlichkeitsmerkmale, nicht dargestellt sind Interessen und Sprachverständnis) in der Flüchtlingsstichprobe. Die Balken stellen die Standardabweichung als Maß für die Streuung dar. Die Referenznorm von Kandidaten aus dem deutschen Arbeitsmarkt ist für jede Skala auf den Mittelwert (100) und die Standardabweichungen (10) normiert und grau hinterlegt.

Kognitive Leistungsdifferenzen

Im Bereich der kognitiven Fähigkeiten (Quadrate) liegt die Flüchtlingsstichprobe im Mittel (ungewichtet) über alle Merkmalsbereiche hinweg 1,2 Standardabweichungen unter dem Durchschnitt der deutschen Arbeitsmarktnorm. Kein kognitiver Merkmalsbereich erreicht den Mittelwert der deutschen Referenznorm. Während Merkmale wie das Problemlösen (nonverbal, siehe Beispiel in ◘ Abb. 5.3), figurale Bearbeitungsgeschwindigkeit, Konzentrationsleistungen und kognitive Flexibilität am unteren Rand innerhalb des Bereichs von –1 Standardabweichung der deutschen Arbeitsmarktnorm liegen, fallen die Leistungen hinsichtlich textgebundener Bearbeitungsgeschwindigkeit und nonverbaler, numerischer Bearbeitungsgeschwindigkeit sowie Leistungen im Kopfrechnen deutlich geringer aus.

Defizite im Umgang mit Zahlen und Kopfrechnen

Auffällig ist insbesondere, dass der Umgang mit arabischen Zahlen bei numerischen, sprachfreien Aufgaben die beiden am geringsten ausgeprägten Fähigkeitsbereiche markiert. Die Kopfrechenleistungen (einfache Aufgaben der Addition, Subtraktion, Multiplikation und Division mit jeweils 5 vorgegebenen Lösungen, aus denen eine richtige

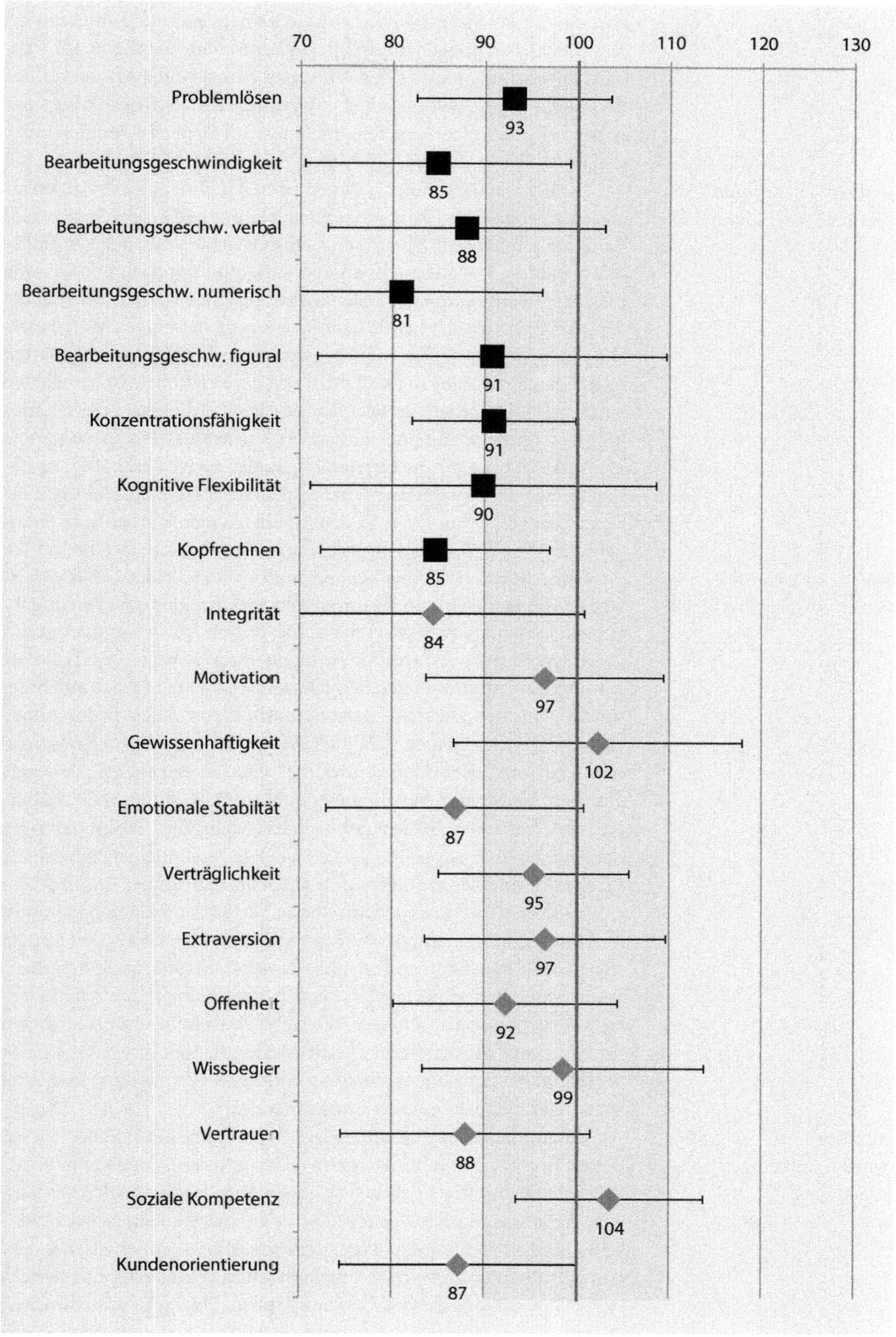

Abb. 5.11 Ergebnisse der Normgruppe Flüchtlinge (N=552) im Vergleich zur deutschen Arbeitsmarktnorm (N partiell > 100 000)

ausgewählt werden muss, sprachfreie Items) liegen im Mittel um 1,5 Standardabweichungen unterhalb der deutschen Norm. Mit 1,2 Standardabweichungen unter der deutschen Norm liegt auch die verbale Bearbeitungsgeschwindigkeit (Darbietung nach Wahl der Teilnehmer in den vorgenannten Sprachen, nicht nur auf Deutsch) deutlich unter den nonverbalen Aufgabenformaten.

Sprache ist nicht das größte Hemmnis für Beschäftigung

Auffällig ist summarisch, dass sowohl der Umgang mit Zahlen als auch textgebundenen Aufgaben (bei teilnehmerseitig freier Sprachwahl der Darbietung) deutlich größere Schwierigkeiten bereiten als Aufgabenformate mit weitestgehend nonverbalem Material. Die Gründe hierfür sind unbekannt, die Datenlage deutet jedoch darauf hin, dass die verbalen Defizite auch für die Beherrschung der jeweiligen Muttersprache gelten und gravierende Bildungsrückstände bei Grundrechenarten und allgemein dem Bezug zu Zahlen und der Relation zwischen Zahlen vorliegen. Sollte sich diese Datenlage weiter stabilisieren, ist die Vermittlung von grundlegendem Schulwissen eine mindestens ebenso große Herausforderung für die Herstellung qualifizierter Beschäftigungsfähigkeit wie der Erwerb deutscher Sprachkompetenzen, was die Zeiträume zur Herstellung von Beschäftigungsfähigkeit erheblich verlängern dürfte und die langfristig zu erwartende Produktivität einschränkt.

Relative Ausprägung von Persönlichkeitsmerkmalen

Hinsichtlich der Persönlichkeitsmerkmale stellt sich die Ergebnislage anders dar. Während die durch Selbstbeschreibung auf Persönlichkeitsskalen gemessenen Merkmale „Motivation", „Gewissenhaftigkeit", „Verträglichkeit", „Extraversion", „Offenheit", „Wissbegier" und „soziale Kompetenz" innerhalb des Bereichs von +/− 1 Standardabweichung um die Mitte der deutschen Referenznorm liegen, fallen die Merkmale „Integrität", „emotionale Stabilität", „Vertrauen in die eigene Leistungsfähigkeit" und „Kundenorientierung" deutlich dagegen ab. Die vergleichsweise geringe Ausprägung der Merkmale „emotionale Stabilität" und „Vertrauen in die eigene Leistungsfähigkeit" lassen sich trotz der Anlage als situationsübergreifend stabile Persönlichkeitsmerkmale (Traits) Merkmale vermutlich durch Fluchterfahrungen, Traumatisierung und erste Erfahrungen mit Rückschlägen der lokalen Integration in Arbeit und Beschäftigung erklären. Für die Merkmale „Integrität" (regelkonformes, faires und pflichtbewusstes Verhalten im Berufsleben) sowie „Kundenorientierung" als deutlich unterhalb der deutschen Referenz ausgeprägte Merkmale lassen sich keine einfachen Erklärungen finden, zumal konstruktverwandte Merkmale (bei Integrität Gewissenhaftigkeit, bei Kundenorientierung soziale Kompetenz) im Mittel sogar oberhalb der deutschen Referenz liegen.

Eingeschränkte Verallgemeinerbarkeit der Ergebnislage

Zusammenfassend über alle Merkmalsbereiche hinweg lässt sich aus diesen Ergebnissen schlussfolgern, dass die bislang getesteten Flüchtlinge durchschnittlich deutlich geringere Ergebnisse erzielen als deutsche Arbeitsmarktteilnehmer. Allerdings sind die Unterschiede zwischen Kandidaten innerhalb der Teilstichproben größer als zwischen den untersuchten Stichproben. Bis auf Weiteres müssen die hier berichteten Ergebnisse deshalb als vorläufig gelten. Denn obschon die Eichstichprobe der Migranten an verschiedenen Standorten erhoben wurde und Heterogenität hinsichtlich der Herkunftsländer vorliegt, ist die gegenwärtige Datenlage nicht repräsentativ für die Gesamtpopulation und es sind ergänzende Kohorteneffekte zu erwarten. Verallgemeinerungen sind also nicht zulässig. Das gilt insbesondere auf individueller Ebene – lediglich eine individuelle Kompetenzanalyse, deren Ergebnisse mit belastbaren Normdaten objektiv verglichen werden, erlaubt objektive Aussagen über eine einzelne Person und ihre (komparativen) arbeitsmarktrelevanten Ressourcen und Bildungsbedarfe.

Literatur

Brücker, H. (2016). *Typisierung von Flüchtlingsgruppen nach Alter und Bildungsstand.* Institut für Arbeitsmarkt- und Berufsforschung. Aktuelle Berichte, 06/2016, Nürnberg, 6 S.

Bundesagentur für Arbeit (2015). *Klassifikation der Berufe 2010.* https://statistik.arbeitsagentur.de/Navigation/Statistik/Grundlagen/Klassifikation-der-Berufe/KldB2010/KldB2010-Nav.html. Zugegriffen: 11.02.2017

Daldrup, T. & Löffelholz, J. (23.01.2017). *„Wir müssen aufhören, uns das Bildungsniveau der Flüchtlinge schönzureden".* ManagerMagazin. http://www.manager-magazin.de/politik/deutschland/ludger-woessmann-wir-koennen-viele-fluechtlinge-integrieren-a-1127913-2.html. Zugegriffen: 11.02.2017

Deutschlandfunk, DLF-Magazin (06.10.2016). *Flüchtlinge im Eignungstest.* http://www.deutschlandfunk.de/initiative-im-saarland-fluechtlinge-im-eignungstest.862.de.mhtml?dram:article_id=367831. Zugegriffen: 11.02.2017

Frintrup, A. (2014). Talentdiagnostik – individuelle Ressourcen für das Matching am Arbeitsmarkt nutzen. In P. Hartz & H.G. Petzold (Hrsg.): *Gegen Jugendarbeitslosigkeit.* Bielefeld: Aisthesis, S. 218–227.

Frintrup, A. (2015). Talente finden – Chancen für Bewerber und Unternehmen durch Berufsprofiling. In S. Koch, M. Kersting & S. Weingarz (Hrsg.): Auf die richtigen Mitarbeiter kommt es an – Personaldiagnostik und ihre Anwendung. Berlin: Deutscher Sparkassenverlag, S. 69–79.

Frintrup, A. & Flubacher, B. (2014). *Diversity Management in der Personalauswahl.* Berlin Heidelberg New York Tokio: Springer.

Frintrup, A. & Spengler, M. (2016a). Integrative Eignungsdiagnostik. In: *Personalmagazin*, S. 16–18.

Frintrup, A. & Spengler, M. (2016b). Talente entdecken: Kompetenzanalyse für Flüchtlinge. *Wirtschaftspsychologie aktuell* 3/2016, S. 13–16.

Frintrup, A. & Spengler, M. (2017). Kompetenzanalyse für Flüchtlinge und Migranten CAIDANCE-R. In J. Erpenbeck, W. Sauter & S. Grote (Hrsg.): *Handbuch Kompetenzmessung.* Stuttgart: Schäffer-Poeschel.

Holland, J.L. (1959). A theory of vocational choice. *Journal of Counseling Psychology, 6*, 35–45.

HR Diagnostics AG (2015). *CAIDANCE-R Kompetenzanalyse für Flüchtlinge. Unveröffentlichtes Verfahren.* http://www.hr-diagnostics.de/de/loesungen/anwendungsfaelle/caidance-r/. Zugegriffen: 11.02.2017

Krauss, F., Olofsson, A. & Frintrup, A. (2016). Der schnellste Test von Mexiko? *Personalmagazin* 10/2016, S. 28–30.

Kunin, T. (1955). The construction of a new type of attitude measure. *Personnel Psychology*, 8, 65 –77.

Larson, L.M., Rottinghaus, P. J. & Borgen, F. H. (2002). Meta-analyses of Big Six Interests and Big Five Personality Factors. *Journal of Vocational Behavior*, 61, 217–239.

Mussel, P., von der Bruck, H. & Schuler, H. (2009). Altersbedingte Veränderung differentieller Merkmale. Bedeutsamkeit für den beruflichen Wiedereinstieg älterer Erwerbspersonen. *Zeitschrift für Personalpsychologie*, 8 (3), 117–128.

Schuler, H., Mussel, P., & Frintrup, A. (2010). Vom Elektroniker zum Kundenberater. *Personalwirtschaft*, 2, 43–45.

Von der Bruck, H. & Mussel, P. (2007). Eignungsdiagnostik als Basis beruflicher Neuorientierung 50 plus. In K. Brauer & G. Korge (Hrsg.): *Evaluation regionaler Arbeitsmarktförderung für Ältere: Erfolgsfaktoren – Methoden - Instrumente*. Stuttgart: Fraunhofer IRB Verlag.

Wiarda, J.-M. (2015). Zwei Drittel können kaum lesen und schreiben. unter http://www.zeit.de/2015/47/integration-fluechtlinge-schule-bildung-herausforderung. Zugegriffen: 11.02.2017

Praxisnahe Kompetenzfeststellung mit hamet 2 Modul F

Jürgen Tress und Maren Wendler

A. Frintrup (Hrsg.), *Berufliche Integration von Flüchtlingen und Migranten*,
https://doi.org/10.1007/978-3-662-53942-2_6

hamet 2 (Dieterich et. al., 2003) ist ein handlungsorientiertes Testverfahren zur Überprüfung und Förderung beruflicher Kompetenzen. Durch weitgehend sprachunabhängige, praktische und abwechslungsreiche Aufgaben eignet sich hamet 2 als kulturfaires Verfahren der Berufsorientierung für Menschen mit Migrationshintergrund sowie Flüchtlinge verschiedener Altersgruppen. Die Beherrschung der deutschen Sprache ist keine Anwendungsvoraussetzung. Mit hamet 2 werden handwerklich-motorische und soziale Fähigkeiten erkannt, die mit herkömmlichen schulischen oder kognitiven Leistungstests, Fragebögen oder Papier-Bleistift-Tests nur eingeschränkt erfasst werden können. Die Testunterlagen und das PC-Programm stehen auch in englischer Sprache zur Verfügung. Das Verfahren hamet 2 wurde nach wissenschaftlichen Kriterien konstruiert und erfüllt psychometrische Gütekriterien.

6.1 Ausgangslage

Menschen mit Fluchterfahrung stehen vor einer elementaren Weichenstellung in ihrem Leben. Neben der Verarbeitung dramatischer Erlebnisse und möglicher Traumata, der Veränderungen der Wohn- und Lebensumstände und der soziokulturellen Situation müssen Interessen und Fähigkeiten mit den Entwürfen für die Zukunftsplanung in einer anderen Kultur und den beruflichen Angeboten und Anforderungen in einer fremden Arbeitswelt in Übereinstimmung gebracht werden.

Für diesen Prozess und die dafür notwendigen Entscheidungen, die zum Teil sehr hohe Anforderungen stellen, sind besondere Hilfestellungen notwendig. Dies gilt in einem hohen Maße für berufliche Angebote und Anforderungen in einer modernen Industrie- und Dienstleistungsgesellschaft. Individuelle berufliche Orientierungsmöglichkeiten, Zuordnungs- und Zuweisungsprozesse der Ausbildungsinstitutionen und der Kostenträger müssen besonderen Ansprüchen genügen und für alle Beteiligten ausreichende Transparenz aufweisen. Neben Arbeitsversuchen und Beratungsgesprächen sind diagnostische Verfahren sehr guten Prädiktoren, wenn sie:
- auf anschauliche Weise eine berufliche Orientierung ermöglichen,
- Ressourcen und nicht nur Defizite benennen,
- mit ihren Ergebnissen eine Ableitung von Förderungsprogrammen ermöglichen (Förderdiagnostik) sowie
- Neigungen und Fähigkeiten der Probanden transparent machen.

Ein Verfahren, das diesen Ansprüchen gerecht wird, liegt mit hamet 2 Modul F, einem handlungsorientierten Testverfahren zur Erfassung berufsübergreifender Kompetenzen, vor.

6.2 Geschichte des hamet (handlungsorientierte Module zur Erfassung und Förderung beruflicher Kompetenzen)

Handlungsorientierte Module zur Erfassung und Förderung beruflicher Kompetenzen

In seiner mehr als 30-jährigen Entwicklungsgeschichte konnte sich der hamet 2 (vormals „Handwerklich-motorischer Eignungstest", hamet bzw. hamet-R) als förderdiagnostisches Instrumentarium insbesondere durch Einhaltung wissenschaftlicher Standards etablieren.

Entwickelt von M. Dieterich, E. Messerle und M. Goll (1978/79) im Berufsbildungswerk Waiblingen, einer Einrichtung der Diakonie Stetten, wird das Verfahren (in revidierter Form) seither insbesondere bei Fragen der beruflichen Eignung und Förderung eingesetzt.

Eingliederung junger Menschen in Beruf und Gesellschaft

Mit ihrer über 150-jährigen Erfahrung in der beruflichen Förderung von Menschen mit Behinderung suchten Mitarbeiter der Diakonie Stetten (vormals Anstalt Stetten) bereits in den 1950er-Jahren geeignete Wege, junge Menschen mit Behinderung beruflich einzugliedern. In einer Berufsfindungswerkstatt konnten verschiedenste handwerkliche Tätigkeiten ausprobiert werden. Schrittweise wurden in dieser Werkstatt Aufgaben, die einen schnellen Überblick über berufliche Fähigkeiten aufzeigen, ausgewählt und letztendlich zu einer Arbeitsprobenreihe zusammengestellt. Diese bildete die Basis für den hamet. Heute ist die Aufgabe des Berufsbildungswerks Waiblingen weiter gefasst, Ziel ist die Eingliederung junger Menschen in Beruf und Gesellschaft. Neben Menschen mit Behinderungen gilt der Auftrag allen jungen Menschen mit erhöhtem Förderungsbedarf, so auch Flüchtlingen.

Validität. Die inhaltliche Validität des hamet 2 (Modul 1) beruht auf einer Expertenbefragung bei der Konstruktion der Aufgaben. Eine Faktorenanalyse führte zu einer Reihe inhaltlich eindeutig zu definierender Faktoren, die als handlungsorientierte Basiskompetenzen interpretiert werden können. Ergebnisse zur kriterienbezogenen Validität beziehen sich auf den hamet-R, hier konnte ein erkennbarer, signifikanter Zusammenhang zwischen den Testergebnissen zu Beginn der Ausbildung und der fachlichen Einschätzung durch Ausbilder am Ende der Ausbildung nachgewiesen werden.

Reliabilität. Die mit der split-half-Methode ermittelten Werte liegen für die einzelnen Aufgaben zwischen.66 und.97.

Objektivität. Die Durchführungsobjektivität wird durch standardisierte Instruktionen und standardisiertes Testmaterial gewährleistet. Die Überprüfung der Auswertungsobjektivität mittels Ergebnisvergleich unterschiedlicher (geschulter) Testleitungen ergab Werte zwischen .82 und .99.

Normierung. Die Eichung wurde an einer repräsentativen Stichprobe von Berufsschuleinmündern (Ausbildungsberufsanfänger)

vorgenommen. Zusätzlich stehen Normen einzelner Gruppen nach Geschlecht und Schulabschluss zur Verfügung. Es sind darüber hinaus Normwerte für Erwachsene mit abgeschlossener Berufsausbildung vorhanden. Für die Normierung wurde eine Stanine-Skala verwendet.

Die durchgeführte Faktorenanalyse mit den bei der Eichung erhaltenen Rohwerten (Hauptkomponentenanalyse, Varimax-Rotation mit Kaiser-Normalisierung, Eigenwerte > 1, fehlende Werte durch Mittelwert ersetzt) über alle Untertests und alle Probanden (N=416) hinweg ergab eine Faktorenstruktur mit sechs Faktoren, die zusammen 56,75% der Gesamtvarianz aufklären.

Durch die Normierung des Tests können innerhalb verschiedener Vergleichsgruppen (Berufsschuleinmünder, Schüler einzelner Schularten, Erwachsene mit Berufserfahrung) Stärken und Schwächen eines Probanden in einem Profil dargestellt werden. Innerhalb des Profils werden die Ergebnisse nach Qualitäts- und Zeitwert unterschieden, sodass u. a. über diese Erkenntnis eine Prognose bzgl. beruflicher Möglichkeiten gestellt werden kann.

Das Förderdiagnostikverfahren hamet besteht aus unterschiedlichen Schwerpunkten, die nachstehend ausgeführt werden.

6.3 Berufliche Basiskompetenzen

Handwerklich-motorische Basiskompetenzen

Dieser Teil stellt den praktischen Teil des hamet dar. Hier werden handwerklich-motorische Basiskompetenzen innerhalb sechs Faktoren überprüft:

- Routine und Tempo,
- Werkzeugeinsatz und Werkzeugsteuerung (einfach),
- Wahrnehmung und Symmetrie,
- Instruktionsverständnis und Instruktionsumsetzung,
- Werkzeugeinsatz und Werkzeugsteuerung (komplex),
- Messgenauigkeit und Präzision.

Diese sechs Faktoren konnten im Rahmen einer statistischen Analyse aller Aufgaben der Eichstichprobe identifiziert und als übergreifende berufliche Anforderungen interpretiert werden. Jeder dieser Faktoren wird durch mindestens zwei Aufgaben abgebildet.

Systematisierung der Verhaltensbeobachtung

Während der Aufgabendurchführung wird zusätzlich mittels eines standardisierten Bogens das Arbeitsverhalten beobachtet. Die Testautoren entschieden sich, zur Beurteilung des Arbeitsverhaltens die systematisierte Beobachtung an ein wissenschaftlich anerkanntes und in der Praxis erprobtes Verfahren anzulehnen. Es werden hierzu standardisierte Kriterien des Arbeitspädagogischen Beobachtungs- und Bewertungsbogens (ABB; Bertermann et. al. 1990) zugrunde gelegt.

Dabei ergeben sich Aussagen zu den Merkmalen Antrieb, Auffassungsvermögen, Denkfähigkeit, Konzentrationsvermögen, Selbstständigkeit, Flexibilität, Sorgfalt, Handgeschick (fein bzw. grob), Ausdauer und Kritikfähigkeit. Diese zusätzliche diagnostische Informationsquelle ermöglicht v. a. auch einen Erkenntnisgewinn über motivationale Aspekte.

Der ABB wurde von den Testautoren des hamet-R wesentlich mitentwickelt (veröffentlicht durch die Stiftung ERTOMIS 1986). Der ABB umfasst 11 Beobachtungsmerkmale. Die Fremdbeobachtung der Testleitung kann durch eine Selbstbeurteilung durch die Probanden ergänzt werden. Der Fragebogen zur Selbstbeurteilung ist an den ABB angelehnt, somit besteht die Möglichkeit eines Vergleichs zwischen Fremd- und Selbstbeurteilung.

Die Probanden können über einen Selbsteinschätzungsbogen bzgl. derselben Merkmale des Arbeitsverhaltens befragt werden. Die Antworten geben Hinweise auf das zugrunde liegende Selbstbild und die Einschätzung eigener Selbstwirksamkeit im Hinblick auf eine erfolgreiche bzw. erfolglose Aufgabenbewältigung.

Das Arbeitsverhalten der Probanden kann beobachtet werden bei
- der Unterweisung,
- der Durchführung der vorgeschalteten Übungsprogramme (Vorprogramme) und
- der Bearbeitung der Testaufgaben.

Das Sozialverhalten kann beobachtet und beurteilt werden
- im Hinblick auf den Kontakt mit der Testleitung in dessen Rolle als Vorgesetzter und
- im Umgang mit anderen Probanden.

▪ Aufgaben

Alle Aufgaben werden erklärt und die Probanden praktisch unterwiesen, sodass auch durch Zusehen und Nachmachen die Aufgabe verstanden wird (Vorprogramm). Gerade für Menschen mit mangelnder Sprachbeherrschung werden so Diskriminierungseffekte vermieden.

Vorgeschaltete Übungsprogramme bieten den Teilnehmenden die Möglichkeit, sich mit Werkzeug und Materialien vertraut zu machen, Neues zu üben oder Schwierigkeiten zu erkennen und sich zu verbessern. Das Übungsprogramm wird jeweils so lange durchgeführt, bis ein Verständnis für die Aufgabe erkennbar ist.

Zu allen Übungen stehen Anleitungen auch in englischer Sprache zur Verfügung. Nach der Übungsphase werden die Testaufgaben bearbeitet. So entsteht eine diagnostische Situation, die der Arbeit in einer Werkstatt sehr nahe kommt. Die Aufgaben entstammen hauptsächlich dem handwerklich-gewerblichen, aber auch zum Teil dem Dienstleistungs- und dem kaufmännischen Bereich und sind an werkstattnahen, realistischen beruflichen Bedingungen orientiert.

Anleitungen auch in englischer Sprache

6.3.1 Faktor A: „Routine und Tempo"

Einfache manuelle Routinetätigkeiten mit geringen kognitiven Anforderungen

Einfache manuelle Routinetätigkeiten mit geringen kognitiven Anforderungen müssen so schnell wie möglich abgearbeitet werden. Die Fähigkeit, feinmotorisch geschickt, zielsicher und flink zuzugreifen und fließende Bewegungsabläufe spielen hier eine ausschlaggebende Rolle (◘ Abb. 6.1).

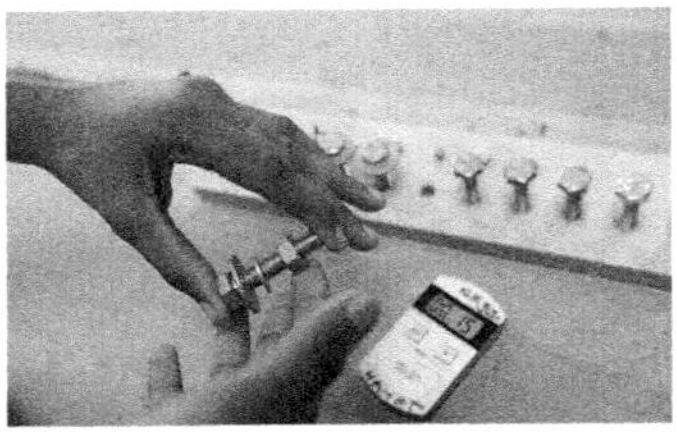

◘ **Abb. 6.1** Aufgabe „Schrauben"

- **Aufgaben**
  - Schrauben – ein
  - Schrauben – aus
  - Register – sortieren
  - Register – zusammentragen
  - Einfädeln
  - Servietten falten

- **Beruflicher Bezug**

Es handelt sich hier um einfache manuelle Serientätigkeiten. Beispiele hierzu sind u. a.: Montagearbeiten, Papierarbeiten wie z. B. das Verpacken, Kuvertieren oder Zusammentragen von Druckprodukten; hauswirtschaftliche Routinearbeiten (Essen schöpfen, Gemüse putzen, abwaschen, Betten abziehen, Wäsche zusammenlegen); Material bearbeiten ohne Begrenzung (rühren, kneten, zerspanen, mischen); Textilarbeiten wie Stricken, Weben.

6.3.2 Faktor B: „Werkzeugeinsatz und Werkzeugsteuerung (einfach)"

Mit Werkzeugen und Maschinen muss genau an eine vorgegebene Grenze herangearbeitet oder an einer Linie entlang gesteuert werden

Mit Werkzeugen und Maschinen (z. B. Nähmaschine, Schabloniermesser, Pinsel) muss genau an eine vorgegebene Grenze herangearbeitet oder an einer Linie entlang gesteuert werden. Dazu ist eine fortlaufende visio-motorische Kontrolle des Arbeitsvorgangs notwendig, es muss ein genaues Maß eingehalten werden. Sicherheit und Einfühlsamkeit in der Werkzeugführung werden hier gefordert (◘ Abb. 6.2).

◘ **Abb. 6.2** Schneiden

- **Aufgaben**
  - Schneiden mit Schabloniermesser
  - Ausmalen einer Figur
  - Nähmaschine steuern (ohne Faden)

- **Beruflicher Bezug**

Beispiele für die in Faktor B geforderte Werkzeugsteuerung sind u. a.: Zuschneiden von Vorlagen aus Papier, Kunststoff, Leder, Stoff, Holz, Bodenfliesen etc.; Schweißen entlang einer Naht; Nähen von Säumen mit der Nähmaschine; Schneiden von Fleisch, Brot, Kartoffeln auf ein bestimmtes Maß; Malerarbeiten in Ecken oder anderen Begrenzungen.

6.3.3 Faktor C: „Wahrnehmung und Symmetrie"

Abstände einschätzen, Symmetrien verstehen und das Vergleichen von Vorgaben ist eine wichtige berufliche Anforderung, insbesondere bei handwerklich-gestalterischen Berufen. Gefordert werden Symmetrieverständnis und hohe Wahrnehmungsgenauigkeit im Sinne eines visuellen Abtastens und Vergleichens (■ Abb. 6.3).

Abstände einschätzen, Symmetrien verstehen und das Vergleichen von Vorgaben; Symmetrieverständnis; Wahrnehmungsgenauigkeit

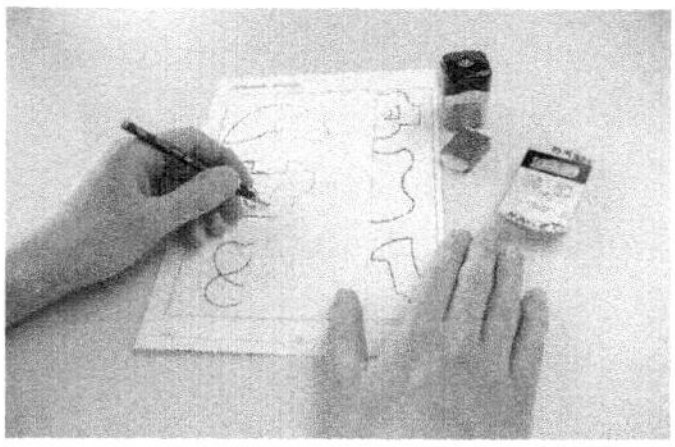

■ **Abb. 6.3** Spiegelbilder

- **Aufgaben**
  - Linien fortsetzen
  - Spiegelbilder ergänzen
  - PC – Daten übertragen
  - Scheiben – verteilen
  - Scheiben – symmetrisch

- **Beruflicher Bezug**

Es handelt sich dabei um Tätigkeiten, bei denen ein Muster unter Wahrnehmung seiner Gestalt auf die andere Seite einer gedachten Symmetrielinie übertragen werden muss. Beispiele hierzu sind u. a. das Zusammenlegen von Wäsche, das Erkennen von Symmetrien und Formen bei Autokarosserien; das Abschätzen von Längen, das Erkennen von Mustern, das Pikieren von Jungpflanzen, Montage von Tür- und Fensterbeschlägen rechts und links, Reifenmontage.

6.3.4 Faktor D: „Instruktionsverständnis und Instruktionsumsetzung"

Anweisungen und schriftliche Vorgaben (deutsch und englisch vorliegend) müssen genau der Vorlage entsprechend und konzentriert umgesetzt werden. Diese Fähigkeiten sind von besonderer Bedeutung bei informationstechnologischen Aufgabenstellungen. Nur so ist am PC ein erfolgreiches Arbeiten z. B. mit Programmanwendungen möglich (■ Abb. 6.4).

Anweisungen und schriftliche Vorgaben müssen genau der Vorlage entsprechend und konzentriert umgesetzt werden

■ **Abb. 6.4** CNC-Koordinaten

- **Aufgaben**
  - PC – CNC-Koordinaten
  - PC – Telefon programmieren
  - PC – Text eingeben

- **Beruflicher Bezug**

Es handelt sich dabei um Tätigkeiten, deren Bewältigung davon abhängig ist, dass mündliche oder schriftliche Anleitungen konsequent eingehalten werden. Dazu sind Konzentration und Aufmerksamkeit notwendig. Dies ist vor allem bei der Bedienung von computerisierten Arbeitsgeräten erforderlich. Beispiele hierzu sind u. a.: Bedienungsanleitungen umsetzen (PC-Software, DVD-Player, Handy-Menü etc.);

Programmvorgaben an CNC-Maschinen abarbeiten; Arbeitspläne und Instruktionen einhalten, Kochrezepte befolgen.

6.3.5 Faktor E: „Werkzeugeinsatz und Werkzeugsteuerung (komplex)"

Werkzeuge kraftvoll und umsichtig einsetzen, kontrolliert und korrigierend steuern, formgestalterische Arbeiten ausführen, kraftdosierte, sichere und gestaltende komplexe Werkzeugführung

Werkzeuge sind kraftvoll und umsichtig einzusetzen, sie sind kontrolliert und korrigierend zu steuern, um formgestalterische Arbeiten ausführen zu können. Bei diesen Aufgaben ist der ganze Körper im Einsatz, Bewegungen müssen aufeinander abgestimmt und koordiniert werden. Gefordert wird die Fähigkeit einer kraftdosierten, sicheren und gestaltenden komplexen Werkzeugführung (◘ Abb. 6.5).

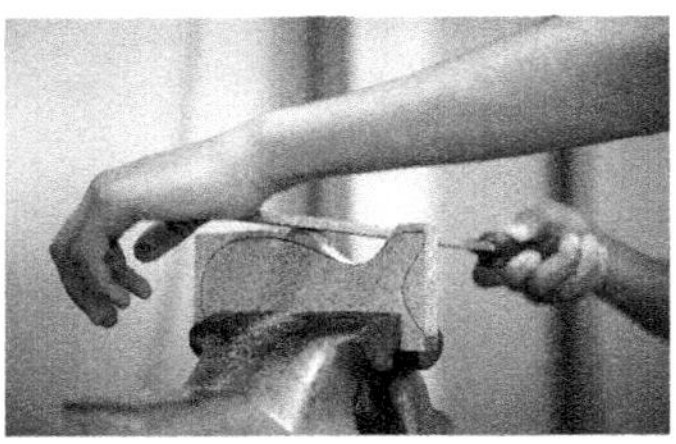

◘ **Abb. 6.5** Fisch feilen

- **Aufgaben**
  - Fisch feilen – Anriss
  - Fisch feilen – Winkel
  - Draht biegen
  - Wasserwaage

- **Beruflicher Bezug**

Im Unterschied zum Faktor B sind hier die endgültigen Formen, an die herangearbeitet werden soll, noch nicht erkennbar. Oftmals muss anfangs grob und mit viel Kraft, dann zunehmend feiner und sachter gearbeitet werden. Wichtig ist auch das Korrigieren und Optimieren des erreichten, aber eventuell noch nicht befriedigend genauen Ergebnisses.

Beispiele hierzu sind u. a.
- unterschiedliche Materialen (Holz, Stein Metall) verformen und auf richtige Größe bearbeiten (Raspeln, Feilen, Hobeln, Stemmen, Meißeln),
- schmieden,
- abrunden von Ecken, abschrägen von Kanten,
- Blechteile formen (Karosseriebau),
- Kuchenteig auswellen und in Kuchenblech einfügen.

6.3.6 Faktor F: „Messgenauigkeit und Präzision"

Maße bzw. Schnittpunkte punktgenau markieren, mit Messwerkzeugen präzise umgehen

Lineal oder Geodreieck sind an Bezugspunkten genau anzulegen und Maße bzw. Schnittpunkte sind punktgenau zu markieren. Die Ausführung dieser Aufgaben erfordert die Fähigkeit, mit Messwerkzeugen genau und präzise umzugehen (◘ Abb. 6.6).

- **Aufgaben**
  - Maße bestimmen
  - Winkel mit Geodreieck zeichnen
  - Schnittpunkte nach Vorgaben herstellen

- **Beruflicher Bezug**

In vielen gewerblich-technischen Tätigkeiten ist Maßhaltigkeit und genaues Arbeiten von großer Bedeutung. Maße müssen übertragen, verglichen und exakt dargestellt werden. Dies ist beispielsweise in allen handwerklichen Bereichen im Baugewerbe notwendig.

Abb. 6.6 Maße

6.4 Soziale Kompetenzen

Soziale Kompetenzen sind in nahezu jedem Berufsbild relevant. Durch eine Befragung von Ausbildern wurde das Modul 3 praxisbezogen entwickelt. Merkmale in diesem Modul sind z. B.: Kommunikation mit Kollegen und Vorgesetzten, Umgang mit Kunden (Abb. 6.7).

Kommunikation mit Kollegen und Vorgesetzten, Umgang mit Kunden

Abb. 6.7 Zusammenarbeit

Bis zu vier Probanden müssen beim Zusammenbau eines Hammerwerks kooperieren, Vorgehensweisen abstimmen, sich gegebenenfalls gegenseitig unterstützen und zu einem gemeinsamen Abschluss kommen.

Dokumentiert werden die Verhaltensbeobachtungen (mindestens zwei Testleiter) in einem standardisierten Bogen. In einer abschließenden Beobachterkonferenz werden sie zu einer gemeinsamen Bewertung in einem Profil zusammengeführt.

Dieses Vorgehen und die notwendige Schulung der Testleiterinnen und -leiter sichert eine kontrollierte Subjektivität.

Diagnostik sozialer Kompetenz

Vier Aspekte nach dem Modell von hamet:

- das aktuelle soziale Verhalten,
- die persönliche Erfahrung des Probanden mit sozialen Situationen,
- die soziale Situation der Testdurchführung und
- Persönlichkeitsmerkmale.

Die Diagnostik des aktuellen sozialen Verhaltens erfolgt entsprechend den hamet-2-Konstruktionsprinzipien anhand von standardisierten Situationen, die möglichst realitätsnah und handlungsbezogen gestaltet sind.

Im Gegensatz zum Leistungsverhalten kann soziales Verhalten kaum anhand objektiv erfassbarer Messwerte (z. B. Zeitbedarf für Einschrauben) beurteilt werden. In Modul 3 wird über die Beobachtung des Verhaltens eine Einschätzung vorgenommen, inwieweit das Verhalten des Probanden den beruflichen Anforderungen an soziale Kompetenz (Idealnorm) entspricht.

Beobachtung und Beurteilung enthalten subjektive Aspekte, sie sollen durch Schulung der Beobachter, durch klare Beschreibung der Merkmalsdimensionen und durch den Einsatz mehrerer Beobachter kontrolliert werden.

Assessment-Verfahren

Dies sind Prinzipien, wie sie für die Entwicklung und Anwendung von Assessment-Verfahren beschrieben werden (s. Fisseni & Fennekels, 1995). Insofern ist insbesondere Modul 3 des hamet 2 im Ansatz und in der Durchführung als Assessment-Verfahren angelegt.

6.5 Vernetztes Denken – Problemerkennung und Fehlersuche

Die Fähigkeit zum vernetzten Denken, die Transferfähigkeit und das Erkennen von Fehlern sind in vielen beruflichen Bereichen von zentraler Bedeutung. Bei einer Betriebsbefragung in der Testkonstruktionsphase hinsichtlich der beruflichen Anforderungen an soziale Kompetenzen wurden daher parallel auch die Anforderungen an die vernetzte Denkfähigkeit an Arbeitsplätzen mit niedrigem Qualifizierungsniveau erhoben.

Das Ergebnis war, dass an diesen Arbeitsplätzen mit niedrigem Qualifizierungsniveau die Anforderungen an aufgabenbezogene, komplexe kognitive Denkzusammenhänge nicht gefordert werden. Dies ist eher Aufgabe von besonders qualifiziertem Fachpersonal oder vorgesetzten Mitarbeitenden. Anforderungen bestehen aber bzgl. einer anhaltenden Aufmerksamkeit bezogen auf die Arbeitsabläufe und das Reagieren auf eventuell anfallende Störungen.

Es beinhaltet insgesamt fünf sprachunabhängige PC-Testaufgaben, in denen z. B. Serienbriefe (sprachunabhängig) oder Beschlagsortimente auf Korrektheit oder Vollständigkeit hin überprüft werden müssen.

Fähigkeit, Arbeitsschritte auf Richtigkeit zu kontrollieren bzw. Fehler zu erkennen und gegebenenfalls die Arbeit bzw. den Serienlauf zu stoppen

Im Praxisalltag spiegeln sich solche Anforderungen häufig wider; sie beziehen sich im Wesentlichen auf das Mitdenken des Einzelnen und die Fähigkeit, Arbeitsschritte auf Richtigkeit zu kontrollieren bzw. Fehler zu erkennen und gegebenenfalls die Arbeit bzw. den Serienlauf zu stoppen (Schadensvermeidung) bzw. im Anschluss auch selbst (bei entsprechender Qualifikation und Befugnis) oder mit Unterstützung zu beheben.

6.6 Fazit

Fragestellungen, die für die berufliche Eingliederung von Geflüchteten bzw. Menschen mit Migrationshintergrund wichtig sind

hamet 2 Modul F (F=Version für Menschen mit Fluchterfahrung) gibt Antworten auf Fragestellungen, die für die berufliche Eingliederung von Geflüchteten bzw. Menschen mit Migrationshintergrund wichtig sind:

- Welche praktischen beruflichen Basiskompetenzen sind vorhanden?
- Wie ist das Arbeitsverhalten entwickelt?
- In welchen Bereichen wird noch eine Unterstützung bzw. Förderung benötigt?

- Wie steht es um die körperliche und psychische Belastbarkeit?
- Wie hoch ist die Arbeits- und Lernmotivation?
- Sind alle notwendigen motorischen Fähigkeiten ausreichend entwickelt?
- Stimmen beruflicher Wunsch und Fähigkeiten überein?
- Ist Ausbildungsreife vorhanden?
- Welcher Arbeits- bzw. Ausbildungsplatz ist passend?
- Wo liegen die persönlichen Stärken, unabhängig von Schulbildung und Sprache?

Die Ergebnisse aus der Testung lassen sich mit den beruflichen Anforderungsprofilen von 16 beschrieben Berufsfeldern (hamet 2 Anforderungsprofile) hinsichtlich beruflicher Vorstellungen und Ausbildungswünsche abgleichen, sodass eine Förderung noch zielgerichteter unter Berücksichtigung vorhandener Ressourcen stattfinden kann.

Berufliche Anforderungsprofile von 16 beschrieben Berufsfeldern (hamet 2 Anforderungsprofile)

In der Durchführung der Testung, der Auswertung und der Interpretation der Ergebnisse werden die Testleitungen von einem erfahrenen Referententeam geschult, sodass gewährleistet ist, dass das Testverfahren sach- und fachgerecht sowie zielgruppenorientiert und ergebnissicher angewendet werden kann.

Die EDV-gestützte Auswertung und Dokumentation ist übersichtlich gestaltet und ermöglicht anwenderfreundliches Arbeiten.

Durch das Einhalten wissenschaftlicher Standards, die langjährige Praxiserfahrung und die anwenderfreundliche Durchführung ist der hamet 2 Modul F ein Testverfahren, das den Nutzern ermöglicht, fundierte berufsbezogene Aussagen zu treffen und sich vor allem an der besonderen Situation der Menschen mit Fluchterfahrung orientiert. hamet ermöglicht so eine kulturfaire und diskriminierungsreduzierte Erfassung berufsbezogener Kompetenzen in praktisch orientierten Berufsfeldern. Hierdurch soll eine nachhaltige berufliche Integration gefördert und eine kompetenzbasierte Beratung zu Berufsoptionen ermöglicht werden.

Durch die handlungsorientierte Durchführung und die normierten Vergleichsmöglichkeiten ist der hamet 2 Modul F ein Testverfahren, das den Nutzern ermöglicht, fundierte berufsbezogene Aussagen zu treffen, und das die besondere Situation von Menschen mit Fluchterfahrung berücksichtigt. Hierdurch soll eine nachhaltige berufliche Integration gefördert und eine kompetenzbasierte Beratung zu Berufs- bzw. Ausbildungsoptionen ermöglicht werden.

Kulturfaire und diskriminierungsreduzierte Erfassung berufsbezogener Kompetenzen in praktisch orientierten Berufsfeldern, kompetenzbasierte Beratung zu Berufs- bzw. Ausbildungsoptionen

hamet 2 Modul F
Dauer der Gesamtdiagnose
Je nach Zusammenstellung der Aufgaben ist Modul F in einem Tag durchführbar. hamet 2 Modul F beinhaltet PC-Aufgaben und manuelle Aufgaben, die einzeln und in Gruppen bearbeitet werden.

Erforderliche Assessoren
Empfohlen wird 1 Beobachter für 4 Probanden
Räumliche Voraussetzung
Werkstatt: Werkbänke mit Schraubstöcken zur Metallbearbeitung; weiterer Raum mit Tischen und Stühlen, multimediafähige PCs
Erforderliches Werkzeug bzw. Material
Schlosserhammer, Raspel, Feile, Schabloniermesser, Pinsel, Bleistift, Kurzzeitmesser; optional: Nähmaschine, Wasserwaage, Richtlatte etc.
Voraussetzung für die Testdurchführung
Teilnahme an einer hamet-F- oder hamet-2-Schulung, Testkoffer, Standortlizenz
Kosten für Lizenz
auf Anfrage
Kontaktadresse
Berufsbildungswerk Waiblingen gGmbH
Berufliche Diagnostik hamet
Steinbeisstr. 16
71332 Waiblingen
07151 5004-359
Info-hamet@bbw-waiblingen.de
www.hamet.de

Literatur

Bertermann, K.H., Bock, G., Eberle, F., Gelhaus, H., Haase, P., Heidmann, W., Lippels, G., Lochbuehler, R., Schaller, H.U. & Schmidt, U. (1990). *Arbeitspädagogischer Beobachtungs- und Bewertungsbogen (Review).*

Dieterich, M., Goll, M., Pfeiffer, G., Tress, J., Schweiger, F. & Hartmann, F. (2003). *hamet 2- Handlungsorientierte Module zur Erfassung und Förderung beruflicher Kompetenzen.* Waiblingen, BBW Waiblingen.

Arbeitsprobenverfahren zur Kompetenzfeststellung

Dominik Schwarzinger und Andreas Frintrup

A. Frintrup (Hrsg.), *Berufliche Integration von Flüchtlingen und Migranten*,
https://doi.org/10.1007/978-3-662-53942-2_7

Arbeitsproben gehören zu den wirksamsten eignungsdiagnostischen Verfahren. Vor dem Hintergrund der besonderen Anforderungen in der Diagnostik beruflicher Kompetenz von Flüchtlingen kommen zudem einige ihrer Hauptvorteile wie Tätigkeitsnähe, realistische Information der Bewerber oder kulturelle Fairness zum Tragen. Die Herausforderung beim Einsatz von Arbeitsproben besteht in der möglichst standardisierten, objektiven und daher fairen Gestaltung, Durchführung und Bewertung. Hier können durch die in diesem Kapitel skizzierten Handlungsanleitungen und weiterführenden Literaturhinweise Qualitätsverbesserungen an bestehenden oder zu entwickelnden Arbeitsproben erreicht werden.

7.1 Einleitung

7

Arbeitsproben sollten sich eng an beruflichen Anforderungen orientieren und objektiv und standardisiert erfolgen

Wie ◘ Abb. 7.1 eindrücklich zeigt, sind Arbeitsproben die der Tätigkeit am nächsten liegenden und damit augenscheinlich eine der potentesten Diagnosemethoden überhaupt – sie geben Auskunft über das aktuelle Fähigkeitsniveau der Person und informieren die Teilnehmer über die Anforderungen einer Tätigkeit. Hierdurch wird auch möglich, was in der Berufseignungsdiagnostik als „Selbstselektion" bezeichnet wird: Bewerber erkennen selbst, ob sie den beruflich gestellten Anforderungen gewachsen sein oder sich unter- oder überfordert fühlen werden und ob ihnen diese Tätigkeit dauerhaft Freude bereiten wird. In der beruflichen Diagnostik für Flüchtlinge kommen Arbeitsproben eine besondere Bedeutung zu – wenn berufliche Vorerfahrung behauptet wird, sind tätigkeitsnahe Arbeitsproben ein geeignetes Instrument, um die tatsächliche Beherrschung von Arbeitsvollzügen und Technologie zu überprüfen. Insbesondere in Ergänzung zu vorangehenden Verfahren einer breit angelegten Kompetenzfeststellung und Berufserkundung (► Kap. 5 und ► Kap. 6) tragen Arbeitsproben zur Maximierung der prognostischen Validität des Gesamtverfahrens bei. Eine Prognose künftiger beruflicher Bewährung gelingt jedoch nur, wenn die Arbeitsprobenverfahren eng an künftigen beruflichen Anforderungen orientiert sind, Durchführung und Auswertung objektiv und standardisiert erfolgen und weitere grundlegende Prinzipien der Psychometrie beachtet werden.

◘ **Abb. 7.1** Arbeitsproben

Um auch in diesem Kapitel – ganz im Geiste von Arbeitsproben – praxisnah zu bleiben, sollen die theoretisch-historischen Grundlagen dieser diagnostischen Methode nicht überdetailliert ausgeführt werden. Ziel ist es vielmehr, eine kurze, praxisnahe Handlungsanleitung zur Verfügung zu stellen, wie bestehende Arbeitsproben, die beispielsweise bei den Handwerkskammern in der Flüchtlingsdiagnostik genutzt werden, standardisiert und zu objektiven und validen Vergleichsinstrumenten ausgebaut werden können. Es werden Checklisten zu Anforderungsanalyse, Aufgabenauswahl und Konstruktion von Bewertungsskalen sowie eine Beispielskala zur freien Nutzung zur Verfügung gestellt. Dadurch kann ein erheblicher Qualitätsfortschritt gegenüber weitestgehend nichtstandardisierten Methoden gemacht und wichtige Aspekte einer fairen und rechtssicheren Personaldiagnostik berücksichtigt werden. Einige methodische Vorbemerkungen sind jedoch erforderlich, um die Grundprinzipien von und Qualitätsanforderungen an Arbeitsproben zu erläutern. Für Anwender, die methodisch vertieft an Arbeitsproben interessiert sind, soll das Kapitel zumindest Anregung für weiterführende Informationen bieten (vgl. hierzu z. B. Görlich, 2007).

7.2 Arbeitsproben als Verfahren zur Berufseignungsprüfung

Arbeitsproben bestehen aus der Durchführung eines realistischen und repräsentativen Auszugs einer Zieltätigkeit durch einen Bewerber und gleichzeitiger Beobachtung der Ausführung zum Zwecke einer Aussage über berufliche Eignung und aktuelle Befähigung. Sie repräsentieren damit den simulationsbasierten Ansatz der Eignungsdiagnostik innerhalb der Multimodalen Eignungsdiagnostik. In oft nichtstandardisierter Form wird dies von vielen Arbeitgebern seit jeher nutzenbringend praktiziert, ohne dass sie sich der personalpsychologischen Hintergründe bewusst wären. Mit beispielsweise der Etablierung von objektiven und vergleichbaren Bewertungsstandards kann der Nutzen dieser Methode für die Beurteilung noch einmal gesteigert werden. Auch in der aktuellen Situation, in der Bedarf besteht, Kandidaten einzuschätzen, die keine herkömmlichen Eignungsbelege vorweisen können, sind einfache, tätigkeitsnahe Arbeitsproben eine geeignete Methode, da sie, wie aufgezeigt wird, nicht nur eine hohe Prognosegüte, sondern auch eine hohe Akzeptanz und Tätigkeitsvorausschau aufweisen.

7.2.1 Geschichte und Formen von Arbeitsproben

Arbeitsproben sind nicht zuletzt aufgrund ihrer Tätigkeitsnähe vermutlich die ältesten diagnostische Methoden überhaupt. Schuler (2014) referenziert als Beleg Arbeitsproben wie Bogenschießen und Arithmetik für Staatsbedienstete in China vor 3 000 Jahren. Vor allem aber die allerersten Versuche für tatsächlich psychometrisch fundierte diagnostische Verfahren in den 1920er-Jahren, die eine Vielzahl an entsprechenden

Instituten hervorgebracht haben und von namhaften Industrieunternehmen eingesetzt wurden, waren stark von Arbeitsproben bestimmt. Prominentes Beispiel ist die Entwicklung von Prozeduren und Apparaten für eine Straßenbahnführerprüfung durch den Begründer der Arbeitspsychologie Hugo Münsterberg um 1912 (vgl. Schuler, 2014). Nicht zuletzt stellt auch das Assessment-Center – in seiner ursprünglichen, differenzierten Aufgabenzusammenstellung, die viele Tätigkeiten aus dem Arbeitsalltag simuliert – eine Form der Arbeitsprobe dar. Zur Einteilung von Arbeitsproben schlagen Callinan und Robertson (2000) sieben Kategorien vor, die in ◘ Tab. 7.1 aufgeführt sind.

Görlich bringt verschiedenartige Ansätze zudem in ein Kontinuum von Abstraktheit bis Spezifität; in Erweiterung der klassischen Klassifikation von Arbeitsproben nach Görlich (2007) gibt ◘ Abb. 7.2 einen Überblick über das grundsätzliche Spektrum von Arbeitsproben. Dieses reicht von sehr allgemein gehaltenen Arbeitsproben wie einer Drahtbiegeprobe zur Prüfung grundlegender Merkmale wie dem manuellen Geschick, die für eine Vielzahl von Berufen relevant sind, bis hin zur Probezeit als vollständig reale Tätigkeitssimulation – da hier nicht nur Prädiktor und Kriterium übereinstimmen, sondern durch die Dauer auch langfristige Messstabilität gewährleistet ist.

All diese Merkmale können hilfreich sein, wenn man vor die Wahl gestellt ist, eine Arbeitsprobe zu konstruieren oder einzuschätzen, für welchen Prognosezweck sie geeignet ist. Etwa in der Mitte des Kontinuums angesiedelt ist das, was landläufig als Arbeitsprobe und in der Fachwelt als Arbeitssimulation bezeichnet wird: die standardisierte, simulierte Durchführung eines relevanten Auszugs einer Tätigkeit.

Wichtig ist eine terminologische Abgrenzung der Arbeitsprobe bzw. Arbeitssimulation von drei engen Verwandten: der Probearbeit, der Probezeit und der Untersuchung der körperlichen oder sportlichen

◘ Tab. 7.1 Unterscheidungskriterien von Arbeitsproben. (Adaptiert und erweitert nach Kanning und Schuler, 2014)

Kriterium	Beschreibung	Erklärung
Bandbreite	Vollständigkeit der Abbildung der Arbeitsrealität	Ausschnitt einer Handlung vs. vollständige Simulation einer Tätigkeit (Probearbeit)
Realitätsbezug	Genauigkeit der Abbildung der Arbeitsrealität	Abstrakte Simulation vs. reale Tätigkeitsausführung
Spezifität	Erfassung allgemeiner vs. spezifischer Fertigkeiten	Allgemeine motorische Kraft vs. CAD-Programmierung
Erfahrungsbezug	Voraussetzung von Berufserfahrung	Bearbeitbarkeit von jedermann vs. nur mit Fachwissen
Aufgabentypus	Art der Aufgabe	Kognitiv, motorisch, verbal, sozial
Antwortmodus	Art der Bearbeitung	Tatsächliches (motorisches) Verhalten vs. mündliche Verhaltensbeschreibung
Bewertungsmodus	Art der Bewertung	Ratingskalen, Checklisten etc.

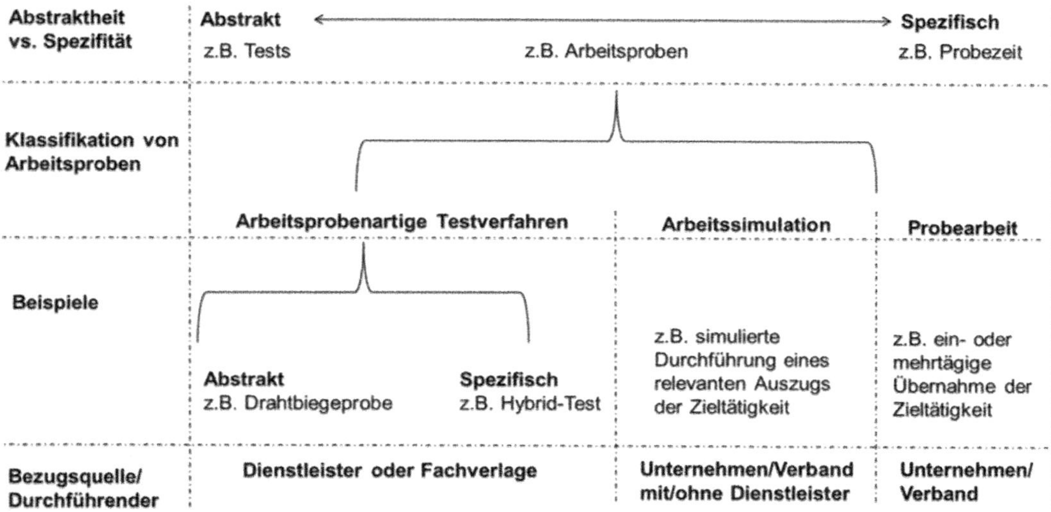

Abb. 7.2 Beispiele für Arbeitsproben nach Spezifität und Durchführung. (Eigene Darstellung in Anlehnung an Görlich, 2007)

Leistungsfähigkeit. Die Arbeitsprobe simuliert laborartig einen definierten Ausschnitt der künftigen Arbeitsvollzüge, während bei einer Probearbeit tatsächliche Arbeitsvollzüge mit realen Arbeitsmitteln ausgeführt würden. Ein Beispiel mag die praktische Relevanz dieses Unterschieds bei der Beurteilung beruflicher Kompetenzen von Flüchtlingen verdeutlichen: Bei einer *Arbeitsprobe* für Elektriker würde mit Niederspannung bzw. Schwachstrom oder Sicherheitskleinspannung gearbeitet und z. B. Messungen durchgeführt oder Schaltungen verdrahtet. Verletzungsgefahren durch Stromschlag bei falscher Handhabung sind hierbei ausgeschlossen. Bei einer *Probearbeit* als Elektriker würde mit realen Arbeitsmitteln an realen Objekten, z. B. an Starkstromverteilerkästen gearbeitet. Ohne sichere Kenntnis darüber, dass der Ausführende tatsächlich über entsprechende Fach- und Sachkunde sowie Erfahrung mit vergleichbaren Anlagen und Arbeitsmitteln hat, wäre eine solche Probearbeit unverantwortlich, da erhebliches Verletzungspotenzial besteht. Die *Probezeit* ist eine zeitlich noch weiter erstreckte Probearbeit nach bereits erfolgter Einstellung mit der Möglichkeit, z. B. bei Geringleistung das Arbeitsverhältnis innerhalb einer zuvor vereinbarten und durch rechtliche Rahmenbedingungen begrenzten Zeitspanne wieder lösen zu können. Die *Untersuchung der körperlichen Leistungsfähigkeit* (z. B. bei der Feuerwehr oder bei Polizeibehörden im Rahmen der Personalauswahl zur Messung der körperlichen Fitnessvoraussetzungen durch standardisierte Sportaufgaben aber auch in der beruflichen Rehabilitation) bezieht sich demgegenüber auf rein körperliche Merkmale wie z. B. Ausdauerleistungen, Schnellkraft, Maximalkraft, Gleichgewicht oder Beweglichkeit (vgl. ausführlich bei Gebhardt & Baker, 2010). Aufgrund der Abstraktion von realen Arbeitsvollzügen sind rein körperliche Eignungsuntersuchungen deshalb keine

Unterschied zwischen Arbeitsprobe, Probearbeit und Probezeit: simulierter Auszug aus der Tätigkeit, Arbeit mit realen Arbeitsmitteln, längerfristige tatsächliche Mitarbeit

Arbeitsprobenverfahren im engeren Sinne, was nicht negiert, dass diese körperlichen Leistungsvoraussetzungen dennoch hohe Berufserfolgsrelevanz aufweisen können.

Entsprechend ihrer praktischen Bedeutung und der potenziellen Optimierungsmöglichkeiten soll es im praxisbezogenen ► Abschn. 7.2 und auch im abschließenden ► Abschn. 7.3 zu Optimierungspotenzialen vor allem um das Feld Arbeitssimulation gehen. Vorab wird jedoch zunächst mit der Drahtbiegeprobe ein klassisches allgemeines Verfahren beispielhaft dargestellt, um das Grundprinzip psychologischer Arbeitsproben und die Bedeutung objektiver Auswertung praktisch zu verdeutlichen. Im nächsten Abschnitt werden die notwendigen Grundlagen zur Beurteilung von Eignung und Qualität konkreter Arbeitsprobenverfahren allgemein vorgestellt.

Drahtbiegeprobe

Die klassische Drahtbiegeprobe von Gustav Lienert (1967) wird seit Jahrzehnten erfolgreich eingesetzt und kann über einen Fachverlag bezogen werden. Schuler (2014) geht davon aus, dass die dort gefragten Fähigkeiten wie Wahrnehmungsgenauigkeit oder feinmotorisches Geschick für viele technische Berufe und Handwerksberufe relevant sind. Zentral für ihre Prognosefähigkeit ist aber nicht nur der anforderungsrelevante Inhalt, sondern vor allem ihre standardisierte Form, weshalb sie gut als Beispiel dienen kann, bedeutsame diagnostische Grundlagen deutlich zu machen.

Die Aufgabe besteht in dem manuellen Biegen eines dünnen Drahtes entsprechend einer auf Papier gedruckten Vorlage. Alle Kandidaten bekommen exakt dieselben Materialien und Instruktionen sowie eine Zeitvorgabe. Hilfsmittel dürfen nicht verwendet und Unterstützung nicht gewährt werden. Die Auswertung erfolgt vollständig standardisiert mit einer Papierschablone, auf der „das Werkstück" aufgelegt und anhand detaillierter Markierungen bewertet werden kann, z. B. hinsichtlich der Längen- und Bogenmaße oder im Draht dokumentierter Fehlversuche. Die Summierung der individuellen Leistungspunkte und das ins Verhältnissetzen zu anderen Kandidaten erfolgt ebenfalls standardisiert und anhand von Normen.

Eine neuere Fortentwicklung dieser Arbeitsprobe stellt die Wire Bending Task (HR Diagnostics, 2015) dar. In diesem standardisierten Verfahren werden über drei Aufgaben ebenfalls mit standardisierter Instruktion, Material und Bearbeitungszeit nicht nur das zweidimensionale Schätzen und Biegen von Strecken und Winkeln, sondern in Erweiterung von Lienert (1967) dasselbe auch dreidimensional und zusätzlich die Kreativität eines Kandidaten geprüft. ◘ Abb. 7.3 gibt einen Eindruck von den Aufgaben, (aus Testschutzgründen können nur Auszüge dargestellt werden.).

Die Bewertung erfolgt ebenfalls vollstandardisiert anhand einer Schablone und Eingabemaske, die das Ergebnis softwareseitig automatisiert auswertet und entsprechend einer passenden Norm ins Verhältnis zu einer relevanten Vergleichsgruppe setzt. Normdaten liegen für Stichproben aus verschiedenen technischen Positionen vor.

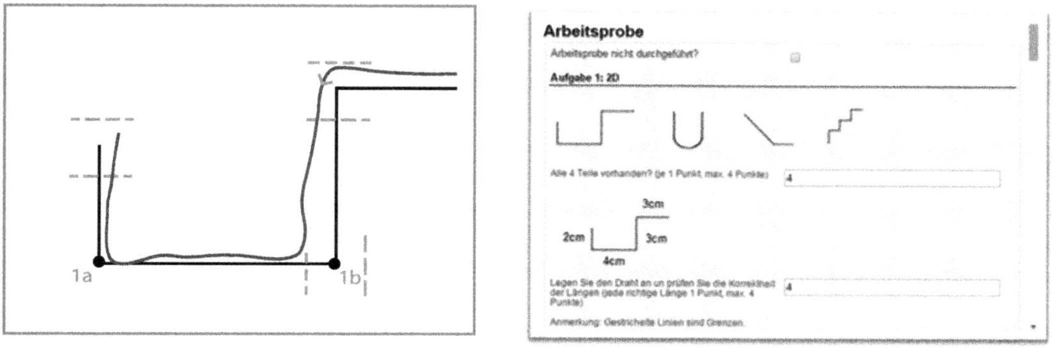

Abb. 7.3 Teilstück bearbeiteter Draht auf Auswertungsschablone und Auszug aus Online-Eingabemaske der Wire Bending Task. (HR Diagnostics, 2015)

7.2.2 Güte von Arbeitsproben

Wie eingangs erwähnt, gehören Arbeitsproben nachweislich zu den validesten Methoden überhaupt. In der klassischen Metaanalyse von Schmidt und Hunter (1998) belegten sie mit $\rho = .54$ sogar den Spitzenplatz, was allerdings eine auf methodische Mängel (z. B. Extremgruppenvergleiche vs. Einbezug des gesamten Datenkontinuums) und unzulängliche Datenbasis (z. B. Einbezug von Stichproben, die nicht Arbeitsproben, sondern arbeitsprobenähnliche Tests bearbeitet haben) beruhende Überschätzung darstellt (vgl. Roth, Bobko & Mc Farland, 2005). Die Validitätsberechnungen der neueren Metaanalyse von Roth und Kollegen mit $\rho = .33$ (vgl. Roth et al. 2005, S. 1020) müssen daher als realistischer betrachtet werden; vgl. hierzu auch Görlich (2007) und Schuler (2014).

Arbeitsproben haben eine sehr hohe Prognosekraft für beruflichen Erfolg; in Kombination mit kognitiven Testverfahren steigt diese noch einmal deutlich an; gleichzeitig sind Arbeitsproben sehr gut akzeptiert bei Bewerbern

Auch dies stellt einen hohen Wert dar, der fast nur durch kognitive Leistungstests übertroffen werden kann; eine Kombination kognitiver Testverfahren mit Arbeitsproben ergibt daher auch mit die höchste gemeinsame Validität von zwei Einzelverfahren. Entsprechende Dokumentationen finden sich sowohl in der methodisch kritisierten Untersuchung von Schmidt und Hunter (1998), aber auch in den jüngeren Arbeiten von Roth et al. (2005). Letztere Autoren ermitteln für Arbeitsproben eine inkrementelle Validität von .06 über kognitive Fähigkeitstests hinaus, was einer zusätzlichen Varianzaufklärung zur Vorhersage beruflicher Leistung von 5% entspricht. Das mag wenig erscheinen, übertrifft aber bereits die gesamte erzielbare Varianzaufklärung auf Basis von Abschlussnoten um rund 1% (vgl. Schwarzinger, Frintrup & Spengler, 2015). In speziellen Stichproben werden noch deutlich höhere Inkremente von z. B. Drahtbiegeproben über kognitiv hoch aufgeladene Schulnoten hinaus berichtet, z. B. im Zusammenhang mit der Prädiktion praktischer Leistungen in vorklinischen Laborkursen bei Studierenden der Zahnmedizin (vgl. Kothe, Hissbach & Hampe, 2014). Hier konnte eine zusätzliche Varianzaufklärung von 20,5% berechnet werden. Auch Braun und Bennett (1980) berichteten über hohe

Zusammenhänge von bis zu r = .60 zwischen Drahtbiegeproben und Studienerfolg in der Zahnmedizin, konnten darüber hinaus aber auch Zusammenhänge von bis zu r = .70 zwischen Drahtbiegeproben und Vorgesetztenurteilen zu praktischen Fähigkeiten in gewerblich-technischen Berufen nachweisen.

Gegenüber Tests spricht für Arbeitsproben die inhaltliche oder Augenscheinvalidität – dies führt nicht nur zu einer Akzeptanz dieser Auswahlmethode bei den Einsetzenden, gerade wenn sie aus der Fachabteilung und nicht aus dem psychologisch geschulten HR-Bereich kommen – sondern auch zu höherer Akzeptanz bei den Bewerbern, was empirisch belegt wurde (Hausknecht, Day & Thomas, 2004).

Diskriminierung aufgrund ethnischer Zugehörigkeit verhindern: Arbeitsproben sind deutlich fairer gegenüber ethnischen Minderheiten als rein kognitive oder Wissenstestverfahren

Ein weiterer Vorteil im Kontext der Berufseignungsdiagnostik von Flüchtlingen ist ihre im Vergleich zu kognitiven Verfahren durch empirische Untersuchungen belegte geringere Anfälligkeit hinsichtlich der Diskriminierung aufgrund ethnischer Zugehörigkeit (Ployhart & Holtz, 2008; Schmitt, Clause & Pulakos, 1996; Schmitt & Mills, 2001; Roth et al., 2003). Der Unterschied zwischen Minderheiten sank in einer US-Studie mit geringer werdenden kognitiven Anteilen und Wissensanteilen und der Zunahme der Messung von sozialen Fähigkeiten in den Arbeitsproben (Roth, Bobko, McFarland & Buster, 2008). Neuere Erkenntnisse hinsichtlich der relativen Ausprägung kognitiver Fähigkeiten zu sozialer Kompetenz bei Flüchtlingen im Vergleich mit deutschen Arbeitsmarktstichproben (vgl. Frintrup & Spengler, 2016) stützen diese Befunde.

Dasselbe gilt für Arbeitsproben-Test-Hybriden, für die Klingner und Schuler (2004) in ihrer Untersuchung der AZUBI-BK (Schuler & Klingner, 2005) zwischen unterschiedlichen ethnischen Gruppen nur schwache Unterschiede fanden.

Grundsätzlich gehören Arbeitsproben somit zu den validesten, akzeptiertesten und gerade für Kandidaten mit Migrationshintergrund bestgeeigneten diagnostischen Verfahren. Neben der rein diagnostischen Leistung liegt ein großer Vorteil von Arbeitsproben in der Kommunikation von beruflichen Anforderungen an die Teilnehmer. Auch Bewerber, die mit der Bezeichnung eines Berufes wenig verbinden und sich aus Beschreibungen die praktischen Tätigkeiten nur bedingt vorstellen können, erhalten durch eine umfassende Arbeitsprobe einen guten und verlässlichen Eindruck von den künftigen Arbeitsvollzügen und den an sie gestellten Anforderungen. Dadurch wird die Berufswahlentscheidung (Selbstselektion) bei den Betroffenen deutlich unterstützt und das Auswahlverfahren aus betrieblicher Sicht ein Berufserkundungsverfahren für die Bewerber – zu beiderseitigem Nutzen.

Multiindikatorendiagnostik

Gegen Arbeitsproben sprechen ein hoher Entwicklungsaufwand bei sachgerechter Konstruktion und der Umstand, dass mit ihnen zwar laborartig maximales Leistungsvermögen erhoben werden kann, aber keine Aussage über dauerhafte Leistungsbereitschaft gewonnen wird (vgl. can-do vs. will-do bei Borman, Bryant & Dorio, 2010). Eine Ergänzung um weitere Diagnoseverfahren, die diese diagnostische Lücke schließen und Maße beruflicher Motivation und Einsatzwillens erheben, wird deshalb dringend empfohlen (vgl. hierzu ► Kap. 6). In der betrieblichen Beratungspraxis bei der Einführung komplexer Auswahlsysteme für gewerbliche Positionen empfehlen die Autoren dieses Beitrags die Mehrfachdurchführung von Arbeitsproben, weil hierdurch einerseits die Maximalleistung besser und reliabler approximiert werden kann, andererseits aber auch Lern- und Qualitätsfortschritte sichtbar werden. Auch die Motivation zur wiederholten Durchführung wird direkt erlebbar. Die Interaktion mit Teilnehmern zwischen zwei Durchführungsrunden eröffnet Raum für inkrementelle Aussagen im Sinne der von Schuler (2002) postulierten Multiindikatorendiagnostik – Reaktionen auf Kritik und Verbesserungsanregungen lassen sich nur semistandardisiert erfassen, vermitteln aber einen ergänzenden Aufschluss über Kritikfähigkeit und Einsatzbereitschaft der Teilnehmer. Gerade dieser Aspekt spricht gegen den Praxistrend, Arbeitsproben aus Compliance-Erwägungen heraus vollstandardisiert und ohne direkte Interaktion mit Assessoren zu gestalten; hier geht wertvolle Information verloren.

Im folgenden Kapitel werden praktische Herausforderungen und Lösungsansätze beim Einsatz von Arbeitsproben vorgestellt, bevor in ► Abschn. 7.3 konkrete Vorschläge für die Praxis in der Flüchtlingsdiagnostik gemacht werden.

7.3 Praktische Probleme und Lösungsansätze

Die Konstruktion fachspezifischer Arbeitsproben entsprechend psychometrischer Qualitätsstandards stellt die Praxis vor nicht unerhebliche methodische und kostenintensive Herausforderungen. In der ehrenamtlichen Beratung, aber auch bei Kompetenzfeststellungsverfahren in Handwerkskammern können aufgrund beschränkter Ressourcen nicht alle Standards eingehalten werden – einerseits, weil es an eignungsdiagnostischen Experten mangelt, andererseits, weil die Erstellung profunder Verfahren entsprechend aller Fachstandards angesichts der Vielzahl zu berücksichtigender Berufsbilder in gebotener kurzer Zeitspanne eine Überforderung darstellt. Es bedarf deshalb Lösungsansätzen, die einerseits dem praktischen Handlungsdruck entgegenkommen, andererseits ein Mindestmaß psychometrischer Qualität aufweisen. Hier soll der Versuch eines Spagats unternommen werden, ohne dass grundsätzlich der Reduktion methodischen Anspruchs zur Befriedung praktischer und eiliger Bedarfe das Wort geredet werden soll.

7.3.1 Aktueller Bedarf an praktischen diagnostischen Methoden

Wie weiter oben erwähnt und an anderen Stellen dieses Bandes (vgl. z. B. ► Kap. 9) ausgeführt, stehen Arbeitgeber vor der Aufgabe, die berufliche Eignung von Personen einzuschätzen, ohne dass dies mit den herkömmlichen Kriterien möglich wäre. Wenn Schul- und Ausbildungszeugnisse sowie weitere formale Bildungsabschlüsse fehlen oder innegehabte Arbeitsplätze mit hiesigen nicht vergleichbar sind, fällt eine Eignungseinschätzung schwer. Gerade in dieser Unsicherheit, in der auch langjährige Berufs- und Auswahlerfahrung an ihre diagnostischen Grenzen stößt, bietet sich der Rückgriff auf bewährte Verfahren der beruflichen Eignungsdiagnostik an.

Die Arbeitsprobe scheint dafür prädestiniert, ist sie doch valide, bei Bewerbern wie Verwendern akzeptiert und besonders für wenig komplexe Tätigkeiten, z. B. einfache Handwerks- und Technikberufe, Serviceberufe und Hilfstätigkeiten geeignet. Daher wird bereits eine Vielzahl von Arbeitsproben etwa von Handwerkskammern eingesetzt – die Aufgaben an sich sind dabei schon oftmals nahe an dem, was man als geeignete Arbeitsprobe bezeichnen kann, leider sind die in der Praxis vorzufindenden Mess- und Beurteilungsmethoden oft nicht angemessen, was ihre Standardisierung und Objektivität angeht. Dadurch wird grundsätzlich bestehendes Potenzial einer einheitlichen Bewertung und eines fairen Vergleichs unnötig verschenkt, weshalb im folgenden Abschnitt auf häufige Probleme hingewiesen werden soll, die idealerweise vor der Erarbeitung und Anwendung beachtet werden sollten.

7.3.2 Probleme bei der derzeitigen Anwendung

Spezifität bei komplexen Aufgaben

Grundsätzlich können für nahezu alle Berufe Arbeitsproben entwickelt werden. Hierbei gilt in Abhängigkeit von der Komplexität der Aufgabe: Je komplexer die Tätigkeit wird, also Vorwissen oder trainierte Fähigkeiten umfasst, desto schwieriger wird es, eine verlässliche diagnostische Aussage zu treffen (Schuler, 2014). Das Abtippen eines Briefes zur Auswahl eines Assistenten etwa, bei dem man Text und Vorleser sowie die Auswertung nach gemachten Fehlern konstant halten und auswerten kann, ist diesbezüglich einfach, zumal hierfür automatisierte Software verfügbar ist. Auch das Einreichen einer Werkemappe als Bewerbung um ein Kunststudium kann als Arbeitsprobe gesehen werden, wobei die objektive und standardisierte Bewertung hier weit schwieriger ist und anders als in einer unmittelbar beobachteten laborhaften Durchführungssituation Zweifel hinsichtlich der Urheberschaft grundsätzlich angebracht sind. Beide Beispiele helfen bei der beruflichen Integration großer Fallzahlen von Flüchtlingen nicht weiter, hier stehen andere berufliche Zielbahnhöfe im Fokus. Die Tätigkeiten, um die es sich in einer großen Zahl von Fällen in der Praxis handeln wird, sind glücklicherweise nicht zu komplex und erfordern nur bedingt langjähriges Vorwissen. Arbeitsproben sind daher diagnostisch sinnvoll und effizient und werden auch eingesetzt. Ein gutes Beispiel für abstrakte Arbeitsproben, die der allgemeinen Erkundung berufsrelevanter Fähigkeiten für zu diesem Zeitpunkt noch undefinierte berufliche Zielbahnhöfe dienen, wird in ▶ Kap. 6 vorgestellt. Da, wo jedoch konkrete Arbeitsvollzüge in einzelnen Berufen erfasst werden sollen, weil die Eignung eines Bewerbers für eine konkrete Stelle zu ermitteln ist, bedarf es konkreter, auf die späteren Aufgaben fokussierter Arbeitsproben. Soll z. B. die Befähigung als Maler, Dachdecker oder Elektriker geprüft werden, müssen typische, mit dem jeweiligen Beruf in Zusammenhang stehende Arbeitsvollzüge geprüft werden, eine abstrakte und generelle Überprüfung praktischer Fähigkeiten griffe hier zu kurz.

Aus der Praxis der Arbeitserkundung mit Flüchtlingen wird häufig über Methoden berichtet, die zwar augenscheinlich in Zusammenhang mit einer künftigen Tätigkeit stehen, denen es jedoch an solider Konstruktion sowohl von Aufgaben als auch von Bewertungsmethoden mangelt. Wird ein Bewerber um die Position einer Maler- und Anstreicher-Position oder -Ausbildung z. B. gebeten, eine Wand anzumalen, ist das sehr augenscheinvalide und dennoch zu abstrakt. Es gälte, die Aufgabe in geeignete, kleinteiligere Subaufgaben aufzuteilen (z. B. unterschiedliche Schwungtechniken aus dem Handgelenk oder dem ganzen Arm abzufordern, unterschiedliche Materialien und Pinselstärken anzubieten, Farbe nach einer Anleitung mischen und zuvor das Mengenverhältnis berechnen zu lassen etc. und alle Subaufgaben einer einzelnen Bewertung zuzuführen), um im Sinne der o. g. „Bandbreite" ein möglichst großes Spektrum der berufsrelevanten Anforderungen abzudecken. Je besser die Abdeckung der beruflichen Anforderungen gelingt, desto geringer sind die späteren Überraschungen.

Aufgabe und Bewertungsmethode gut durchdenken und simultan entwickeln: Repräsentativität für die Zieltätigkeit und standardisierte Durchführung und Bewertung sicherstellen

Wichtig sind also die Wahl der Aufgabe und der Bewertungsmethode. Beides muss gut durchdacht und simultan entwickelt werden und vorab bzw. fortlaufend auf Qualität geprüft werden. Der Kerngedanke sollte dabei neben der Repräsentativität für die spätere Aufgabe v. a. stärkere Standardisierung und Objektivierung sein. Hinweise für eine Optimierung bestehender oder eine Entwicklung neuer Arbeitsproben, die versuchen, diese möglichst einzuhalten, bietet das folgende Kapitel. Wir vermeiden hierbei überspezifizierte Ansätze und wollen die grundsätzliche Logik der Entwicklung von Arbeitsprobenverfahren aufzeigen. Die hier bereitgestellten Werkzeuge bleiben hinter dem zurück, was im Optimum bei fachgerechter Konstruktion leistbar wäre, es erscheint jedoch unrealistisch, der praktischen Erprobung wissenschaftlich-methodische Hürden in den Weg zu stellen, die durch Fachkundige der Berufe nicht beschritten werden können. Dennoch sollte es auch dem diagnostischen Laien mit den nachfolgend dargestellten Methoden möglich sein, deutlich optimierte Verfahren für die praktische Arbeitserkundung zu entwickeln.

7.4 Handlungsanleitungen und Beispiele inkl. Checklisten

DIN 33430: Anforderungen an berufsbezogene Eignungsdiagnostik ist seit 2016 in neuer Auflage erhältlich

Bevor in diesem Abschnitt ein Leitfaden für die Entwicklung einfacher Arbeitsproben gegeben wird, muss darauf hingewiesen werden, dass in Deutschland umfangreiche Standards für berufliche Eignungsdiagnosen in Form der DIN 33430 „Anforderungen an berufsbezogene

Eignungsdiagnostik" (seit August 2016 in neuer Auflage verfügbar, DIN, 2016) bestehen. Diese bezieht sich nicht nur auf das Verfahren an sich, sondern auch auf die Eignung der Durchführenden, den Prozess etc. Alle Vorgaben einzuhalten ist nicht in jeder betrieblichen und speziell der auf Flüchtlinge gerichteten Auswahl- und Beratungspraxis möglich, sollte aber weitestgehend angestrebt werden. Eine Kernaussage der Norm, dass sich die eingesetzten Methoden auf die spätere Tätigkeit beziehen sollen, ist gerade für Arbeitsproben als Abbilder der künftigen Tätigkeit eine unabdingbare Voraussetzung. Anforderungsbezug alleine reicht jedoch nicht aus, um eine gute Messung zu ermöglichen. Somit stellen jegliche Schritte, die helfen, eine validere Diagnostik zu erreichen, einen Schritt in die Richtung einer DIN-konformen Personalauswahl dar (zur Einführung in die Neuauflage der DIN-Norm 33430 empfehlen wir Ackerschott, Gantner & Schmitt, 2016).

Eine sachgerechte Konstruktion jedes eignungsdiagnostischen Verfahrens setzt zumindest drei Hauptschritte voraus – eine Analyse der Anforderungen der Tätigkeit, die Entwicklung von Aufgaben zur Messung dieser Anforderungen sowie die dazu passenden Bewertungsstandards und -skalen. Alle drei Aspekte werden im Nachfolgenden praktisch am Beispiel von Arbeitsproben beschrieben und Checklisten für den Praxiseinsatz zur Verfügung gestellt. Dazu werden zur besseren Verständlichkeit reale Berufe gewählt. Da die Autoren dieses Beitrags nicht aus den jeweiligen Fachprovenienzen stammen, kann kein Anspruch auf Vollständigkeit der genannten Anforderungen oder Erfolgskriterien der Tätigkeiten erhoben werden. Die genannten Leitfragen und Checklisten können jedoch dazu dienen, eine ähnliche Arbeitsprobenkonstruktion auch für andere Berufe bzw. Tätigkeiten durchzuführen.

7.4.1 Anforderungsanalyse

Die Eignungsbeurteilung setzt eine Anforderungsanalyse und deren Ergebnisse voraus (DIN, 2016). Vor jedem eignungsdiagnostischen Prozess muss bekannt sein, wofür eine Eignung vorliegen soll und woran sich diese Eignung beurteilen lässt. Je nach Komplexitätsgrad der Tätigkeit stehen unterschiedliche Methoden der Anforderungsanalyse zur Verfügung, darunter sowohl qualitative als auch quantitative Ansätze. Das Spektrum reicht von Experteninterviews, Arbeitsplatzbeobachtungen, temporärer Ausübung der entsprechenden Tätigkeiten, Critical-Incident-Workshops zur Erhebung erfolgskritischer Situationen und guter Lösungsstrategien bis hin zu schriftlichen Befragungen mit standardisierten Instrumenten zur statistischen Ableitung und Gewichtung von Anforderungsmerkmalen. Ausführliche Beschreibungen und Literaturempfehlungen zu verschiedenen Methoden der Anforderungsanalyse stehen in Schuler (2014) zur Verfügung.

Für den vorliegenden Fall der Konstruktion einer (einfachen, da auf wenige zentrale Tätigkeitsmerkmale gerichteten) Arbeitsprobe dürfte es genügen, die Fragen folgender Checkliste zu klären, (die hier mit beispielhaften Unterfragen für die Anforderungsanalyse einer Position als Maler verdeutlicht werden sollen).

Checkliste I: Durchführung einer Anforderungsanalyse

1. Was ist die zentrale Arbeitsaufgabe und welche bedeutsamen Nebentätigkeiten gibt es?
   - Worin besteht die Hauptleistung der Aufgabe (Beispiel: Farbanstrich auf Wände aufbringen)?
   - Welche Arbeitsvollzüge dienen der Erreichung dieser Hauptleistung (Beispiel: Arbeitsauftrag lesen und verstehen, Zeichnungen und Skizzen sowie Farbmischanweisungen verstehen, Arbeitsmaterialien zum Arbeitsort transportieren, Abkleben zu schützender Bereiche, Farben anmischen, Arbeitsgeräte vorbereiten, Aufbau sowie Besteigen von Leitern und Gerüsten, Vorbereitung des Untergrunds, Ausgleichen von Unebenheiten und Löchern mit Spachtel, Aufbringen der Farbe mit unterschiedlichen Techniken, Reinigen der Arbeitsgeräte)?
   - Welche weiteren Kriterien definieren den Erfolg der Hauptleistung (Beispiel: gepflegt auftreten, mit dem Kunden und anderen Gewerken kommunizieren und sich absprechen können)?
2. Welche einzelnen, für die Gesamttätigkeit möglichst repräsentativen Arbeitsschritte bzw. -vollzüge lassen sich hieraus ableiten? Beispiele:
   - Lesen von Arbeitsanweisungen, Zeichnungen und Skizzen (Beispiel: Anweisungen eines Innenarchitekten bzw. Kunden auf Basis von Gebäudegrundrissen),
   - Tragen von Lasten (Beispiel: Farbeimer, Gerüstteile, Leitern),
   - Umgang mit weiteren, nicht direkt aufgabenbezogenen Arbeitsmaterialien (Beispiel: Umgang mit Folien und Klebeband zum Abkleben zu schützender Bereiche, Reinigungschemikalien),
   - Kundigkeit in und Umgang mit Hauptarbeitsmaterialien (Beispiel: Farbe nach schriftlicher Anweisung mischen und angegeben Mischungsverhältnisse verstehen bzw. auf die vorhandenen Mengen, Flächen und Volumina umrechnen können),
   - Handhabung der Arbeitsmittel bzw. -werkzeuge (Beispiel: Anstreichen mit verschiedenen Arbeitsmitteln (z. B. Flächenstreicher, Quast, Rolle, Rund- oder Plattpinsel), hierbei Beachtung verschiedener Techniken zur Erreichung von Farbdeckung, z. B. Wechsel zwischen Längs- und Querrichtung mit gerader Überlappung,

   - Pflege und Aufräumen des Arbeitsplatzes (Beispiel: Waschen von Pinseln nach Nutzung, Verschluss von Farbeimern, umweltgerechte Entsorgung von Farben und Abklebematerial sowie Lösungs- und Reinigungsmitteln).

3. Welche davon sind ohne Erfahrung nach kurzer Instruktion soweit durchführbar, dass eine Einschätzung der mutmaßlichen Kompetenz möglich ist?
   - Jegliche Aufgaben, die umfassende Fachkenntnisse oder Vorbildung benötigen, scheiden aus, da sie eine grundsätzliche Hürde zur bloßen Bearbeitung der Aufgabe darstellen (z. B. Härtung von Speziallacken oder Bedienung von Maschinen zum Farbauftrag).
   - Kern der Aufgabe sollte vielmehr eine grundlegende Fertigkeit sein, die (zumal nach mehreren Wiederholungen) in ihrer grundsätzlichen Ausprägung beobachtet werden kann (z. B. Druckkraft beim Farbauftrag, Pinselschwung).
4. Welche Befähigungen müssen unmittelbar umfassend vorliegen und welche Fähigkeiten können später ausgebaut bzw. erworben werden?
   - Es ist angesichts unterschiedlicher Technologien in Herkunfts- und Zielländern nicht zu erwarten, dass Flüchtlinge Materialien, Arbeitsgeräte etc. in identischer Form kennen, das Gleiche gilt für Arbeitsvollzüge. Um im Beispiel des Malers und Anstreichers zu bleiben, kann nicht das Vorwissen erwartet werden, dass die Vorbehandlung von stark saugenden Flächen (z. B. Gipskarton) einer Vorbehandlung mit Tiefgrund bedarf, um die Absorption der Deckfarbe zu verringern, weil in verschiedenen Herkunftsländern diese Materialien schlichtweg unbekannt sind. Dieses Wissen kann jedoch vergleichsweise einfach vermittelt und deshalb erworben werden. Anders verhält es sich z. B. mit der Fähigkeit, längere Zeit Arbeiten über Kopf ausführen zu können, bei Arbeiten auf Leitern schwindelfrei zu sein oder hinreichendes mathematisches Verständnis zu haben, um Mischungsverhältnisse eigenständig auf gegebene Mengen umzurechnen.
   - Es gilt deshalb, insbesondere die grundlegenden, schwer erwerbbaren Fähigkeiten zu prüfen und für alle Hauptanforderungen brauchbare Repräsentanzen zu finden, die sowohl die aktuelle Beherrschung von Vollzügen oder die Fähigkeit, sie zu erlernen, abbilden.
   - Mehrfache Durchführung von Arbeitsvollzügen ist eine geeignete Methode, um unmittelbare Lernfortschritte zu erheben. Ist z. B. eine zuvor schriftlich erläuterte Streichtechnik im ersten Durchgang nicht erfolgreich umgesetzt worden, kann geprüft werden, ob nach einer

Intervention (Erläuterung, Vorführung) eine Verbesserung einsetzt und mithin Lerngewinne durch die Probanden realisiert werden.

5. Welche Merkmale sollen beobachtet werden?
   - Es sollten nur Merkmale zur Beobachtung vorgegeben werden, die auch beobachtbar sind, nicht etwa solche, auf die mittelbar geschlossen wird (z. B. jemand, der die Arbeit sauber vorbereitet, wird automatisch auch Kundentermine einhalten).
   - In den meisten Fällen wird nicht nur ein Merkmal, sondern es werden verschiedene Teilaspekte einer Aufgabe beobachtbar sein (z. B. Anleitung lesen, Mischungsverhältnis berechnen von einfach bis komplex, Mischen, Farbauftrag).
   - Zu beachten ist, dass die erfolgsrelevantesten Merkmale abgebildet werden und den höchsten Stellenwert in der Bearbeitung der Aufgabe (zeitlich, inhaltlich) haben sowie in der Bewertung (s. u.) gewürdigt werden.

Die Ergebnisse dieser Einschätzung und Befragung von Experten und Stelleninhabern sollte gut dokumentiert werden. Sie dienen der Beschreibung künftiger Arbeitsanforderungen und können auf verschiedenen Ebenen genutzt werden:

- Information von Stelleninteressenten über künftige Anforderungen,
- Entwicklung von Arbeitsprobenverfahren,
- Messung der aktuellen Ausprägung relevanter Fähigkeiten,
- Feststellung individueller Eignung sowie
- Feststellung individuellen Entwicklungsbedarfs, sofern veränderbare Merkmale erhoben werden.

7.4.2 Konstruktion von Arbeitsproben

Nach erfolgter Anforderungsanalyse können die Aufgaben ausgewählt und (simultan) dazugehörige Bewertungsskalen entworfen werden. Diese sollten, wie ausgeführt, ein bedeutsamer Auszug aus der späteren Zieltätigkeit sein, also etwa einer Handlung, die sehr häufig ausgeführt werden muss oder deren Beherrschung zentral für den Erfolg ist. Als Rahmen für die Ideenfindung oder Kriterien zur Bewertung der Arbeitsproben kann auf die Kriterien aus ◘ Tab. 7.2 zurückgegriffen werden. Diese wird hier, abgewandelt und um Beispielarbeitsproben und Bewertungsmaßstäbe ergänzt, erneut abgedruckt. Eine breite Übersicht über reale Arbeitsproben geben Truxillo, Donahue und Kuang (2004).

Die konkrete Suche nach Aufgaben sollte dringend die Expertise von Personen einschließen, die diese Tätigkeiten selbst seit längerer Zeit

Tab. 7.2 Merkmale von Arbeitsproben (erweitert nach Callinan und Robertson, 2000) mit Beispielaufgabe und -kriterien

Merkmal	Beispielarbeitsprobe	Messdimensionen
Bandbreite	Eintägiges begleitetes Probearbeiten	Diverse allgemeine Kriterien wie Aufmerksamkeit, Lernwille, Durchhaltevermögen, Konzentration, sozialer Kompetenz
Realitätsbezug	Verputzen einer Wand	Direkt aufgabenbezogene Kriterien, Umgang mit Material, manuelles Geschick, Sauberkeit bzw. Qualität der Arbeit, Umgang mit Fehlern
Spezifität	Mehrfaches Heben des schwersten Werkstücks	Ausschlussprüfung körperlich zu schwacher Kandidaten (Selbstselektion und Gesundheitsschutzaspekte)
Erfahrungsbezug	Lohnabrechnung erstellen nach Steuerklassen	Ausschlussprüfung von fehlendem und nicht kurzfristig erlernbarem Fachwissen
Aufgabentypus	Verkaufsgespräch am Telefon	Ausschließlich verbale Kommunikation und Persönlichkeitsdimensionen wie Kundenorientierung beobachtbar
Antwortmodus	Reale Durchführung einer technischen Aufgabe	Vollständiges Verhalten von Vorbereitung, manueller Handhabung bis Ergebniskorrektur, Fehlerrückmeldung beobachtbar

Einbeziehung von Experten sichert eine repräsentative Aufgabenauswahl für die Arbeitsprobe und so die Einhaltung von rechtlichen Vorgaben und spätere Akzeptanz bei Anwendern

und erfolgreich ausführen (Stelleninhaber) bzw. ausgeführt haben und jetzt leitende Funktionen über die Auszuwählenden haben (Meister, Abteilungsleiter). Nur so kann sichergestellt werden, dass die zentralen Aufgaben ausgesucht werden und auch für Laien nicht ersichtliche, aber bedeutsame Nebentätigkeiten nicht unbeachtet bleiben. Es steigert zudem die Akzeptanz bei den späteren Anwendern, wenn sie von Anfang an in Aufgabenauswahl und Entwicklung der Bewertungsmaßstäbe eingebunden werden. Nicht zuletzt ist es auch rechtlich bzw. vor dem Hintergrund von Fachstandards bedeutsam, da nur Experten des Gebiets sicherstellen können, dass der Bezug zur Zielposition gewährleistet ist.

Die konkrete Auswahl an Aufgaben und Entwicklung hin zu einer Arbeitsprobe kann anhand der weiter oben gegebenen Ausführungen und vor dem Hintergrund der Leitfrage erfolgen: Mit welchen Aufgaben lassen sich die gewonnenen Merkmale aus der Anforderungsanalyse effizient, sicher und wiederholbar erfassen und unterschiedliche Ausprägungen objektiv feststellen?

Folgende knappe Checkliste kann als Übersicht zur Vorgehensweise dienen.

Checkliste II: Vorgehensweise bei der Auswahl von Aufgaben

1. Umfrage bzw. Workshop unter stellenkundigen Personen (Stelleninhaber, Vorgesetzte) zur Auswahl der Aufgaben

- Klare Definition des Berufs bzw. der Tätigkeit und Inspektion von Arbeitsplatz und -material als Grundlage der Aufgabenwahl (z. B. Stellenbeschreibung),
- Auswahl mehrerer Aufgaben bzw. Tätigkeiten, die repräsentativ für die Zielposition sind (z. B. sehr häufige oder sehr erfolgskritische Aufgaben),
- Beachtung von besonders relevanten Nebentätigkeiten oder Anforderungen,
- klare Definition jeder Aufgabe mit Material, Aufbau, Durchführung, möglichen Erfolgs- und Bewertungskriterien.

2. Gemeinsame Diskussion bzw. Auswahl der Aufgaben vor dem Hintergrund der Leitfragen:
   - Ist die Tätigkeit realistisch und repräsentativ für die Zielposition?
   - Kann sie ohne große Vorbildung oder Erfahrung nach kurzer Instruktion durchgeführt werden?
   - Lassen sich zentrale, berufserfolgsrelevante Merkmale wie manuelles Geschick beobachten und gibt es ausreichend Unterschiedlichkeit in den erwarteten Ergebnissen, um verschiedene Kandidatenleistungen abgrenzen zu können?
   - Welche der Aufgabenvorschläge erfüllen die Anforderungen und sollen zur späteren Arbeitsprobe entwickelt werden?
3. Erstellung von Materialien, Durchführungsbedingungen und Bewertungsskalen:
   - Beschaffung Material und Verbrauchsmaterial (gleichbleibend für alle Kandidaten mit dem Ziel maximaler Fairness und Vergleichbarkeit),
   - Formulierung einer exakten Instruktion, die für Kandidaten verständlich ist und alle relevanten Schritte und zu erfüllende Kriterien beinhaltet – zur Vermeidung von Messkonfundierung zwischen technischen Fähigkeiten und Sprachverständnis kann die Instruktion auch in Muttersprache erfolgen,
   - Erstellung der Bewertungskriterien und -skalen (s. ► Abschn. 7.4.3).
4. Prüfung und Evaluation der Aufgabe. Schulung der Bewerter. Einsatz
   - Durchführung der Arbeitsprobe durch eine repräsentative Stichprobe, Abfrage der Verständlichkeit der Instruktion. Bewertung mit entwickelten Skalen, Evaluation der Aufgabe und Bewertung. Anpassungen.
   - Schulung von späteren Beurteilern in Durchführung und Auswertung der Arbeitsprobe (mit dem Ziel, gemeinsame, objektive Bewertungsstandards zu etablieren).
   - Einsatz in der Praxis und regelmäßige Evaluation. Auffrischungsschulungen.

7.4.3 Bewertung

Während die Wahl der Aufgabe sehr gut bzw. besser von einem Praktiker vorgenommen werden kann, ist die psychometrisch korrekte Bewertung und Auswertung das natürliche Metier des (Arbeits- oder Wirtschafts-)Psychologen, weshalb sich in diesem Feld auch eine reichhaltige Forschungsliteratur findet (z. B. Bühner, 2011), deren für den vorliegenden Fall wichtigsten Erkenntnisse hier skizziert werden sollen.

Durchführung der Aufgabe, Bewertung und Interpretation der Ergebnisse muss für alle gleich erfolgen

Eine Bewertung sollte objektiv erfolgen, das heißt, dass die Durchführung der Aufgabe, die Bewertung an sich, aber auch die Interpretation der Ergebnisse für alle Kandidaten gleich zu erfolgen hat. Dabei helfen standardisierte Durchführungsbedingungen und Materialien, aber auch einheitliche Bewertungsskalen. Diese ermöglichen direkt Gesehenes zu bewerten (damit man es nicht vergisst und sich nicht verschiedene Eindrücke mischen) und durch Verhaltensbeispiele auch eine Referenz bereitstellen, die helfen, Leistungen fair zu bewerten. Hierzu müssen einzelne Dimensionen jedoch getrennt bewertet werden. Zudem ermöglicht die Vergabe von Punkten eine quantitative Bewertung, die subjektiven Einschätzungen nachweislich überlegen ist und eine methodisch-metrische Auswertung und damit einen besseren Vergleich verschiedener Teilnehmer erlaubt. Nicht zuletzt sollten Bewerter vor dem Einsatz geschult werden und sich darüber verständigen, was sie unter einer guten oder herausragenden Leistung verstehen und Ergebnisse und Skalen regelmäßig evaluiert werden. Insbesondere dann, wenn verschiedene Beobachter bzw. Bewerter zum Einsatz kommen, ist die Schulung und Übung gleicher Durchführung und Auswertung eine zentrale Qualitätsanforderung an Arbeitsproben. Die nachfolgende Checkliste fasst wichtige Punkte für die Konstruktion einer Durchführungs- und Auswertungsvorschrift zusammen.

Checkliste III: Entwicklung von Instruktionen und Bewertungsskalen

1. Instruktion = Durchführungsobjektivität
   - Jeder Kandidat soll die gleichen Chancen erhalten und unabhängig vom Beurteiler oder dem Material seine Leistung zeigen können. Auch Nebenbedingungen wie die Durchführung manueller Aufgaben zu Anfang vs. am Ende eines anstrengenden Probearbeitstages beinträchtigen die Vergleichbarkeit und sollten vermieden werden. Ziel ist die möglichst standardisierte Vorgabe und Durchführung der Arbeitsprobe.
   - Die zu bearbeitende Aufgabe und alle relevanten Rahmenbedingungen (z. B. Durchführungszeit, Wiederholungen, Einführung in das Material) müssen klar in einer Anleitung beschrieben sein und es muss sichergestellt werden, dass diese vor Beginn der Bearbeitung verstanden wurde.

   - Idealerweise werden kurze Probedurchgänge oder mehrere Wiederholungen durchgeführt, so kann auch Lernfortschritt erfasst werden.

2. Bewertungsskalen = Auswertungsobjektivität
   - Die Bewertung der gezeigten Leistung darf ausschließlich entsprechend der zuvor definierten Merkmale und Maßstäbe erfolgen und sollte direkt bei der Ausführung vorgenommen werden. Nebenbeobachtungen können festgehalten werden, die Bewertung der Aufgabe an sich sollte davon jedoch unbeeinflusst bleiben.
   - Es bietet sich an, die Merkmale und eine Beschreibung auf einem standardisierten Bewertungsblatt aufzulisten und mit einer Einschätzungsskala zu versehen. Die psychologische Forschung hat gezeigt, dass hier mehrstufige Skalen mit z. B. fünf bis sieben Stufen (in jedem Falle mit ungerader Skalenlänge mit eindeutiger „Mitte") kürzeren überlegen sind, da sie eine bessere Differenzierung der Kandidaten ermöglichen.
   - Die Skalenstufen sollten mit klaren Punktwerten, wenn möglich sogar mit Verhaltensbeispielen verankert werden. Es bietet sich ein regelmäßiger Austausch (nach bzw. unabhängig von den eigentlichen Einsätzen) zwischen den Bewertern an, um gemeinsame Bewertungsstandards festzulegen.
3. Beurteilung = Interpretationsobjektivität
   - Die gezeigte Leistung muss vollständig standardisiert ausgewertet werden und das Ergebnis für diese Arbeitsprobe muss unabhängig von anderen Beobachtungen stehen.
   - Zum Vergleich der Bewerber müssen klare Regeln in Form von Normen, also Referenzmaßen vorliegen. Man vergleicht alle Bewerber nach dieser Norm und kennt so den individuellen Rangplatz hinsichtlich der Arbeitsprobe bzw. des gemessenen Merkmals. Erst dieser Wert kann mit anderen Eindrücken zu einer Gesamteinschätzung verrechnet werden.
   - Die Norm muss regelmäßig aktualisiert berechnet und es müssen alle Beurteilungen zwischen den Normierungszeiträumen an dem aktuell bestehenden, einheitlichen Maßstab getroffen werden.
   - Die ausgefüllten Bewertungsskalen, falls möglich sogar die bearbeitete Arbeitsprobe oder ein Foto davon, sollten unter Beachtung der geltenden Datenschutzvorschriften dokumentiert und archiviert werden.

- Platz für Logo -	**Leistungsbewertung Arbeitsprobe XYZ**

Instruktion:

- Bitte beobachten Sie den Kandidaten bei der Durchführung der Arbeitsprobe und bewerten Sie nur Gesehenes.
- Mache Sie sich vorab mit den Bewertungshinweisen vertraut.
- Nutzen Sie zur Einschätzung die Verhaltensbeispiele für das jeweilige Merkmal.
- Machen Sie ein Kreuz in das Kästchen, welches der gezeigten Leistung am besten entspricht.
- Tragen sie anschließend den Zahlenwert ganz rechts ein und bilden Sie die Summe.

Name Kandidat:	**Name Bewerter:**	**Datum:**

Bewertungshinweis:
1 = sehr schwache Leistung, 2 = schwache Leistung, 3 = leicht unterdurchschnittliche Leistung,
4 = durchschnittliche Leistung, 5 = gute Leistung, 6 = sehr gute Leistung, 7 = herausragende Leistung

	1	2	3	4	5	6	7	Wert
Instruktionsverständnis (Kandidat versteht Aufgaben, z. B. handelt nach Anweisung, erfüllt alle Teilaufgaben)								
Arbeitsgeschwindigkeit (Kandidat erledigt Aufgabe in angemessener Geschwindigkeit, z. B. wird in vorgegebener Zeit fertig)								
Arbeitsqualität / Genauigkeit (Kandidat erledigt Aufgabe in angemessener Qualität, z. B. arbeitet sauber, wenige Fehler im Ergebnis)								
Motorisches Geschick (Kandidat zeigt angemessene motorische Fähigkeiten z. B. beim Umgang mit Werkzeug und Arbeitsmaterial)								
Umgang mit Fehlern (Kandidat reagiert angemessen auf Fehler, z. B. korrigiert und arbeitet weiter, geht nicht aus dem Feld)								
Umgang mit Rückmeldung (Kandidat reagiert angemessen auf positive oder negative Rückmeldung, z. B. bleibt sachlich, nimmt Kritik ernst)								
Summe								
Norm bisheriger Bewerber Stand xx.xx.2017: 30% < xx Punkte; 30% xx-xx Punkte; 30% > xx Punkte; 10% > xx Punkte								

Platz für Notizen und zusätzliche Beobachtungen:

Abb. 7.4 Beispielhafter Bewertungsbogen für eine Arbeitsprobe

Als Beispiel für eine Beobachtungsskala, die einige der genannten Punkte illustriert, findet sich in ◘ Abb. 7.4 ein allgemein gehaltener Bewertungsbogen, dieser kann frei genutzt oder idealerweise sogar verändert werden. Wie die Ausführungen gezeigt haben, sollte dieser exakt auf die Arbeitsprobe und die für die zukünftigen Anforderungen relevanten Bewertungskriterien angepasst werden. Das hier vorgeschlagene Muster richtet sich an einer manuellen Arbeitsaufgabe aus, ein Bewertungsbogen für eine verbal interagierende Aufgabe, z. B. ein Gespräch im Rahmen eines ambulanten Pflegediensteinsatzes, sollte dementsprechend andere Merkmale enthalten – statt Arbeitsgeschwindigkeit ist hier u. a. empathisches Verhalten gegenüber der zu pflegenden Person ein zentrales Kriterium.

7.5 Fazit

Wie das Kapitel gezeigt hat, gehören Arbeitsproben zu den wirksamsten eignungsdiagnostischen Verfahren. Vor dem Hintergrund der besonderen Anforderungen in der Diagnostik beruflicher Kompetenz von Flüchtlingen kommen zudem einige ihrer Hauptvorteile wie Tätigkeitsnähe, realistische Information der Bewerber oder kulturelle Fairness zum Tragen. Die Herausforderung beim Einsatz von Arbeitsproben besteht in der möglichst standardisierten, objektiven und daher fairen Gestaltung, Durchführung und Bewertung. Hier können durch die in diesem Kapitel skizzierten Handlungsanleitungen und weiterführenden Literaturhinweise Qualitätsverbesserungen an bestehenden oder zu entwickelnden Arbeitsproben erreicht werden. Zentral ist eine detaillierte Analyse der Anforderungen an die Tätigkeit, die möglichst realistische und standardisierte Abbildung dieser als Aufgabe und die objektive und differenzierte Bewertung der erbrachten Leistung. Werden diese Voraussetzungen gewährleistet, sind Arbeitsproben nicht nur aus wissenschaftlicher Sicht hochpotente Methoden zur Beurteilung der beruflichen Kompetenz einer Person sondern werden auch von den Bewerbern sehr gut akzeptiert – bieten sie ihnen doch einen echten Mehrwert bei der Wahl ihrer beruflichen Zukunft unter schwierigen Voraussetzungen mit viel Unbekanntem und Neuem.

Literatur

Ackerschott, H., Gantner, N. & Schmitt, G. (2016). *Eignungsdiagnostik – Qualifizierte Personalentscheidungen nach DIN 33430*. Berlin: Beuth.

Borman, W.C., Bryant, R.H. & Dorio, J. (2010). The Measurement of Task Performance as Criteria in Selection Research. In J.L. Farr, N.T. Tippins (Hrsg.), *Handbook of Employee Selection* (pp. 439–462). New York: Routledge.

Braun, N.J. & Bennett, M.J. (1980). The Wire-Bending Test of Manual Dexterity. *Asia Pacific Journal of Human Resources*, 18, 24–29.

Bühner, M. (2011). *Einführung in die Test- und Fragebogenkonstruktion*. München: Pearson.

Callinan, M. & Robertson, I.T. (2000). Work Sample Testing. *International Journal of Selection and Assessment*, 8, 248–260.
DIN Deutsches Institut für Normung e.V. (2016). *Anforderungen an berufsbezogene Eignungsdiagnostik*. Berlin: Beuth.
Frintrup, A. & Spengler, M. (2016). Talente entdecken: Kompetenzanalyse für Flüchtlinge. *Wirtschaftspsychologie aktuell*, 3, 13–16.
Gebhardt, D.L. & Baker, T.A. (2010). Physical Performance Tests. In J.L. Farr, N.T. Tippins (Hrsg.), *Handbook of Employee Selection* (pp. 277–298). New York: Routledge.
Görlich, Y. (2007). Arbeitsproben. In H. Schuler, K. Sonntag (Hrsg.), *Handbuch der Arbeits- und Organisationspsychologie* (S. 468–473). Göttingen: Hogrefe.
Hausknecht, J.P., Day, D.V. & Thomas, S.C. (2004). Applicant reactions to selection procedures: An updated model and meta-analysis. *Personnel Psychology*, 57, 639–683.
HR Diagnostics AG (2015). *Wire Bending Task*. Stuttgart: HR Diagnostics.
Kanning, U.P. & Schuler, H. (2014). Simulationsorientierte Verfahren der Personalauswahl. In H. Schuler, U.P. Kanning (Hrsg.), *Lehrbuch der Personalpsychologie* (S. 215–256). Göttingen: Hogrefe.
Klingner, Y. & Schuler, H. (2004). Improving Participants' Evaluations while Maintaining Validity by a Work Sample-Intelligence Test Hybrid. *International Journal of Selection and Assessment*, 12, 120–134.
Kothe, C., Hissbach, J. & Hampe, W. (2014). Prädiktion praktischer Leistungen in den vorklinischen Laborkursen – Die Rückkehr des Drahtbiegetests für die Zulassung Zahnmedizinstudierender in Hamburg. *GMS Zeitschrift für medizinische Ausbildung*, 31, 8–14.
Lienert, G.A. (1967). *D – B – P. Die Drahtbiegeprobe*. Göttingen: Hogrefe.
Ployhart, R.E. & Holtz, B.C. (2008). The diversity–validity dilemma: Strategies for reducing racioethnic and sex subgroup differences and adverse impact in selection. *Personnel Psychology*, 61, 153–172.
Roth, P.L., Bobko, P. & McFarland, L.A. (2005). A Meta-Analysis of Work Sample Test Validity: Updating and Integrating some Classical Literature. *Personnel Psychology*, 58, 1009–1037.
Roth, P., Bobko, P., McFarland, L. & Buster, M. (2008). Work sample tests in personnel selection: a meta-analysis of black–white differences in overall and exercise scores. *Personnel Psychology*, 61, 637–661.
Roth, P.L., Huffcutt, A.I. & Bobko, P. (2003). Ethnic group differences in measures of job performance: a new meta-analysis. *Journal of Applied Psychology*, 88, 694–706.
Truxillo, D.M., Donahue, L.M., & Kuang, D. (2004). Work samples, performance tests, and competency testing. In J.C. Thomas (Hrsg.), *Comprehensive handbook of psychological assessment* (pp. 345–370). New York: Wiley.
Schmidt, F.L. & Hunter, J.E. (1998). The validity and utility of selection methods in personnel psychology: Practical and theoretical implications of 85 years of research findings. *Psychological bulletin*, 124, 262.
Schmitt, N., Clause, C.S. & Pulakos, E.D. (1996). Subgroup differences associated with different measures of some common job-relevant constructs. *International review of industrial and organizational psychology*, 11, 115–140.
Schmitt, N. & Mills, A.E. (2001). Traditional tests and job simulations: Minority and majority performance and test validities. *Journal of Applied Psychology*, 86, 451–458.
Schuler, H. (2002). *Das Einstellungsinterview: Ein Arbeits-und Trainingsbuch*. Göttingen: Hogrefe.
Schuler, H. (2014). *Psychologische Personalauswahl: Eignungsdiagnostik für Personalentscheidungen und Berufsberatung*. Göttingen: Hogrefe.
Schuler, H. & Klingner, Y. (2005). *AZUBI-BK: Arbeitsprobe zur berufsbezogenen Intelligenz-Büro-und kaufmännische Tätigkeiten*. Göttingen: Hogrefe.
Schwarzinger, D., Frintrup, A. & Spengler, M. (2014). Die Not mit den Noten. *Personalmagazin*, 9, 18–23.

Praxisteil: Beispiele für Integrationskonzepte und -projekte

Flüchtlinge integrieren – Chancen, Herausforderungen und Unterstützungsmöglichkeiten für Unternehmen

Regina Flake und Svenja Jambo

A. Frintrup (Hrsg.), *Berufliche Integration von Flüchtlingen und Migranten*,
https://doi.org/10.1007/978-3-662-53942-2_8

Kleine und mittlere Unternehmen (KMU) spielen eine Schlüsselrolle bei der Integration von Geflüchteten in Ausbildung und Beschäftigung. Um dieser Aufgabe gerecht werden zu können, benötigen die Unternehmen Informationen: Welche rechtlichen Rahmenbedingungen sind zu beachten? Über welche Wege kann der Kontakt mit Geflüchteten hergestellt werden? Wie lassen sich ausländische Qualifikationen einschätzen? Wie lässt sich eine Willkommenskultur im Unternehmen gestalten? Dieses Kapitel stellt vor, wie KMU bei der Integration von Geflüchteten vorgehen können und welche Unterstützungsangebote das Kompetenzzentrum Fachkräftesicherung (KOFA) sowie das BQ-Portal, das Informationsportal für ausländische Berufsqualifikationen, bieten.

8.1 Integration von Flüchtlingen

In den vergangenen zwei Jahren sind rund 1,2 Millionen Menschen als Schutzsuchende nach Deutschland gekommen. Bis Ende des Jahres 2015 hatten fast eine halbe Million Menschen einen Asylantrag gestellt. Auch wenn die Dynamik der Zuwanderung und damit auch die Zahl der Erstregistrierungen von Flüchtlingen im EASY-System im Verlaufe des Jahres 2016 stark abgenommen hat, ist die Zahl der Asylerstanträge konstant hoch, da viele Geflüchtete erst jetzt ihren Antrag stellen können. So wurden im Jahr 2016 beim Bundesamt für Migration und Flüchtlinge rund 722 000 Asylerstanträge gestellt, knapp 60% mehr als im vergleichbaren Zeitraum im Vorjahr (BAMF, 2017). Viele der Geflüchteten werden längerfristig in Deutschland bleiben. Die frühzeitige Integration dieser Menschen ist damit eine wichtige Aufgabe, die Staat, Gesellschaft und Wirtschaft gemeinsam meistern müssen. Gerade den Unternehmen kommt dabei eine Schlüsselrolle zu, da die Aufnahme einer Beschäftigung und damit die Möglichkeit, den eigenen Lebensunterhalt selbstständig zu sichern, ein entscheidender Schritt für den Integrationserfolg ist.

Chance zur Nachwuchssicherung

Doch neben dem humanitären Beitrag zur Integration können Unternehmen auch selbst von der Integration von Flüchtlingen in ihr Unternehmen profitieren: Die Zahl der Fachkräfteengpässe in Unternehmen nimmt zu und es bleiben immer mehr Ausbildungsstellen unbesetzt (Bußmann, 2015). Allein im Ausbildungsjahr 2014/15 konnten knapp 41 000 Ausbildungsstellen nicht besetzt werden (BA, 2015). Die nach Deutschland geflüchteten Menschen stellen nicht nur rein zahlenmäßig ein wertvolles Potenzial für den Arbeitsmarkt dar. Etwa 45% der Asylbewerber aus dem Jahr 2015 waren im Alter zwischen 16 und 30 (SVR, 2016). Diese Gruppe stellt insbesondere für die vielen kleinen und mittelständischen Unternehmen (KMU), die in den letzten Jahren ihre Ausbildungsstellen nur schwer besetzen konnten, eine Chance zur Nachwuchssicherung dar.

Die Bildungs- und Erwerbsbiografien der geflüchteten Menschen unterscheiden sich stark je nach Alter und Herkunftsland. Die höchste besuchte Bildungseinrichtung ist bei etwa 18% die Hochschule, 20%

das Gymnasium, 32% die Mittelschule und 22% die Grundschule. Der Anteil derjenigen, die keine formelle Schulbildung haben, liegt bei 7% (Rich, 2016). Unabhängig davon zeigt aber die Mehrzahl der Geflüchteten eine starke Erwerbs- und Bildungsorientierung sowie eine ausgeprägte Arbeitsmotivation (Brücker et al., 2016). Unternehmen können also motivierte, leistungsbereite Mitarbeiter gewinnen. Zu kognitiven Leistungsvoraussetzungen unabhängig von formalen Bildungsabschlüssen liegen bisher nur punktuell Daten vor, vgl. hierzu ► Kap. 5. Auch darüber hinaus gibt es viele Vorteile, die Unternehmen vermutlich aus der Beschäftigung von Flüchtlingen für sich realisieren können. Dies fängt an bei einer Steigerung der Kreativität und Innovationskraft durch eine kulturell vielfältige Belegschaft bis hin zu einer Steigerung des Images, was sowohl bei der Rekrutierung von Fachkräften als auch bei der Gewinnung von Geschäftspartnern förderlich sein kann. Empirische Daten zu diesen Annahmen werden jedoch erst in einigen Jahren vorliegen.

Erste Erfahrungen der Unternehmen

Viele Unternehmen haben bereits erste Erfahrungen mit der Beschäftigung von Flüchtlingen. Das Institut der deutschen Wirtschaft Köln (IW Köln) hat Anfang des Jahres 2016 eine Unternehmensbefragung durchgeführt, um eine Einschätzung der Beschäftigungsperspektiven für Flüchtlinge in Unternehmen zu erhalten (IW Köln, 2016). Zu diesem Zeitpunkt hatten gut 7% aller Unternehmen bereits Erfahrungen mit der Beschäftigung oder Ausbildung von Flüchtlingen gemacht. Zudem zog jedes zehnte Unternehmen ohne solche Erfahrungen dies zumindest für die Zukunft in Betracht. Das Ergebnis zeigt, dass vier von zehn Unternehmen, die bereits Flüchtlinge beschäftigen, planen, weitere Flüchtlinge einzustellen. Dies spricht dafür, dass Unternehmen positive Erfahrungen gemacht haben.

Die Erfahrungen aus der Vergangenheit zeigen jedoch, dass die Integration von Flüchtlingen in Beschäftigung eine besondere Herausforderung ist. Im Vergleich zu anderen Migrantengruppen hat sich die Beschäftigungsquote von Migranten langsamer an die von einheimischen Erwerbspersonen angeglichen. Nach fünf Jahren liegt die Beschäftigungsquote in etwa bei 50%. Erst circa 15 Jahre nach Zuzug ließen sich keine Unterschiede mehr zwischen Flüchtlingen und anderen Gruppen feststellen (IAB, 2015). Die Gründe hierfür sind vielfältig. Zu den Hauptherausforderungen gehören die häufig mangelnden Sprachkenntnisse von Geflüchteten. Acht von zehn Unternehmen sehen hierin ein Hemmnis für die Beschäftigung in ihrem Unternehmen (IW Köln, 2016). Auch aufenthaltsrechtliche Restriktionen bzw. Unsicherheit mit Blick auf das, was erlaubt ist und was beachtet werden muss, stellt insbesondere für KMU eine besondere Herausforderung dar (vgl. zu entsprechenden Erleichterungen durch das Integrationsgesetz ► Kap. 2 und zu allgemeinen arbeitsrechtlichen Fragen in der Beschäftigung von Flüchtlingen ► Kap. 1). Die rechtlichen Möglichkeiten der Qualifizierung und Beschäftigung variieren je nach Aufenthaltsstatus und je nach Art der Beschäftigung. Zwar gab es 2016 bereits einige Gesetzesänderungen, die Beschäftigungsmöglichkeiten von Geflüchteten sowie den Zugang zu Fördermöglichkeiten beispielsweise während der Ausbildung erleichtert haben, aber nach wie vor ist der Informationsbedarf für KMU sehr hoch.

Das KOFA-Dossier „Flüchtlinge integrieren" stellt umfassende Informationen zur Integration von Flüchtlingen zur Verfügung: www.kofa.de/fluechtlinge

Um die Integration von Flüchtlingen in Unternehmen zu fördern, ist es folglich wichtig, dass Unternehmen für das Thema sensibilisiert werden und passgenaue Informationen zu Beschäftigungsmöglichkeiten erhalten. Ein zentraler Ansprechpartner für KMU ist das Kompetenzzentrum Fachkräftesicherung (KOFA), das vom IW Köln realisiert wird. Herzstück des vom Bundesministerium für Wirtschaft und Energie (BMWi) geförderten Projekts ist das Internetportal www.kofa.de. Das Kompetenzzentrum Fachkräftesicherung (KOFA) unterstützt kleine und mittlere Unternehmen rund um das Thema Fachkräftesicherung.

Im KOFA-Dossier „Flüchtlinge integrieren" finden KMU Antworten auf folgende Fragen:

- Welche Möglichkeiten für Praktika, Ausbildung und Beschäftigung gibt es?
- Wie und durch wen können Unternehmen Unterstützung erhalten?
- Wie sehen erfolgreiche Beispiele aus der Praxis aus?

Basierend auf den Arbeiten des KOFA werden im ► Abschn. 8.2 zunächst die wichtigsten Möglichkeiten der Beschäftigung und Qualifizierung von Geflüchteten erläutert. Hierbei werden einerseits Arbeitsmarktzugänge von anerkannten Flüchtlingen, Asylbewerbern und Geduldeten aufgezeigt. Zudem werden Qualifizierungs- und Beschäftigungsmöglichkeiten in Form von Praktika, Ausbildung und einem direkten Einstieg in eine Beschäftigung dargestellt.

Doch selbst Unternehmen, die gewillt sind Flüchtlinge zu beschäftigen, berichten häufig von Schwierigkeiten, überhaupt in Kontakt mit Flüchtlingen zu kommen. Darüber hinaus ist es für viele Unternehmen eine Herausforderung, die Kompetenzen möglicher Kandidaten einzuschätzen. Daher werden in ► Abschn. 8.3 mögliche Kontaktwege und Möglichkeiten der Bewerberauswahl vorgestellt. ► Abschn. 8.4 geht schließlich darauf ein, wie Unternehmen mit einer gelebten Willkommenskultur die Integration von Flüchtlingen fördern können.

8.2 Welche Möglichkeiten der Qualifizierung und Beschäftigung von Geflüchteten haben Unternehmen?

Die Möglichkeiten der Integration von Flüchtlingen in Unternehmen sind vielfältig. Gerade für junge Flüchtlinge kann eine duale Berufsausbildung ein erfolgversprechender Weg in eine Beschäftigung sein (► Abschn. 8.2.3). Der Einstieg erfolgt hierbei häufig über ein Praktikum oder eine Einstiegsqualifizierung (► Abschn. 8.2.2). Insbesondere bei älteren Flüchtlingen steht häufig der Erwerbswunsch noch vor dem

Qualifizierungswunsch. Für diese Gruppe bietet sich ein direkter Einstieg in eine Beschäftigung an (► Abschn. 8.2.4). Und auch hier können die Flüchtlinge noch berufsbegleitend – beispielsweise über den Erwerb von Teilqualifikationen – weiterqualifiziert werden.

Bevor auf die alternativen Beschäftigungsformen eingegangen wird, werden in ► Abschn. 8.2.1 zunächst kurz die wichtigsten rechtlichen Rahmenbedingungen skizziert, die Unternehmen bei der Einstellung von geflüchteten Personen beachten müssen. Hierbei ist zu berücksichtigen, dass Gesetze sich ändern. Die folgenden Darstellungen beziehen sich auf den Stand Dezember 2016 und stellen schon die Änderungen durch das Integrationsgesetz vor, das im August 2016 in Kraft getreten ist (Bundesregierung, 2016), vgl. hierzu auch ► Kap. 2 zum Integrationsgesetz (alle Gesetzestexte in der jeweils aktuellen Fassung finden Sie z. B. unter dem kostenlosen Angebot der Bundesregierung: http://www.gesetze-im-internet.de).

8.2.1 Aufenthaltsstatus und Arbeitsmarktzugang

Die Möglichkeiten der Ausbildung, Praktika und Beschäftigung von Flüchtlingen sind grundlegend in Asylgesetz, Aufenthaltsgesetz, der Beschäftigungsverordnung sowie im dritten Sozialgesetzbuch (SGB III) geregelt. Um eine geflüchtete Person beschäftigen zu können, spielt in erster Linie der Aufenthaltsstatus der entsprechenden Person eine Rolle. Hierbei kann zwischen drei Personengruppen unterschieden werden:

- Personen mit Aufenthaltstitel bzw. anerkannte Flüchtlinge,
- Asylbewerber sowie
- Geduldete.

Aufenthaltsstatus entscheidend für Arbeitsmarktzugang

Bei Personen, die einen Aufenthaltstitel haben, wurde positiv über den Asylantrag entschieden. Dies bedeutet, dass sie eine Aufenthaltserlaubnis haben. Häufig werden diese Personen im allgemeinen Sprachgebrauch „**anerkannte Flüchtlinge**" genannt. Genau genommen sind aber vier Schutzarten zu unterscheiden: Asylberechtigung, Flüchtlingsschutz, subsidiärer Schutz oder das nationale Abschiebeverbot. Von der Schutzart abhängig erhalten sie eine Aufenthaltserlaubnis mit einer Dauer von ein bis drei Jahren – mit der Möglichkeit zu verlängern oder in einen Daueraufenthalt überzugehen. Anerkannte Flüchtlinge haben uneingeschränkten Zugang zum deutschen Arbeitsmarkt (BAMF, 2016; einzige Ausnahme sind Personen mit Abschiebungsverbot. Der Anteil dieser Gruppe an den anerkannten Flüchtlingen ist jedoch sehr gering. Im Jahr 2015 wurden nur 0,7% der Asylanträge aufgrund des Abschiebeverbotes bewilligt, s. SVR, 2016).

Asylbewerber befinden sich noch im Asylverfahren. Sie haben einen Asylantrag gestellt, es wurde jedoch noch keine Entscheidung getroffen. Diese Personen verfügen über eine Aufenthaltsgestattung, die sie dazu berechtigt, bis zur Entscheidung über den Antrag in Deutschland zu leben. Während dieser Zeit haben sie einen eingeschränkten Zugang zum

Arbeitsmarkt (BAMF, 2016). Das Asylverfahren dauert in der Regel fünf Monate. Bei Asylbewerbern aus Syrien sind es knapp vier Monate Verfahrensdauer (SVR, 2016). Asylbewerber aus sog. **sicheren Herkunftsstaaten**, deren Asylantrag nach dem 31. August 2015 gestellt wurde, dürfen nicht beschäftigt werden. Als sichere Herkunftsstaaten gelten derzeit neben den EU-Mitgliedsstaaten Albanien, Bosnien und Herzegowina, Ghana, Kosovo, Mazedonien, Montenegro, Senegal und Serbien.

Personen, deren Asylantrag abgelehnt wurde, bei denen jedoch die Abschiebung ausgesetzt wurde, erhalten eine Duldung. Wie Asylbewerber auch, haben **Geduldete** einen eingeschränkten Zugang zum Arbeitsmarkt. ◘ Abb. 8.1 stellt den Zugang und die Einschränkungen oder das Verbot der Beschäftigung für die einzelnen Personengruppen dar.

Ein eingeschränkter Zugang zum Arbeitsmarkt bedeutet, dass Geduldete und Asylbewerber nur unter bestimmten Bedingungen beschäftigt werden dürfen. Für ein Praktikum, eine betriebliche Ausbildung oder eine Beschäftigung müssen sie beispielsweise stets die Erlaubnis der lokalen Ausländerbehörde einholen. Unter bestimmten Voraussetzungen ist auch die Zustimmung der lokalen Arbeitsagentur notwendig. Diese wird bei Bedarf von der Ausländerbehörde eingeholt. Die Zustimmung der Arbeitsagentur beinhaltet in erster Linie die Prüfung der Beschäftigungsbedingungen. In wenigen Fällen kann auch eine Vorrangprüfung durchgeführt werden.

Wann Ausländerbehörde und Arbeitsagentur einer Beschäftigung zustimmen müssen

Bei der Vorrangprüfung prüft die Bundesagentur für Arbeit (BA), ob für die Stelle ein bevorrechtigter Arbeitnehmer zur Verfügung steht. Dies sind deutsche Staatsbürger, andere EU-Bürger oder anerkannte Flüchtlinge. Diesen Personen wird eine Stelle dann bevorzugt angeboten. Asylbewerber und Geduldete können das Angebot erst annehmen, wenn alle bevorrechtigten Personen die Stelle abgelehnt haben (BAMF, 2016). Mit dem neuen Integrationsgesetz wurde die Vorrangprüfung in den meisten Arbeitsagenturbezirken zunächst befristet für drei Jahre ausgesetzt (Bundesregierung, 2016).

◘ **Abb. 8.1** Aufenthaltsstaus und Arbeitsmarktzugang

Bei der Prüfung der Beschäftigungsbedingungen stellt die Arbeitsagentur sicher, dass Geflüchtete zu den gleichen Bedingungen (z. B. Gehalt, Arbeitszeit) wie andere Personen eingestellt werden (BAMF, 2016).

Die Lockerung der Vorrangprüfung ist für eine schnellere Integration von Flüchtlingen in Unternehmen sehr zu begrüßen. Erste Zahlen für das Jahr 2016 zeigen jedoch, dass die Vorrangprüfung für viele mehr eine wahrgenommene als eine tatsächliche Hürde für die Beschäftigung von Flüchtlingen ist. In den ersten vier Monaten haben 26 862 Flüchtlinge eine Arbeitserlaubnis beantragt. Lediglich 6,7% der Anträge wurden aufgrund der Vorrangprüfung abgelehnt. Knapp ein Fünftel der Anträge wurde jedoch aufgrund der Arbeitsbedingungen abgelehnt (FAZ, 2016).

Im folgenden Abschnitt werden nun die Möglichkeiten dargestellt, die Unternehmen haben, um geflüchtete Personen über ein Praktikum zu integrieren.

8.2.2 Praktika für Flüchtlinge

Chance Praktikum

Ein Praktikum ist in der Regel für Unternehmen wie Geflüchtete eine gute Möglichkeit, einander kennenzulernen. Gerade bei Flüchtlingen ist dies ein wichtiges Instrument, da es für Unternehmen häufig schwierig ist, Bildungshintergrund, Berufsabschlüsse oder auch bereits erworbene Berufserfahrung richtig einzuschätzen. Im Rahmen eines Praktikums können Unternehmen während eines festgelegten Zeitraums von mehreren Wochen oder Monaten prüfen, inwiefern sich ein Kandidat für eine Berufsausbildung oder direkte Beschäftigung in ihrem Unternehmen eignet.

Wie in ► Abschn. 8.2.1 erläutert, gilt für anerkannte Flüchtlinge ein uneingeschränkter und zustimmungsfreier Arbeitsmarktzugang. Dies bedeutet, dass Unternehmen diese Personen unmittelbar als Praktikanten beschäftigen können. Bei Asylbewerbern und Geduldeten ist in der Regel die Zustimmung der lokalen Ausländerbehörde erforderlich. Je nach Praktikumsart kann es zusätzlich sein, dass die lokale Arbeitsagentur zustimmen muss (für ausführliche Informationen s. KOFA-Handlungsempfehlung „Praktika von Flüchtlingen").

Eine Übersicht mit den wichtigsten rechtlichen Regelungen sowie Fördermöglichkeiten bei Praktika, Ausbildung und Beschäftigung finden Unternehmen im KOFA-Dossier „Flüchtlinge integrieren". Die Übersichten werden regelmäßig aktualisiert: http://www.kofa.de/fileadmin/Dateiliste/Publikationen/Uebersichten/KOFA-Uebersichten_Praktika_Fluechtlinge.pdf

Welche Praktikumsart sich am besten eignet, hängt ganz von den individuellen Rahmenbedingungen ab – d. h. zum einen von den

Vorerfahrungen des Kandidaten und zum anderen von den Möglichkeiten der Unternehmen. Im Folgenden werden vier Praktikumsformen bzw. Qualifizierungsmaßnahmen kurz vorgestellt:

- Eine geeignete Möglichkeit, Flüchtlinge praxisnah im Unternehmen auf eine Ausbildung vorzubereiten, ist die **Einstiegsqualifizierung (EQ)**. In sechs bis zwölf Monaten werden die EQ-Teilnehmer auf einen Ausbildungsberuf vorbereitet. In der Regel finden 70% der Maßnahmen im Unternehmen statt. In Kombination mit einem Deutschkurs kann die Qualifizierungszeit auf 50% reduziert werden. Die EQ kann ab dem 1. August eines Jahres starten und sollte bis zum 31. Juli des Folgejahres abgeschlossen sein. Im Idealfall können die EQ-Absolventen im Anschluss direkt eine Ausbildung beginnen. Unternehmen können sich eine monatliche Vergütung von 231 Euro und einen Beitrag zur Sozialversicherung von 109 Euro von der Agentur für Arbeit erstatten lassen.
- Das **freiwillige Praktikum zur Berufsorientierung** dient dazu, einen Beruf vor Aufnahme eines Studiums oder einer Berufsausbildung kennenzulernen. Geflüchtete können so testen, ob der entsprechende Beruf ihnen gefallen könnte. Gleichzeitig können Unternehmen feststellen, ob der Praktikant zum Unternehmen passt und sich für die entsprechende Tätigkeit eignet. Im Anschluss kann der Betrieb, je nach Bedarf, beispielsweise eine Ausbildung oder eine Einstiegsqualifizierung zur Ausbildungsvorbereitung anbieten. Bei einer Praktikumsdauer von bis zu drei Monaten ist die Vergütung freiwillig. Geht die Praktikumsdauer über drei Monate hinaus, gilt der gesetzliche Mindestlohn bzw. die tarifliche Vergütung rückwirkend ab dem ersten Tag des Praktikums.

Praktika und weitere Maßnahmen

- Eine gute Gelegenheit, in eine Beschäftigung zu starten, ist überdies die **Probebeschäftigung**. Sie eignet sich besonders, um Vorkenntnisse von potenziellen Mitarbeitern einzuschätzen, die zuvor schon berufstätig waren. Unternehmen können die Eignung für eine konkrete Arbeitsstelle im realistischen betrieblichen Umfeld feststellen. Umgangssprachlich häufig als „Schnupperpraktikum" bezeichnet, handelt es sich hierbei im Grunde um ein auf maximal sechs Monate befristetes Arbeitsverhältnis. Sind beide Seiten mit dem Verlauf der Probebeschäftigung zufrieden, kommt eine Festanstellung infrage. Da es sich um ein tatsächliches Arbeitsverhältnis handelt, gilt der Tariflohn bzw. der gesetzliche Mindestlohn (für ausführliche Informationen s. KOFA-Handlungsempfehlung „Beschäftigung von Flüchtlingen").
- Auch eine **Hospitation** kann für Unternehmen eine attraktive Option sein, um einen Flüchtling zunächst einmal kennenzulernen. Es handelt sich hierbei um keinerlei Beschäftigungsverhältnis, da der Hospitant nur bei der Arbeit im Unternehmen zusehen darf, ohne mitzuwirken. Daher sind weder die

Genehmigung der Ausländerbehörde noch der Arbeitsagentur erforderlich. Die Hospitation gestaltet sich im Arbeitsalltag häufig schwierig. Gerade in einem handwerklichen Umfeld lässt sich oft kaum umsetzen, dass tatsächlich nur geschaut und nicht geholfen wird. Da bei einer Hospitation kein Versicherungsschutz besteht, wäre dies im Falle eines Unfalls besonders problematisch. Zudem kann ein Verstoß als illegale Beschäftigung bestraft werden.

» Ich mache nur gute Erfahrungen mit den Flüchtlingen: Sie arbeiten bei uns wie Azubis im ersten Lehrjahr. Die Jugendlichen wollen wirklich etwas lernen. Sie sind sehr offen, wissbegierig und haben Spaß an der Arbeit. (Lene Siemer, Junior-Geschäftsführerin der Bio-Bäckerei „Backstube" aus Bremen über die EQ im Rahmen eines KOFA-Praxisbeispiels http://www.kofa.de/aus-der-praxis/fachkraefte-finden/voller-einsatz-fuer-die-qualifizierung).

Im Rahmen verschiedener bundesweiter und regionaler Initiativen haben Unternehmen die Möglichkeit, ein kurzes Praktikum anzubieten. Die BA hat beispielsweise drei Maßnahmen ins Leben gerufen, die für verschiedene Zielgruppen gestaltet sind: Perspektiven für Flüchtlinge (PerF), Perspektiven für junge Flüchtlinge (PerjuF) und Perspektiven für junge Flüchtlinge im Handwerk (PerjuF-H). In Kombination mit anderen Elementen wie Sprachförderung und Kompetenzfeststellung können Unternehmen so geeignete Kandidaten kennenlernen (BA, 2016; s. auch ► Abschn. 8.3.1).

8.2.3 Ausbildung von Flüchtlingen

Insbesondere für die vielen jungen Flüchtlinge, die in letzter Zeit nach Deutschland gekommen sind, ist eine duale Ausbildung eine große Chance für die langfristige Arbeitsmarktintegration. Grundsätzlich haben neben anerkannten Flüchtlingen auch Asylbewerber und Geduldete die Möglichkeit, eine duale Ausbildung aufzunehmen. Asylbewerber dürfen ab dem vierten Monat des Aufenthaltes und Geduldete ab dem ersten Tag der Duldung mit Zustimmung der lokalen Ausländerbehörde eine Ausbildung aufnehmen. Für die Praxis ist diese Einschränkung in der Regel nicht relevant, weil ein Großteil der Geflüchteten zunächst die notwendigen Sprachkenntnisse erwerben muss und der Ausbildungsstart jährlich fix ist. Ausgeschlossen für die Aufnahme einer Berufsausbildung sind Menschen aus sicheren Herkunftsländern, die einem Arbeitsverbot unterliegen (vgl. ► Abschn. 8.2.1).

Staatliche Fördermaßnahmen

Auch wenn die Ausbildung von Flüchtlingen für Unternehmen eine große Chance für die Nachwuchssicherung ist, ist sie doch auch mit besonderen Herausforderungen verbunden. Oftmals sehen Unternehmen Hürden insbesondere in den mangelnden schulischen und sprachlichen Vorkenntnissen. Hier setzt eine Vielzahl von staatlichen

Fördermaßnahmen an, die Unternehmen und Flüchtlinge gezielt bei einer dualen Ausbildung unterstützen sollen. Doch auch beim Zugang zu den Fördermaßnahmen ist der Aufenthaltsstatus des einzelnen Flüchtlings zu berücksichtigen. Während anerkannte Flüchtlinge Zugang zu allen staatlichen Fördermaßnahmen haben, sind vor allem Geduldete und Asylbewerber stärker eingeschränkt. Seit Inkrafttreten des Integrationsgesetzes erhalten Geduldete jedoch nach zwölf Monaten Aufenthalt Zugang zu ausbildungsbegleitenden Hilfen (abH) und der Assistierten Ausbildung (AsA) sowie nach 15 Monaten Zugang zur Berufsausbildungsbeihilfe (BAB) bei einer betrieblichen Ausbildung. Asylbewerbern mit guter Bleibeperspektive, also aus den Herkunftsländern Irak, Iran, Eritrea, Somalia oder Syrien, stehen mit dem Integrationsgesetz die abH und die AsA nach drei Monaten sowie die BAB ebenfalls nach 15 Monaten offen.

Ausführliche Informationen finden Sie in der KOFA-Handlungsempfehlung „Ausbildung von Flüchtlingen".

Im Folgenden werden die Fördermaßnahmen der Assistierten Ausbildung (AsA), der ausbildungsbegleitenden Hilfen (abH) und der Berufsausbildungsbeihilfe (BAB) kurz vorgestellt. Diese Fördermaßnahmen wurden nicht explizit für Geflüchtete entwickelt, sind aber gerade auch für diese Zielgruppe wichtige Instrumente:

- Für die Ausbildung lernbeeinträchtigter und sozial benachteiligter junger Menschen steht seit 2015 die **Assistierte Ausbildung (AsA)** zur Verfügung. Auszubildende erhalten vor und während der Ausbildung Unterstützung in Form eines Ausbildungsbegleiters. Die Begleitung beinhaltet u. a. fachliche Nachhilfe, Nachhilfe in Deutsch, Training zur Verbesserung der Kommunikationsfähigkeit, Alltagshilfen sowie Kurse zu interkulturellem Verständnis. Die Maßnahmen werden von den Arbeitsagenturen oder Jobcentern finanziert und sind daher für Unternehmen kostenlos.
- Ein weiteres Instrument zur Unterstützung während der Ausbildung sind **ausbildungsbegleitende Hilfen (abH).** Die abH umfassen drei bis acht Wochenstunden Nachhilfeunterricht, Sprachunterricht, eine sozialpädagogische Begleitung sowie Unterstützung bei Problemen im sozialen Umfeld. Die einzelnen Unterstützungsmaßnahmen werden in einem individuellen Förderplan festgelegt. Auch die abH ist für Unternehmen ein kostenloses Instrument, das die Agenturen für Arbeit und Jobcenter finanzieren.
- Häufig stehen auch finanzielle Aspekte einer betrieblichen Ausbildung im Wege. Gerade bei Flüchtlingen, die vielleicht noch eine Familie im Heimatland finanziell unterstützen müssen, ist dies ein wichtiger Aspekt. Auszubildende können deshalb finanzielle Unterstützung erhalten, sofern eine Unterbringung

außerhalb des Elternhauses notwendig ist. Die **Berufsausbildungsbeihilfe (BAB)** sichert den Lebensunterhalt, sobald die Ausbildungsvergütung nicht ausreicht. Dementsprechend hängt auch die Förderhöhe vom Ausbildungsgehalt, anfallenden Fahrtkosten und monatlichen Mietkosten ab.

8.2.4 Beschäftigung von Flüchtlingen

Für Geflüchtete, die bereits über einen Studien- oder einen Berufsabschluss verfügen oder für die eine Ausbildung beispielsweise aus Altersgründen nicht mehr infrage kommt, kann eine direkte Beschäftigung möglich sein. Je nach vorhandenen Kompetenzen können im Unternehmen während einer Beschäftigung auch noch Maßnahmen zur Nachqualifizierung durchgeführt werden. Zunächst gilt jedoch zu prüfen, welche Voraussetzungen für eine Beschäftigung erfüllt sind (vgl. ► Abschn. 8.2.1). Während für anerkannte Flüchtlinge keinerlei Einschränkungen auf dem Arbeitsmarkt zu beachten sind, muss die Ausländerbehörde bei der Beschäftigung von Asylbewerbern und Geduldeten immer ihre Zustimmung geben. In den meisten Fällen muss auch die Arbeitsagentur der Beschäftigung zustimmen (für ausführliche Informationen siehe KOFA-Handlungsempfehlung „Beschäftigung von Flüchtlingen"). Die Art der Zustimmung hängt davon ab, welche Qualifikation für die Stelle vorgesehen ist (abgeschlossene Berufsausbildung, Akademiker, kein Berufsabschluss) und ob es sich bei der Stelle um einen Mangelberuf handelt. Differenzierte Informationen liefert die KOFA-Übersicht „Beschäftigung von Flüchtlingen".

> KOFA-Praxisbeispiele zeigen, wie KMU die Integration von Flüchtlingen gemeistert haben: http://www.kofa.de/themen-von-a-z/fluechtlinge/praxisbeispiele.

Häufig verläuft der Weg für Flüchtlinge in eine Beschäftigung über ein Praktikum. Dies ermöglicht ein gegenseitiges Kennenlernen und Unternehmen erfahren, ob der Flüchtling die für die Stelle notwendigen Kompetenzen mitbringt.

Möglichkeiten der Qualifikation

Während einer Beschäftigung haben Unternehmen die Möglichkeit, Flüchtlinge – wie alle anderen Mitarbeiter auch – weiter zu qualifizieren. Um vorhandene Kompetenzen schrittweise weiterzuentwickeln, sind insbesondere für Flüchtlinge **Teilqualifikationen** eine wichtige Möglichkeit. Mitarbeiter werden dann in standardisierten Einheiten als Teile eines anerkannten Ausbildungsberufes weiterqualifiziert. Diese können bis zu sechs Monaten dauern und werden am Ende geprüft und zertifiziert. Absolventen von Teilqualifikationen können dann anspruchsvollere Aufgaben übernehmen und im Idealfall durch Ablegen der **Externenprüfung** einen anerkannten Berufsabschluss erreichen. Teilqualifikationen werden in der Regel von der BA, einigen Industrie- und Handelskammern (IHK) und den Bildungswerken der Wirtschaft angeboten. Letztere haben sich in der Initiative „Eine TQ besser" zusammengeschlossen. Angebote zu Teilqualifikationen und anderen Weiterbildungsmaßnahmen finden Interessenten auf dem Aus- und Weiterbildungsportal der Bundesagentur für Arbeit (www.kursnet.arbeitsagentur.de).

Flüchtlinge, die aus dem Ausland bereits einen Berufsabschluss mitbringen, können einen Antrag auf Anerkennung stellen. Nach Durchführung einer **Gleichwertigkeitsprüfung** stellt die zuständige Stelle dann eine volle Gleichwertigkeit, eine teilweise Gleichwertigkeit oder auch keine Gleichwertigkeit fest. Liegt eine teilweise Gleichwertigkeit vor, gibt es die Möglichkeit, dass Flüchtlinge im Rahmen einer Anpassungsqualifizierung zur Anerkennung des im Ausland erworbenen Berufsabschlusses nachträglich noch die volle Gleichwertigkeit erhalten (weitere Informationen zu ausländischen Abschlüssen s. ► Abschn. 8.3.2).

Auch für die Weiterbildung von Flüchtlingen in Unternehmen gibt es Fördermaßnahmen, die Teilnehmer und Unternehmen finanziell entlasten können. Eine davon ist das Programm „Weiterbildung Geringqualifizierter und beschäftigter älterer Arbeitnehmer in Unternehmen" (**WeGebAU**), das Weiterbildungskosten fördert und einen Zuschuss zum Arbeitsentgelt gewährt. Die Fördergrundlage ist im SGB III festgehalten, weshalb sowohl anerkannte Flüchtlinge als auch Asylbewerber und Geduldete die Leistungen empfangen können. Den Mitarbeitern werden die Lehrgangskosten dann ganz oder teilweise erstattet und eventuell auch ein Zuschuss zu den übrigen Weiterbildungskosten (z. B. Fahrtkosten) gezahlt. Für KMU mit weniger als 250 Beschäftigten gelten wiederum besondere Förderbedingungen. Ein weiteres wichtiges Instrument für die Förderung der Beschäftigung von Flüchtlingen in Unternehmen ist der **Eingliederungszuschuss** für die Eingliederung förderungsbedürftiger Mitarbeiter. Den Zuschuss erhalten Arbeitgeber als Ausgleich für eine Minderleistung dann, wenn die Arbeitsvermittlung wegen in der Person liegenden Gründen erschwert ist (ausführliche Informationen zu Fördermöglichkeiten ebenfalls in der KOFA-Handlungsempfehlung „Beschäftigung von Flüchtlingen"). Grundsätzlich sollten Unternehmen mit ihrer zuständigen Agentur für Arbeit sprechen, um Fördermöglichkeiten für die Beschäftigung von Flüchtlingen abzuklären.

8.3 Wie können Unternehmen die Kontaktaufnahme und Bewerberauswahl gestalten?

8.3.1 Kontaktwege für Unternehmen zu Flüchtlingen

Beim Kompetenzzentrum Fachkräftesicherung melden sich häufig an der Integration von Geflüchteten interessierte Unternehmen, denen jedoch ein konkreter Anknüpfungspunkt fehlt. „Wo finden wir überhaupt Geflüchtete als potenzielle Kandidaten?", diese Frage treibt gerade KMU oft um. Es gibt vielfältige Wege für Unternehmen, um Kontakt mit Flüchtlingen aufzunehmen. ◻ Abb. 8.2 zeigt beispielhaft Wege auf, wie Unternehmen mögliche Kandidaten für eine Ausbildung

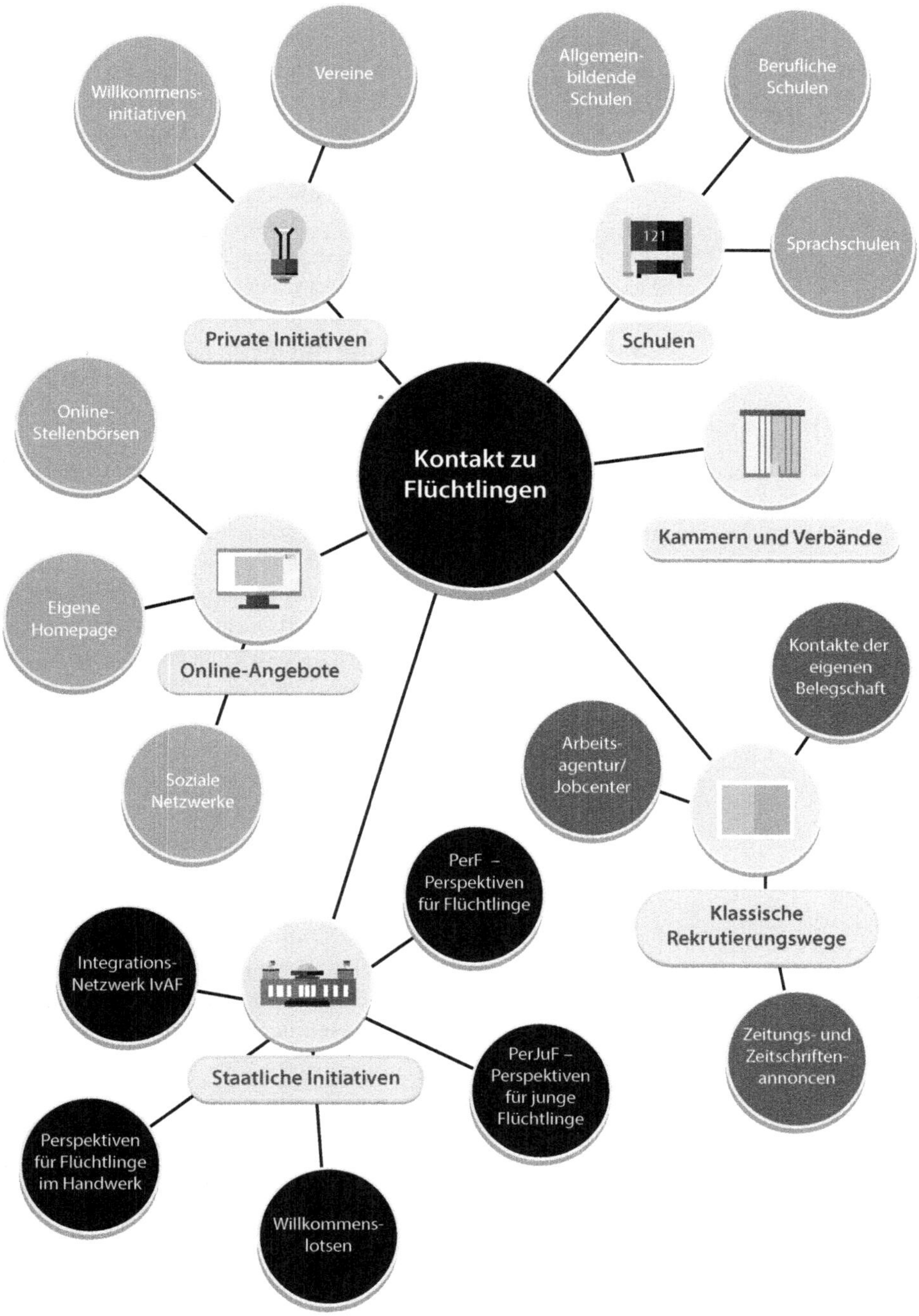

◻ **Abb. 8.2** Kontaktwege für Unternehmen zu Flüchtlingen. (KOFA)

oder Beschäftigung finden können. Hierbei ist zu berücksichtigen, dass die Gegebenheiten regional sehr unterschiedlich sein können und Unternehmen die verschiedenen Wege somit in unterschiedlicher Intensität nutzen können.

Willkommenslotsen unterstützen vor Ort

Welcher Kontaktweg am ehesten zu einem geeigneten Kandidaten führt, hängt von der Art der gewünschten Beschäftigung ab. Kontakt zu potenziellen Auszubildenden können Unternehmen beispielsweise über allgemeinbildende Schulen herstellen. Auch Jugendmigrationsdienste sind eine wichtige Anlaufstelle. Suchen Unternehmen jedoch eher Flüchtlinge mit Berufserfahrung, bieten sich eher Sprachschulen an. Hier werden Integrationskurse angeboten, die Flüchtlingen mit guter Bleibeperspektive offenstehen. Aber auch an private Initiativen können sich Unternehmen wenden. Da in den vergangenen Jahren sehr viele hilfsbedürftige Zuwanderer nach Deutschland kamen, haben sich zahlreiche Menschen engagiert und überall in der Bundesrepublik wurden Willkommensinitiativen gegründet. Die Ehrenamtler kennen einzelne Personen gut und sind daher gute Ansprechpartner für KMU. Darüber hinaus gibt es viele staatliche Initiativen, an die Betriebe anknüpfen können. Neben PerF, PerjuF und PerjuF-H (vgl. ► Abschn. 8.2.2) gibt es zahlreiche andere bundesweite und regionale Initiativen, die beispielsweise Sprachkurse und Maßnahmen zur Qualifizierung miteinander verknüpfen. Betriebe haben dann die Möglichkeit, jemanden zunächst über ein Praktikum kennenzulernen. Darauf kann das Unternehmen dann aufbauen und nächste Schritte mit Kandidaten in Erwägung ziehen, die gut ins Team passen. Besonders hilfreich sind die Willkommenslotsen, die KMU deutschlandweit bei der Integration von Flüchtlingen in Beschäftigung und Qualifizierung unterstützen. Sie können Unternehmen auch geeignete Kandidaten vermitteln. Das KOFA hat eine Übersicht über wichtige Initiativen erstellt, aus der Unternehmen anhand verschiedener Kriterien die für sich passenden herausfiltern können. Ein kurzer Steckbrief stellt die jeweilige Initiative vor und nennt einen Ansprechpartner (KOFA, 2016a). Auch klassische Rekrutierungswege wie die Ausschreibung von Stellen über die Arbeitsagentur oder das Veröffentlichen von Anzeigen können erfolgreich sein. Unternehmen können auch auf eine Vielzahl von Online-Angeboten zurückgreifen. Neben der eigenen Unternehmenshomepage können Online-Stellenbörsen genutzt werden. Die Online-Plattform www.workeer.de ist beispielsweise konkret auf die Zielgruppe Flüchtlinge ausgerichtet (weitere Informationen im KOFA-Dossier „Flüchtlinge integrieren/Kontakt zu Flüchtlingen" unter www.kofa.de/fluechtlinge).

8.3.2 Auswahl geeigneter Kandidaten

Überfachliche Auswahlverfahren für Flüchtlinge werden in ► Kap. 5 und ► Kap. 6 vorgestellt. Bei Bewerbern, die aus dem Ausland nach Deutschland gekommen sind, haben Unternehmen die zusätzliche Herausforderung, ausländische Schul- und Berufsabschlüsse einschätzen und auch bereits erworbene Berufserfahrung einordnen zu müssen. Dies ist wichtig, um herauszufinden, ob und wie der Kandidat im Unternehmen bestmöglich eingesetzt werden kann. Auch die Erfassung der aktuellen Sprachkenntnisse ist ein wichtiges Kriterium.

- **Sprachkenntnisse**

Sprachkenntnisse

Gerade bei geflüchteten Personen steht vor der Bewertung der fachlichen Eignung noch die Einschätzung der sprachlichen Vorkenntnisse. Wie in ► Abschn. 8.1 dargelegt, sehen acht von zehn Unternehmen in mangelnden Sprachkenntnissen eines der größten Hemmnisse bei der Integration. Hierbei zeigen sich Branchenunterschiede: Während im verarbeitenden Gewerbe der Anteil der Unternehmen, die Sprachkenntnisse als ein großes Hemmnis bezeichnen, bei 73,6% liegt, ist der entsprechende Anteil im Bereich Dienstleistung und Bau bei 80,2%. Neben dem gesprochenen Wort sind Grundkenntnisse im Schreiben und Lesen notwendig. So ist es beispielsweise wichtig, dass Flüchtlinge in der Lage sind, Sicherheitsanweisungen, die im Betrieb aushängen, lesen zu können. Und ganz besonders auch Auszubildende müssen ein Mindestmaß an Sprachkenntnissen vorweisen können, um auch in der Berufsschule dem Inhalt folgen zu können und Prüfungen – schriftlich wie mündlich – erfolgreich zu bestehen. Für eine Ausbildung wird mindestens das Niveau B1 des gemeinsamen Europäischen Referenzrahmens, also fortgeschrittene Sprachkenntnisse, empfohlen.

Exkurs: Niveaus enzrahmens für Sprachen

Niveau	Bedeutung
A1	Die Person kann alltägliche, vertraute Ausdrücke sowie ganz einfache Sätze verstehen und verwenden. Hierzu gehören beispielsweise die Frage nach dem Wohnort und deren Beantwortung.
A2	Die Person ist in der Lage, Sätze und häufig gebrauchte Ausdrücke zu verstehen, die mit den wesentlichen Bereichen des unmittelbaren Alltags zu tun haben. Hierzu gehört beispielsweise die Beschreibung des eigenen Arbeitsplatzes bzw. der Ausbildung.
B1	Die Person versteht die wichtigsten Inhalte bei Verwendung einer klaren Standardsprache, wenn es um vertraute Dinge bei der Arbeit, Schule oder Freizeit geht. So kann sich die Person in einfacher Form und zusammenhängend über vertraute Themen und persönliche Interessensgebiete äußern, beispielsweise darüber, welche Ziele sie verfolgt.
B2	Die Person kann die wichtigsten Inhalte komplexer Texte verstehen und versteht im eigenen Spezialgebiet, beispielsweise in der Berufsschule, auch Fachdiskussionen. Die Person ist in der Lage, sich so spontan und fließend zu verständigen, dass ein Gespräch mit Muttersprachlern ohne größere Anstrengung auf beiden Seiten gut möglich ist.
C1	Die Person versteht ein breites Spektrum an anspruchsvollen, längeren Texten und kann auch implizite Bedeutungen wahrnehmen, die nicht offen ausgedrückt werden. Zudem ist die Person in der Lage, spontan und fließend – beispielsweise am Arbeitsplatz – zu sprechen und sich über komplexe Themen zu äußern.
C2	Die Person kann praktisch alles, was sie liest und hört, ohne Mühe verstehen. Sie kann sich spontan, sehr flüssig und genau ausdrücken.

Weitere Informationen unter http://www.europaeischer-referenzrahmen.de/.

Unternehmen haben verschiedene Möglichkeiten, sich ein Bild von dem Sprachniveau des Bewerbers zu machen. Ein Beleg für das Sprachniveau können einerseits Zertifikate von Sprachschulen sein. Am besten werden Deutschkenntnisse allerdings in einem persönlichen Gespräch sichtbar. Stimmen Chemie und berufliche Interessen zwischen Unternehmen und Flüchtling überein, sind die Sprachkenntnisse jedoch noch nicht ausreichend, kann gemeinsam überlegt werden, wie der Flüchtling auch während seiner Beschäftigung seine Sprachkenntnisse verbessern kann. Ist das Unternehmen daran interessiert, den Flüchtling auszubilden, kann auch eine Vorbereitungszeit während einer Einstiegsqualifizierung (vgl. ► Abschn. 8.2.2) für eine Verbesserung der Sprachkenntnisse genutzt werden.

Unterschiedliche Sprachprogramme

Zu den wichtigsten Sprachprogrammen für beschäftigte Flüchtlinge gehört derzeit das ESF-BAMF-Programm „Berufsbezogene Deutschförderung". Das ESF-BAMF-Sprachprogramm läuft Ende 2017 aus. Der Bund hat bereits zum Juli 2016 mit der „Berufsbezogenen Deutschsprachförderung" ein Regelinstrument eingeführt, mit dem die berufsbezogene Sprachförderung für Menschen mit Migrationshintergrund weitergeführt und ausgebaut wird. Neben Basismodulen gibt es vermehrt Spezialmodule, die beispielsweise speziell für Pflege- oder kaufmännische Berufe relevante Deutschkenntnisse vermitteln. Darüber hinaus gibt es bundesweit ein breites Sprachkursangebot von Dienstleistern. Die regional passenden Angebote können Unternehmen beispielsweise über ihren Ansprechpartner bei der lokalen Agentur für Arbeit erfragen. Darüber hinaus wächst das Angebot an Online-Instrumenten zum selbstständigen Spracherwerb kontinuierlich. Dies können Flüchtlinge über das Internet oder eine Handy-App nutzen. Die Online-Plattform „Ich will Deutsch lernen" (www.iwdl.de) ist ein Beispiel für eine kostenfreie Online-Lernplattform des Deutschen Volkshochschulverbands e. V. (DVV). Das Angebot reicht von Grundkenntnissen bis hin zu berufsspezifischen Inhalten. Auch das Goethe-Institut sowie das IQ-Netzwerk haben ein breites Angebot zum Spracherwerb (weitere Informationen im KOFA-Dossier „Flüchtlinge integrieren/Sprachförderung" unter www.kofa.de/fluechtlinge).

■ Ausländische Berufsabschlüsse

Für Unternehmen ist die Einordnung der schulischen und beruflichen Kenntnisse von Flüchtlingen häufig ein großes Hemmnis. Rund die Hälfte aller Unternehmen sehen hier Schwierigkeiten – KMU noch häufiger als große Unternehmen (IW Köln, 2016). Unternehmen haben eine Vorstellung davon, welche Kompetenzen Bewerber mit einem deutschen Schulabschluss oder einer in Deutschland absolvierten dualen Ausbildung mitbringen. Ausländische Bildungssysteme unterscheiden sich oftmals stark vom deutschen Bildungssystem und eine Einordnung der Bewerbungsunterlagen und Zeugnisse – sofern diese überhaupt vorhanden sind – ist für Personalverantwortliche in Unternehmen häufig schwierig. Um sich ein genaueres Bild des Kandidaten zu machen, müssen Unternehmen sich intensiver mit den mitgebrachten

Qualifikationen auseinandersetzen. Und auch hier gilt, dass ein persönliches Kennenlernen viele Fragen und Unklarheiten klären kann.

Die vielen Geflüchteten, die im Jahr 2015 nach Deutschland kamen, haben sehr unterschiedliche Bildungshintergründe – je nach Herkunftsland, Region, Alter oder auch Geschlecht. Entgegen der weit verbreiten öffentlichen Wahrnehmung gibt es viele Flüchtlinge, die über einen guten Bildungsstand verfügen. So haben 27% der volljährigen syrischen Antragsteller eine Hochschule besucht. Bei iranischen Antragstellern liegt der Wert bei knapp 35% (Rich, 2016; von Radetzky & Stoewe, 2016). Ohne Frage gibt es jedoch unter den geflüchteten Menschen, die mittlerweile in Deutschland leben, auch viele, die nicht einmal einen Schulabschluss haben. So hatten laut der IAB-BAMF-SOEB-Befragung von Geflüchteten aus dem Jahr 2016 10% der Flüchtlinge, die zwischen 2013 und 2016 nach Deutschland kamen, nur eine Grundschule und weitere 9% gar keine Schule besucht (IAB, 2016).

Erschwerend für die Vergleichbarkeit von ausländischen Berufsqualifikationen mit deutschen Berufsqualifikationen kommt hinzu, dass die berufliche Bildung in vielen Herkunftsländern keinen vergleichbaren Stellenwert wie in Deutschland hat. Oftmals haben die Berufsbildungssysteme auch einen stark non-formalen Sektor oder es wird informell ausgebildet, sodass die Ausbildung durch das Prinzip „learning by doing" geprägt wird. Dies bedeutet, dass auch nach jahrelanger Ausbildung zum Maurer womöglich kein schriftlicher Nachweis über die erworbenen Fähigkeiten vorliegt oder aber das ausgestellte Dokument nur schwer zu interpretieren ist. Um ein Gespür dafür zu bekommen, wie die praktischen Fähigkeiten des Bewerbers aussehen, können Unternehmen und Flüchtlinge ein Praktikum oder Probearbeiten vereinbaren (vgl. auch ▶ Kap. 7 zu Arbeitsprobenverfahren). In dieser Zeit haben beide Seiten die Möglichkeit, einander kennenzulernen. Betriebe können die Fähigkeiten und das Potenzial deutlich besser einschätzen und so herausfinden, ob eine Person für eine anschließende Beschäftigung geeignet ist.

Anerkennung ausländischer Abschlüsse

Liegt ein im Ausland erworbener formaler Berufsabschluss vor, kann der Flüchtling einen Antrag auf die Anerkennung seines Abschlusses stellen. Seit Inkrafttreten des sog. Anerkennungsgesetzes im Jahr 2012 haben alle Personen mit einem ausländischen Berufsabschluss – unabhängig von Staatsangehörigkeit und Aufenthaltsstatus – einen Rechtsanspruch, ihre Berufsqualifikation von einer zuständigen Stelle (z. B. der Handwerkskammer oder der Industrie- und Handelskammer) auf Gleichwertigkeit mit einem deutschen Referenzberuf prüfen zu lassen. Bei reglementierten Berufen ist die Anerkennung des Abschlusses Voraussetzung für die Berufsausübung, während dies bei nichtreglementierten Berufen – hierunter fallen vor allem die dualen Aus- und Fortbildungsberufe – nicht der Fall ist. Der Gleichwertigkeitsbescheid ist aber auch bei nichtreglementierten Berufen für die Arbeitsmarktintegration sehr hilfreich. Unternehmen können sich anhand der auf dem Bescheid ausgewiesenen vorhandenen Kenntnisse und eventuellen wesentlichen Unterschieden zur deutschen Referenzqualifikation ein genaues Bild über die Kompetenzen eines Bewerbers machen, um ihn so entsprechend seiner Fähigkeiten einsetzen zu können und den potenziellen Bedarf einer Weiterbildung oder Anpassungsqualifizierung bestimmen zu können. Informationen zum Ablauf des Anerkennungsverfahrens und wie Unternehmen das Verfahren unterstützen und davon profitieren können, erfahren Sie auf dem BQ-Portal in der Rubrik „Für Unternehmen".

Das BQ-Portal ist das Informationsportal für ausländische Berufsqualifikationen und Berufsbildungssysteme

Das BQ-Portal ist das Informationsportal für ausländische Berufsqualifikationen und Berufsbildungssysteme. Die Wissens- und Arbeitsplattform unterstützt zuständige Stellen wie die Kammern und Unternehmen, um ausländische Aus- und Fortbildungsabschlüsse besser bewerten und einschätzen zu können: www.bq-portal.de.

Auch über das formale Anerkennungsverfahren hinaus haben Unternehmen die Möglichkeit, sich über die Inhalte der ausländischen Berufsqualifikation zu informieren und sich selbst ein erstes Bild zu machen. Hierfür bietet das BQ-Portal neben Berufs- und Länderinformationen zusätzlich auch Ländersteckbriefe zu den wichtigsten Flüchtlingsherkunftsländern an, auf Basis derer Unternehmen sich schnell und unkompliziert einen ersten Überblick verschaffen können. Sie finden Informationen zum Bildungsstand in den Ländern, zur Zuwanderung nach und Integration in Deutschland, den wichtigsten Charakteristika der jeweiligen Berufsbildungssysteme sowie Erfahrungsberichte über die Arbeitsmarktintegration von Flüchtlingen durch das Anerkennungsverfahren.

Da auch in vielen Flüchtlingsherkunftsländern Berufsqualifikationen in nichtakademischen Berufen informell erworben werden, wird der Bedarf an entsprechenden Anerkennungsmöglichkeiten größer. Zwar gibt es seit Jahren vereinzelt Bemühungen, auch informell erworbene Kompetenzen anerkennen zu lassen, allerdings konnte sich noch kein Verfahren ausreichend etablieren. Aktuell werden zahlreiche Projekte mit dem Ziel der Anerkennung informell und non-formal erworbenen Wissens gefördert, u. a. von der Bundesagentur für Arbeit, dem Bundesministerium für Bildung und Forschung und den Kammern (Jambo, 2016).

8.4 Wie können Unternehmen eine Willkommenskultur gestalten?

Damit die Integration von Flüchtlingen und Unternehmen langfristig erfolgreich ist, ist eine gelebte Willkommenskultur notwendig. Eine Willkommenskultur bezeichnet eine positive Haltung gegenüber Migranten. Nur so können Flüchtlinge sich willkommen fühlen. Wenn die gegenseitige Wertschätzung fest im Unternehmen verankert ist, können alle Beteiligten von der neu gewonnenen Vielfalt profitieren. Damit geht auch das Thema Diversity Management einher, sprich die aktive Gestaltung von Vielfalt im Unternehmen: angefangen beim Recruiting bis hin zur Personalentwicklung. Unternehmen gewinnen die Chance, ihr Image als modernes, aufgeschlossenes Unternehmen zu verbessern und erhöhen so ihre Attraktivität als Arbeitgeber. Es gibt verschiedene Möglichkeiten im Unternehmen, das Bewusstsein für Willkommenskultur zu stärken – sowohl während der Arbeitszeit als auch außerbetrieblich: Im Unternehmensleitbild kann ein explizites Bekenntnis zu Vielfalt enthalten sein, es kann Leitfäden zum wertschätzenden Miteinander geben oder es können interkulturelle Veranstaltungen wie gemeinsame Koch-Events organisiert werden. Ein Erfolgsfaktor für eine schnelle Integration des Geflüchteten im Unternehmen ist beispielsweise auch das Ernennen eines Mentors. Ein Mentor ist die zentrale Ansprechperson für den Flüchtling und unterstützt ihn bei der Einarbeitung. Auch die Unterstützung bei Alltagsfragen wie der Wohnungssuche oder bei Behördengängen kann dazu beitragen, dass sich der Flüchtling nicht nur betrieblich, sondern auch gesellschaftlich schneller integriert.

Stärkung der Willkommenskultur im Unternehmen

Die Stärkung von interkulturellen Kompetenzen im Unternehmen ist wichtig, um eine Willkommenskultur aufbauen zu können. Kulturelle Vielfalt bedeutet zu einem gewissen Grad auch das Aufeinanderstoßen verschiedener Verhaltensweisen und Werte. Nur wenn im Unternehmen hierfür eine Sensibilität besteht, kann die Integration gelingen. Im Unternehmen muss eine Bereitschaft bestehen, sich mit der eigenen und der neuen Sichtweise kritisch auseinanderzusetzen und es muss ein Verständnis für Unterschiede zwischen der eigenen und fremden Kultur vorliegen. Auch religiöse Verhaltensweisen, die im Alltag sichtbar sind, spielen hier eine Rolle. Um dies zu meistern gibt es verschiedene Möglichkeiten. Eine Weiterbildung zum Thema „interkulturelle Kompetenz" für das Unternehmen oder einzelne Mitarbeitergruppen (z. B. Führungskräfte oder Mentoren) kann ein erster Schritt sein. Unabhängig davon ist eine offene Kommunikationskultur der Schlüssel für eine erfolgreiche Integration. Zum einen muss bereits im Vorfeld intensiv mit der geflüchteten Person gesprochen werden. Auf der einen Seite ist das eine Möglichkeit für das Unternehmen, sich besser vorzustellen, und auf der anderen Seite kann das Unternehmen so mehr über die geflüchtete Person und ihre Wünsche und Erwartungen erfahren. Nur so können Unterschiede auch thematisiert und gemeinsam Lösungen gesucht werden. Gleichzeitig muss im Unternehmen die Belegschaft mit einbezogen werden. Zum einen muss ihr der Nutzen von Vielfalt aufgezeigt werden, aber es müssen auch Sorgen und Ängste so früh wie möglich abgebaut werden. Die Kommunikation nach außen spielt hier ebenfalls eine große Rolle. Die Mitgliedschaft in Initiativen wie beispielsweise der „Charta der Vielfalt" (www.charta-der-vielfalt.de) oder dem NETZWERK Unternehmen integrieren Flüchtlinge (www.unternehmen-integrieren-fluechtlinge.de) bietet Unternehmen die Möglichkeit, sich in regelmäßigen Treffen mit Gleichgesinnten auszutauschen. Der Beitritt kann sich dann positiv auf das Unternehmensimage auswirken.

8.5 Fazit

Unternehmen sind ganz zentrale Akteure bei der Integration von Flüchtlingen, da die betriebliche und die gesellschaftliche Integration häufig Hand in Hand gehen. Die Aufgabe, Flüchtlinge in Ausbildung und Beschäftigung zu integrieren, ist jedoch nicht trivial und stellt Unternehmen vor zum Teil große Herausforderungen. Gleichzeitig bietet die Integration von Flüchtlingen den Unternehmen jedoch ein großes Potenzial, Fachkräfte zu finden und die Vielfalt im Unternehmen zu stärken. Letzteres kann Produktivität und Innovationskraft von Unternehmen steigern und einen wichtigen Beitrag zur Verbesserung des Images als Arbeitgeber leisten.

Viele Herausforderungen, vor denen Unternehmen stehen, lassen sich mit gezielten Informationen und passgenauen Unterstützungsangeboten meistern. Der vorliegende Beitrag geht auf zentrale Herausforderungen ein und zeigt auf, welche Unterstützung Portale wie das Kompetenzzentrum Fachkräftesicherung (KOFA) und das BQ-Portal, das Informationsportal für ausländische Berufsqualifikationen, leisten können.

Bei der Beschäftigung und Qualifizierung von Flüchtlingen sind die Frage nach dem Aufenthaltsstatus und die damit verbundenen rechtlichen Bedingungen der Beschäftigung entscheidend. Doch gerade die zahlenmäßig stärkste Gruppe der anerkannten Flüchtlinge bietet ein großes Potenzial, da sie keinerlei Einschränkungen beim Zugang zum Arbeitsmarkt unterliegt. Der vorliegende Artikel skizziert die wichtigsten rechtlichen Regelungen und zeigt auf, wie Unternehmen mit Geflüchteten in Kontakt treten können. Eine große Hürde sind häufig mangelnde Sprachkenntnisse. Für eine erfolgreiche Integration in Unternehmen ist eine gemeinsame Sprache ein ganz zentraler Faktor. Es zeigt sich, dass die Angebote zum Spracherwerb im letzten Jahr stark aufgestockt wurden. Nach wie vor besteht Handlungsbedarf, was die Kapazitäten an Sprachunterricht betrifft, doch die Entwicklung geht in die richtige Richtung. Darüber hinaus werden zukünftig vermehrt Möglichkeiten und Instrumente gefragt sein, um die beruflichen Kompetenzen der Flüchtlinge, die häufig nicht über einen formalen Bildungsverlauf erworben wurden, besser einschätzen zu können. Damit geht einher, dass Unternehmen bei der Auswahl geeigneter Kandidaten neue Wege gehen und sich neuen Zielgruppen öffnen müssen.

Nicht zuletzt ist es für Unternehmen entscheidend, dass sie eine Willkommenskultur gestalten und mit Leben füllen. Flüchtlinge sind aus den Herkunftsländern ein anderes Arbeitsumfeld gewohnt und benötigen Unterstützung dabei, sich den Strukturen deutscher Betriebe anzupassen. Sprachliche Barrieren und kulturelle Unterschiede können diesen Prozess erschweren. Damit die Integration erfolgreich sein kann, müssen die Mitarbeiter entsprechend vorbereitet werden. Die Entwicklung interkultureller Kompetenzen ist hierbei von zentraler Bedeutung. Denn wenn alle mit anpacken, kann die Integration langfristig gelingen. Gemeinsame Aktivitäten können nicht nur dazu beitragen, dass sich ausländische Mitarbeiter wohl fühlen, sie haben auch einen enormen Effekt auf das Betriebsklima insgesamt.

Literatur

Berger, S., & Jambo, S. (2016). Beschäftigung von Flüchtlingen. Handlungsempfehlung im Rahmen des vom Bundesministerium für Wirtschaft und Energie geförderten Kompetenzzentrum Fachkräftesicherung (KOFA), Köln. www.kofa.de/fluechtlinge/handlungsempfehlung-beschaeftigung.

BQ-Portal (2016). Das Informationsportal für ausländische Berufsqualifikationen. http://www.bq-portal.de. Zugegriffen: 28. Juli 2016

Brücker, H., Fendel, T., Kunerts, A., Mangold, U., Siegert, M., & Schupp, J. (2016). Geflüchtete Menschen in Deutschland – Warum sie kommen, was sie mitbringen und welche Erfahrungen sie machen. *IAB-Kurzbericht 15/2016*, Nürnberg.

Bundesagentur für Arbeit – BA (2015). Ausbildungsstellenmarkt. Bewerber und Berufsausbildungsstellen September 2015. https://statistik.arbeitsagentur.de/Navigation/Statistik/Statistik-nach-Themen/Ausbildungsstellenmarkt/Ausbildungsstellenmarkt-Nav.html. Zugegriffen: 21. Juli 2016

Bundesagentur für Arbeit – BA (2016). Angebot Perspektiven für Flüchtlinge – PerF. https://www.arbeitsagentur.de/web/content/DE/BuergerinnenUndBuerger/ArbeitundBeruf/ArbeitsJobsuche/ArbeitinDeutschland/Asylbewerber/Detail/index.htm?dfContentId=L6019022DSTBAI819890. Zugegriffen: 25. Februar 2017

Bundesamt für Migration und Flüchtlinge – BAMF (2016). FAQ: Zugang zum Arbeitsmarkt für geflüchtete Menschen. http://www.bamf.de/DE/Infothek/FragenAntworten/ZugangArbeitFluechtlinge/zugang-arbeit-fluechtlinge-node.html. Zugegriffen: 25. Februar 2017

Bundesamt für Migration und Flüchtlinge – BAMF (2017). Aktuelle Zahlen zu Asyl, Ausgabe: Januar 2017. http://www.bamf.de/SharedDocs/Anlagen/DE/Downloads/Infothek/Statistik/Asyl/aktuelle-zahlen-zu-asyl-januar-2017.pdf?__blob=publicationFile. Zugegriffen: 22. Februar 2017

Bundesregierung (2016). Grünes Licht im Bundesrat. Integrationsgesetz setzt auf Fördern und Fordern. https://www.bundesregierung.de/Content/DE/Artikel/2016/05/2016-05-25-integrationsgesetz-beschlossen.html Zugegriffen: 25. Februar 2017

Bußmann, S. (2015). Fachkräfteengpässe in Unternehmen: Der Ausbildungsmarkt in Engpassberufen. Studie 3/2015, Gutachten Köln.

Bußmann, S., Metzler, C., Werner, D. (2016). Ausbildung von Flüchtlingen, Handlungsempfehlung im Rahmen des vom Bundesministerium für Wirtschaft und Energie geförderten Kompetenzzentrum Fachkräftesicherung (KOFA), Köln, www.kofa.de/fluechtlinge/handlungsempfehlung-ausbildung. Zugegriffen: 04. August 2016

Institut der deutschen Wirtschaft Köln – IW Köln (2016). Zu den gesamtwirtschaftlichen Auswirkungen der aktuellen Flüchtlingsmigration. Stellungnahme zur Anhörung des Bundestagsausschusses für Wirtschaft und Energie am 16. März 2016 in Berlin. http://www.iwkoeln.de/studien/gutachten/beitrag/michael-huether-wido-geis-zu-den-gesamtwirtschaftlichen-auswirkungen-der-aktuellen-fluechtlingsmigration-273082. Zugegriffen: 25. Februar 2017

Institut für Arbeitsmarkt und Berufsforschung - IAB (2015). Flüchtlinge und andere Migranten am deutschen Arbeitsmarkt: Der Stand im September 2015. Aktuelle Berichte 14/2015. http://doku.iab.de/aktuell/2015/aktueller_bericht_1514.pdf. Zugegriffen: 21. Juli 2016

Institut für Arbeitsmarkt und Berufsforschung – IAB (2016). IAB-BAMF-SOEP-Befragung von Geflüchteten: Überblick und erste Ergebnisse. IAB-Forschungsbericht 14/2016. http://doku.iab.de/forschungsbericht/2016/fb1416.pdf. Zugegriffen: 25. Februar 2017

Jambo, S. (2016). Kompetenzerfassung – eine Herausforderung für Unternehmen? *forum arbeit 02/2016*, 12-16.

Kompetenzzentrum Fachkräftesicherung -- KOFA (2016). KOFA-Dossier „Flüchtlinge integrieren", www.kofa.de/fluechtlinge. Zugegriffen: 22. Juli 2016

KOFA (2016a). Initiativen zur Integration von Flüchtlingen. http://www.kofa.de/themen-von-a-z/fluechtlinge/initiativen. Zugegriffen: 26. Juli 2016

Rich, A.-K. (2016). Asylerstantragsteller in Deutschland im Jahr 2015: Sozialstruktur, Qualifikationsniveau und Berufstätigkeit. Ausgabe 3/2016 der Kurzanalysen des Forschungszentrums Migration, Integration und Asyl des Bundesamtes für Migration und Flüchtlinge, Nürnberg. https://www.bamf.de/SharedDocs/Anlagen/DE/Publikationen/Kurzanalysen/kurzanalyse3_sozial-komponenten.pdf?__blob=publicationFile. Zugegriffen: 21. Juli 2016

Sachverständigenrat deutscher Stiftungen für Integration und Migration – SVR (2016). Fakten zur Asylpolitik 2015. http://www.svr-migration.de/wp-content/uploads/2016/01/Fakten-zu-Asyl-aktualisierte-Fassung.pdf. Zugegriffen: 04. August 2016

Schmetzer, O., & Stoewe, K. (2016). Praktika von Flüchtlingen, Handlungsempfehlung im Rahmen des vom Bundesministerium für Wirtschaft und Energie geförderten Kompetenzzentrum Fachkräftesicherung (KOFA), Köln. www.kofa.de/fluechtlinge/handlungsempfehlung-praktika.

von Radetzky, M.-C., & Stoewe, K. (2016). Bildungsstand syrischer Flüchtlinge – 5 Gerüchte auf dem Prüfstand, *IW-Kurzberichte 20/2016*, Köln.

Vorrangprüfung meist ohne Ergebnis. (27. Mai 2016). *Frankfurter Allgemeine Zeitung* – FAZ, S.19.

Talente für Continental – Betriebliche Auswahl und Qualifizierung Geflüchteter

Steffen Brinkmann

A. Frintrup (Hrsg.), *Berufliche Integration von Flüchtlingen und Migranten*,
https://doi.org/10.1007/978-3-662-53942-2_9

Die Bewältigung der Flüchtlingskrise – einhergehend mit der Integration hunderttausender Menschen – ist eine Herausforderung von historischer Dimension. Gerade die Wirtschaft hat auffallend zuversichtlich in die Zukunft geschaut: Man sah auf dem deutschen Arbeitsmarkt durchaus Potenziale für talentierte und motivierte Flüchtlinge, deren Zuzug den wirtschaftlichen Erfolg der Bundesrepublik langfristig sichern könnte. Gerade als international tätiger Konzern sehen wir unsere Verpflichtung zu helfen und unseren Beitrag bei der Bewältigung der Krise zu leisten. Allerdings war uns frühzeitig klar, dass der Weg in die Arbeit Zeit braucht, die Integration ein Marathon und kein Sprint sein kann: Der weitaus größte Teil der Flüchtlinge benötigt eine umfangreiche Vorbereitung, um für die (beruflichen) Herausforderungen in Deutschland gewappnet zu sein. Durch unser Engagement helfen wir den Flüchtlingen dabei, diese wichtigen Erfahrungen zu sammeln.

9.1 Rahmen und Vorgeschichte

Die Bewältigung der Flüchtlingskrise ist eine Herausforderung von historischer Dimension

„Wir schaffen das"! Es ist ein selbstbewusster Satz, den die Bundeskanzlerin im Sommer 2015 an die Deutschen richtet – und der seitdem regelmäßig den Diskurs in den Medien bestimmt. Es ist ein Satz, der tausende Deutsche dazu motivierte, mit außergewöhnlichem Einsatz einen spürbaren Beitrag bei der Aufnahme von Menschen aus Krisenländern zu leisten – der aber gleichzeitig auch Ängste und Zweifel schürte, ob diese Herausforderung zu bewältigen ist. Denn unabhängig davon, ob man die Einschätzung der Kanzlerin teilte: Die Bewältigung der Flüchtlingskrise – einhergehend mit der Integration hunderttausender Menschen – ist eine Herausforderung von historischer Dimension.

Mit Beginn der Krise war klar, dass Gesellschaft, Politik und Wirtschaft an einem Strang ziehen müssen, um die Herausforderungen bestmöglich zu bewältigen. Gerade die Wirtschaft hat auffallend zuversichtlich in die Zukunft geschaut. Und das auch nicht ohne Grund: Sah man doch auf dem deutschen Arbeitsmarkt durchaus Potenziale für talentierte und motivierte Flüchtlinge, deren Zuzug den wirtschaftlichen Erfolg der Bundesrepublik langfristig sichern könnte.

9.2 Der Ansatz von Continental

Wir wollen unseren Beitrag bei der Bewältigung der Krise leisten

Auch bei Continental konnten wir dieser Einschätzung von Teilen der Wirtschaft folgen. Gerade als international tätiger Konzern sehen wir unsere Verpflichtung zu helfen und unseren Beitrag bei der Bewältigung der Krise zu leisten. Allerdings war uns frühzeitig klar, dass der Weg in die Arbeit Zeit braucht, die Integration ein Marathon und kein Sprint sein kann. Die ersten Erfahrungswerte bestätigen unsere Einschätzung. Ob fehlende Sprachkenntnisse, ein gewisses „Fremdeln" mit der deutschen Kultur oder auch das Fehlen einer Berufsausbildung: Der weitaus größte Teil der Flüchtlinge benötigt eine umfangreiche Vorbereitung, um für die (beruflichen) Herausforderungen in Deutschland gewappnet zu sein.

Wir glauben daher, dass gerade die Integration von jungen Menschen über Erfolg und Misserfolg entscheiden wird und sehen uns als ein Wegbereiter besonders für diese Gruppe. Gemeinsam mit der Bundesagentur für Arbeit arbeiten wir in einem neuen, speziell entwickelten und abgestimmten Programm, um Flüchtlingen den Einstieg in den Arbeitsmarkt zu eröffnen und zu erleichtern. Es geht uns dabei nicht um schnelle, kurzfristige Effekte. Vielmehr möchten wir langfristige und nachhaltige Perspektiven anbieten, von denen beide Seiten profitieren: der Flüchtling als potenzieller Mitarbeiter durch längerfristige Beschäftigung und Continental durch den Gewinn eines wertvollen Mitarbeiters.

Wir möchten nachhaltige Perspektiven anbieten

Um nachhaltig einen Beitrag zu leisten, müssen allerdings viele Rahmenbedingungen stimmen. Wir wissen: Auf dem Weg zur Integration von Menschen aus Krisengebieten ist es unmöglich, von Anfang an alles richtig zu machen. Viele potenzielle Hindernisse werden schlichtweg zu spät wahrgenommen. Individuelle Anerkennungsverfahren dauern z. B. zu lange und viele Flüchtlinge haben damit nur einen sehr beschränkten Zugang zum deutschen Arbeitsmarkt.

Aber nicht nur die deutschen Behörden – die aus unserer Sicht mehrheitlich einen ausgezeichneten Job machen – stehen mit ihren gesammelten Erkenntnissen noch am Anfang. Auch wir sehen uns noch immer als Lernende, die wissbegierig alle neuen Erkenntnisse aufsaugen. Allerdings haben wir durch unser Engagement vielfältige, grundlegende und praktische Erfahrungen sammeln können, die uns schnell voranbringen und die wir im Sinne einer erfolgreichen Bewältigung der Flüchtlingskrise gerne teilen.

9.2.1 Phase 1: Die Suche nach Beschäftigungsoptionen für Flüchtlinge

Wir haben im Sommer 2015 damit begonnen, unseren internen Arbeitsmarkt nach passenden Stellen für Flüchtlinge zu durchsuchen. Der anfänglichen Euphorie folgte die Ernüchterung: Trotz großen Einsatzes der involvierten Mitarbeiter gab es nur wenige Erfolgsgeschichten zu vermelden. Besonders die Sprachkenntnisse der vorhandenen Kandidaten reichten für einen direkten Berufseinstieg meist nicht aus.

9.2.2 Phase 2: Die gezielte Aktivierung des Ausbildungsmarktes

Wir haben uns daher angepasst und den Fokus auf die Bereitstellung von Ausbildungsstellen gelegt, um damit gleichzeitig unseren Teil zur Qualifizierung der Flüchtlinge beizutragen. Auch hier waren Erfolge zuerst recht selten. Besonders die angesprochenen Defizite in der

Sprachkompetenz stellten sich auch hier als Problem heraus. Zusätzlich zeigten potenzielle Kandidaten kaum Wertschätzung für eine Ausbildung. Während sich das duale Ausbildungssystem in Deutschland seit Jahrzehnten großer Beliebtheit erfreut, fehlt Flüchtlingen oft der Blick für die nachhaltigen Perspektiven einer Ausbildung. Sie wollen schnell viel Geld verdienen – auch um Verwandte in der Heimat zu unterstützen.

9.2.3 Phase 3: Der Weg über eine Einstiegsqualifikation

Die Bereitschaft zur aktiven Unterstützung war von Anfang an groß

Nach den skizzierten Erfahrungen der ersten Monate haben wir einen Ansatz gewählt, der noch früher greift. Über eine bezahlte Einstiegsqualifikation (EQ) setzen wir den Hebel in der beruflichen Entwicklung nun noch früher an. Im Rahmen dieser einjährigen, mit einem normalen Ausbildungsgehalt vergüteten Vorbereitung auf eine klassische Ausbildung werden den Teilnehmern Deutsch- und Kulturkenntnisse vermittelt. Zudem erhalten sie wertvolle Einblicke in die Arbeitswelt bei Continental. Die Bereitschaft zur aktiven Unterstützung war innerhalb der Organisation von Anfang an sehr groß. Schnell konnten 50 Stellen identifiziert werden, bei denen der Übergang in eine Ausbildung – nach der erfolgreichen Qualifizierung – möglich würde.

9.2.4 Phase 4: Mit diagnostischen Testverfahren zum nachhaltigen Erfolg

Best-fit-Ansatz

Trotz des großen Engagements der Mitarbeiterinnen und Mitarbeiter: Auch diese Maßnahme war zunächst nur wenig erfolgreicher. Über die Arbeitsagenturen kamen nur sehr wenige geeignete Kandidaten, sodass wir nur drei Plätze auf diese Weise besetzen konnten. Auf Basis der gesammelten Erfahrungen haben wir den Ansatz erneut angepasst. Neben Kooperationen mit Sprintklassen an Berufsschulen – ein spezifisch in Niedersachsen eingeführtes Konzept zur schulischen und beruflichen Integration junger Flüchtlinge – wurde das diagnostische Testverfahren CAIDANCE-R (HR Diagnostics, s. im Detail ► Kap. 5) eingeführt, das eine Testung in der jeweiligen Landessprache ermöglicht. Der Vorteil: Wir können so äußerst strukturiert die Qualifikationen der Personen in Erfahrung bringen und darauf basierend passende Ausbildungsstellen identifizieren („Best-fit-Ansatz"). Statt nach geeigneten Kandidaten für eine konkrete Position zu suchen, stellen wir mit der Diagnostik die Menschen in den Mittelpunkt und suchen auf Basis individueller Stärken nach geeigneten Vakanzen aus einem vordefinierten Rahmen möglicher EQ- und Ausbildungsberufe (◘ Abb. 9.1).

Der Weg zu Continental

1 Beratung & Vorauswahl — Arbeitsagentur / Job Center — **Ab sofort**

- Beratung und Aufklärung über Einstiegsqualifizierung
- Interesse des potentiellen Teilnehmers
- Teilnahme am Berufseignungstest CAIDANCE-R (von HR Diagnostics)

2 Entscheidung — Continental — **Ab sofort**

- Persönliche Gespräche
- Vertragsprozess (Arbeitsvertrag und Ausbildungsplan)

3 Individuelle Maßnahmen — Arbeitsagentur / Job Center — **Ab sofort**

- Beispielsweise Förderangebote im Bereich Sprache, Mathematik, Persönlichkeit und (kulturelle) Integration

4 Einstiegsqualifizierung — Continental — **01.09.2016**, **12 Monate**

- Erlernen von Grundfertigkeiten zur Vorbereitung auf eine Berufsausbildung

5 Übernahme — **01.09.2017**, **Ca. 3 Jahre**

- Bei guten Leistungen Übernahme in eine Berufsausbildung bei Continental

Bei Erfolgreicher Ausbildung erfolgt eine Übernahme in ein Arbeitsverhältnis

Abb. 9.1 Der Weg zu Continental

9.2.5 Zwischenergebnis

Mit diesem Ansatz haben sich nun erste Erfolge eingestellt. Die Auswertungen zeigen, dass rund ein Viertel der Teilnehmer ausreichende Fähigkeiten für eine erfolgreiche Ausbildung bei Continental mitbringt. Diese Zahlen machen Mut, nur müssen nun auch genügend Profile eingehen. Hier hapert es aktuell: Für die Besetzung der 50 EQ-Plätze mit einem „Best fit" wären 500 Profile notwendig. Tatsächlich eingegangen sind bisher – trotz des großen Engagements der Bundesagentur für Arbeit – nur knapp 200 (Stand: August 2016).

9.3 Datenlage zu den Bewerbern

Zur Demografie der bisherigen Teilnehmer am vollen Bewerbungsprozess (inkl. CAIDANCE-R-Testung) von N=123 können folgende Daten berichtet werden: 89% sind 25 Jahre alt oder jünger, 94% sind männlich, 4% sind weniger als sechs Monate in Deutschland, 56% bis zu einem Jahr, 26% seit 3 Jahren und 14% seit mehr als 3 Jahren. Unsere Stichprobe ist damit prädominant männlich, jung und zu 60% erst seit maximal einem Jahr in Deutschland. Hinsichtlich der Schuldauer resultierten aus Selbstberichten folgende Angaben: 11% haben maximal sechs Jahre Schulzeit hinter sich, rund ein Viertel 7–10 Jahre, etwa die Hälfte der Stichprobe 11–13 Jahre und 14% mehr als 14 Jahre. Die Quote an Teilnehmern mit weiterführender akademischer Bildung ist mit 11% gering – die maximal erreichte Qualifikation ist ein Bachelor.

Migranten müssen sich kulturellen Gegebenheiten anpassen

Die soziale Integration im Betrieb setzt voraus, dass die Migranten bereit sind, sich kulturellen Gegebenheiten anzupassen. Deshalb wurde im Rahmen des Auswahlprozesses auch nach der Bereitschaft gefragt, sich an hierzulande geltende Gesetze, Konventionen und Regeln zu halten. Rund 5% der Teilnehmer akzeptieren nicht, dass Männer und Frauen gleichberechtigt sind, 6,5% würden keine weibliche Vorgesetzte akzeptieren und 7,3% akzeptieren nicht, dass in Deutschland Gewalt verboten ist und Konflikte gewaltfrei zu lösen sind. Weitere 6,5% lehnen es nach eigener Aussage ab, sich in die deutsche Gesellschaft zu integrieren. Die hiermit verbundenen absoluten Fallzahlen sind gering, dennoch sind diese Angaben im Bewerbungskontext bemerkenswert und stellen wohl eher den unteren Schätzwert dar. 95% gaben demgegenüber an, die deutsche Sprache erlernen zu wollen.

9.4 Perspektiven des Projektes

Ein rechtlich abgesicherter Rahmen ist von zentraler Bedeutung

Die Probleme werden geringer, bleiben aber tendenziell gleich. Der Engpass liegt in der geringen Verfügbarkeit passender Profile. Neben den fehlenden Sprach- und Kulturkenntnissen sind viele Flüchtlinge außerdem noch nicht ausreichend strukturiert in den Systemen der Arbeitsagenturen erfasst worden. Ein weiterer Punkt: Wir arbeiten in unserem Programm nur mit anerkannten Flüchtlingen (mit langfristiger Bleibeperspektive). Daher ist ein rechtlich abgesicherter Rahmen von zentraler Bedeutung.

Auch wenn die Räder sicher noch immer nicht perfekt ineinander greifen: Aufgrund vorgenommener Anpassungen im Prozess ist es trotz der geschilderten, (anfänglichen) Schwierigkeiten gelungen, 30 Flüchtlinge in unser Programm für eine Einstiegsqualifizierung aufzunehmen (per 31. August 2016) – und ihnen damit eine nachhaltige Integrationsperspektive zu bieten. 8 Teilnehmer des Programms (=27%) haben diese EQ Maßnahme erfolgreich absolviert und ab September 2016 ihre Ausbildung gestartet.

Die Richtung stimmt. Um weitere Schritte zu gehen müssen die Anstrengungen intensiviert werden. Im Einzelnen:

- Die Kapazitäten der Bundesagentur für Arbeit (BA) und des Bundesamtes für Migration und Flüchtlinge (BAMF) müssen ausgebaut und der Situation angepasst werden.
- Der Austausch beider Behörden muss verbessert werden, um den Menschen, die zu uns kommen, einen schnellen Zugang zum Arbeitsmarkt zu ermöglichen. Wichtig sind dabei vor allem belastbare Angaben über Sprach- und Kulturkenntnisse.
- Flüchtlinge müssen über die Vorzüge des deutschen Ausbildungssystems informiert werden. Hier ist es wichtig, über die nachhaltigen und langfristigen Perspektiven zu informieren, die durch eine Ausbildung entstehen.
- Eine engere Abstimmung zwischen Wirtschaft und Politik ist unerlässlich. Bürokratische Hürden müssen weiter abgebaut und besonders strukturierte Transparenz bei Qualifikationsdaten gewährleistet werden.
- Asylverfahren müssen beschleunigt, gemeinsame Integrationsmaßnahmen zur Vermittlung von Sprach- und Kulturkenntnissen der Flüchtlinge verbessert werden.

Abschließend möchte ich einen positiven Blick in die Zukunft werfen. Ob Wirtschaft, Gesellschaft oder Politik: Es sind bereits tolle Initiativen gestartet, die in die richtige Richtung gehen. Gerade als Industrienation mit einem gesunden Arbeitsmarkt und einer schwierigen demografischen Situation sind wir auf (kontrollierte, gesteuerte) Zuwanderung angewiesen und werden die Situation meistern.

Eine engere Abstimmung zwischen Wirtschaft und Politik ist unerlässlich

Allerdings muss allen klar sein: Die Integration von derart vielen Menschen ist ein Marathon und kein Sprint. Wir werden erst in einigen Jahren wissen, ob wir die richtigen Schlüsse gezogen haben und mit unseren Maßnahmen richtig lagen. Wir sehen uns gut gerüstet. Als international agierendes Unternehmen ist die Integration von Menschen Teil unserer DNA. Wir werden daher alles tun, um unsere gesellschaftliche und soziale Verantwortung wahrzunehmen und einen spürbaren Beitrag zu leisten.

Die Integration ist ein Marathon und kein Sprint

Bei allen Anstrengungen: Die deutsche Wirtschaft kann mit Maßnahmen für den Einstieg in den Arbeitsmarkt die Integration bestimmter Flüchtlingsgruppen unterstützen und erleichtern. Sie kann damit jedoch nicht eine systematische Einwanderungs- oder Integrationspolitik ersetzen.

Start in den Beruf für Flüchtlinge – Integration von Flüchtlingen bei EVONIK

Hans Jürgen Metternich und Steffan Ritzenhoff

A. Frintrup (Hrsg.), *Berufliche Integration von Flüchtlingen und Migranten*,
https://doi.org/10.1007/978-3-662-53942-2_10

In der Begleitung jugendlicher Flüchtlinge auf dem Weg ins Berufsleben setzt die Evonik Industries AG gemeinsam mit den Partnern Creos Lernideen und Beratung und dem Hans-Böckler-Berufskolleg auf eine weiterentwickelte Form der Berufsvorbereitung. Das Programm „Start in den Beruf für Flüchtlinge" bietet jugendlichen Flüchtlingen die Möglichkeit, in einem geschützten Umfeld und ohne direkten Prüfungsdruck intensiv berufspraktische Erfahrungen zu sammeln, die persönlichen Neigungen hinsichtlich der Berufswahl auszutesten und zusätzlich die deutsche Sprache zu erlernen.
Mit der Startmaßnahme ist eine schulische und praktische Grundausbildung mit anerkanntem Schulabschluss verbunden, die sich als solide Basis für eine sich später anschließende Ausbildung bewährt hat, beispielsweise bei Evonik oder auch in anderen Unternehmen in Industrie, Handel und Handwerk. Mehr als zwei Drittel der Teilnehmer münden direkt in eine Ausbildung oder Beschäftigung.

10.1 Integration geflüchteter Menschen

Aus der Sicht der Evonik Industries AG ist die Aufnahme geflüchteter Menschen eine lohnende Investition in die Zukunft. Deutschland braucht mehr, vor allem junge und motivierte Arbeits- und Fachkräfte und die Innovation in der Wirtschaft lebt von mehr Vielfalt. Nur diese Vielfalt mobilisiert die ökonomischen, kreativen und innovativen Potenziale der Gesellschaft und schafft damit in der Wirtschaft höhere Produktivität und mehr Innovationen. Zur Unterstützung der Integration geflüchteter Menschen lassen sich daher aus Sicht der Evonik Industries AG mehrere Ansatzpunkte finden. Grundsätzlich gilt für das Engagement von Evonik das Prinzip der „Förderung lokaler Projekte" an den Standorten des Unternehmens. Dabei handelt es sich um gezielte Sofortmaßnahmen, um das Ankommen in Deutschland positiv zu begleiten, und stufenweise Aktionspläne, die unterschiedliche Altersgruppen und das Alter berücksichtigend verschiedene Zielrichtungen ansprechen.

Im September hatte 2015 die Evonik Industries AG der Evonik Stiftung eine Soforthilfe für Flüchtlinge in Höhe von einer Million Euro zur Verfügung gestellt. Das Geld fließt vorrangig in Sprach- und Qualifizierungsangebote für Flüchtlinge an den Standorten des Unternehmens.

Evonik ist eines der weltweit führenden Unternehmen der Spezialchemie

Evonik
Evonik ist eines der weltweit führenden Unternehmen der Spezialchemie. Die Aktivitäten des Konzerns sind auf die wichtigen Megatrends Gesundheit, Ernährung, Ressourceneffizienz sowie Globalisierung konzentriert.

Evonik ist in mehr als 100 Ländern der Welt aktiv. Mehr als 33 500 Mitarbeiter erwirtschafteten im Geschäftsjahr 2015 einen Umsatz von rund 13,5 Milliarden € und ein operatives Ergebnis (bereinigtes EBITDA) von rund 2,47 Milliarden € (weitere Informationen unter www.evonik.de).

Im Vordergrund steht die Sprachförderung, denn Sprache ist die wichtigste Voraussetzung für Integration. Selbst wenn ein Asylsuchender im rechtlichen Verfahren letztendlich abgelehnt wird, sollen sich die Menschen (Erwachsene sowie Kinder) in den Wochen oder Monaten in Deutschland gut aufgehoben fühlen. Hierzu zählt insbesondere sich im täglichen Leben zurechtfinden zu können.

An einigen Standorten besteht ein sehr guter Kontakt zu den Volkshochschulen der Kommunen. Die Volkshochschulen bieten vielfach Deutsch als Fremdsprache an, wobei die Kurse mit einer internen Sprachprüfung abschließen. In den Maßnahmen werden sowohl ein Grundwortschatz als auch grammatikalische Kenntnisse vermittelt. Die deutsche Sprache wird an lebensweltorientierten Themen eingeübt wie z. B. Einkaufen, Behördengänge, Arbeit bzw. Schule, Verkehr. Evonik finanziert die Sprachkurse und stellt die notwendigen Lernmaterialien zur Verfügung. So kann ein effektives Arbeiten der Flüchtlinge mit einem eigenen Buch sichergestellt werden. Spielekoffer zur Lernförderung dienen darüber hinaus der Sprachförderung nichtschulpflichtiger Flüchtlingskinder, auch am Nachmittag in der Flüchtlingsunterkunft. Gefördert werden aber auch Initiativen der Mitarbeiter. Die Werksärzte helfen bei der gesundheitlichen Versorgung von Flüchtlingen, Mitarbeiter betreuen Asylbewerber und die unternehmensverbundenen Sportvereine eröffnen Angebote für Flüchtlinge jeder Altersgruppe (Bauchmüller et al., 2015; Fockenbrock, 2015; Hoffmann, 2015; Afhüppe et al. 2016).

Im Gesamtkonzern arbeiten Menschen aus 90 Nationen

Evonik hat gute Erfahrungen gesammelt mit Menschen, die ihre weltoffene Haltung im Unternehmen einbringen. Aktuell arbeiten am größten Standort von Evonik, in Marl, Menschen aus über 50 Nationen, im Gesamtkonzern sind es über 90 Nationalitäten. Diese Vielfalt ist der Motor für die notwendigen Innovationen im Unternehmen und gleichzeitig ein guter Nährboden für die Integration geflüchteter Menschen (Evonik Industries, 2015).

Neben der Soforthilfe ist die berufliche Integration geflüchteter Menschen eine große Herausforderung für Deutschland und eine Zielrichtung des Unternehmens. Der langfristige Verbleib von geflüchteten Menschen in Deutschland erfordert auch die Eröffnung der Möglichkeit, eine sozialversicherungspflichtige Beschäftigung anzunehmen – nicht zuletzt, um ein eigenes, selbstbestimmtes Leben gestalten zu können. Neben Stipendien für Studierende bildet dabei die Berufsvorbereitung „Start in den Beruf" einen Kernansatzpunkt (Fiekens, 2015; Chur, 2015; Fiekens, 2016; Bolsmann, 2015).

10.2 Die Idee – „Start in den Beruf für Flüchtlinge"

Neben dem Erwerb der deutschen Sprache ist die berufliche Qualifizierung ein bedeutender Schritt für das Gelingen von Integration. Seit 15 Jahren beteiligt sich die Evonik Industries AG erfolgreich an dem Programm „Start in den Beruf", das von den Sozialpartnern der chemischen Industrie ins Leben gerufen wurde. Die operative Durchführung der Maßnahmen „Start in den Beruf" und „Start in den Beruf für Flüchtlinge" obliegt der Ausbildung der Evonik Technology & Infrastructure GmbH, einer Tochtergesellschaft der Evonik Industries AG.

Die Integration (aktuell) benachteiligter Schulabgänger in den Arbeitsmarkt ist eine große gesellschaftliche Aufgabe, die durch Initiativen unterschiedlichster Akteure immer wieder herausgestellt wird (Allianz für Aus- und Weiterbildung, 2016; Engel, 2016). Diese Zielgruppe als zusätzliches Potenzial für die Fachkräftesicherung zu verstehen, eröffnet einen zusätzlichen Weg zur Sicherung der industriellen Produktion in Deutschland auch in Zukunft. Eine besonders erfolgreiche Initiative der Chemischen Industrie ist das Projekt „Start in den Beruf" (Bundesarbeitgeberverband Chemie, 2016a; Wollenschläger, 2016; Klose, 2016). Es zielt darauf ab, jungen Menschen, die in einem ersten Schritt keine Chance auf einen Ausbildungsplatz erhalten haben, einen Einstieg in das Berufsleben zu ermöglichen. Dabei richtet sich die seit über 15 Jahren tarifvertraglich geregelte Berufsvorbereitungsmaßnahme an Jugendliche, die nach Ausbildungsbeginn Anfang September noch unversorgt sind (Bundesarbeitgeberverband Chemie & Industriegewerkschaft Bergbau, Chemie, Energie, Tarifvertrag Zukunft durch Ausbildung).

Um die chemische Industrie in Deutschland weiterhin wettbewerbsfähig zu halten, sind qualifizierte und engagierte Fachkräfte unabdingbar

Zur Zukunft der chemischen Industrie in Deutschland
Um die chemische Industrie in Deutschland weiterhin wettbewerbsfähig zu halten, sind qualifizierte und engagierte Fachkräfte unabdingbar. Dies erfordert nach Einschätzung der Chemie-Sozialpartner zusätzliche Anstrengungen im Bereich der betrieblichen Ausbildung, insbesondere, um den immer stärker spürbaren Auswirkungen des demografischen Wandels aktiv entgegenwirken zu können. Dabei setzen die Tarifparteien nicht nur auf ein großes Engagement in der dualen Ausbildung, sondern wollen, angesichts sinkender Schulabgangsquoten und der scheinbar höheren Attraktivität akademischer Bildungswege, jungen Menschen mit besonderem Entwicklungsbedarf durch entsprechende Förder- und Integrationsmaßnahmen wie „Start in den Beruf" oder „Start-Plus" neue Ausbildungs- und Berufsperspektiven eröffnen (s. Bundesarbeitgeberverband Chemie: www.bavc.de). Das Projekt „Start in den Beruf" wurde von den Sozialpartnern der chemischen Industrie ins Leben gerufen. Die Teilnehmer erhalten gemäß Tarifvertrag ein Entgelt in Höhe von 450 € pro Monat und sind sozialversichert.

> Erweitert wurde tarifvertraglich die Förderung der Programms „Start in den Beruf" durch ein neues „Pre-Startprogramm". Dieses Zusatzprogramm zielt auf junge Menschen in besonderen Lebenssituationen, beispielsweise auf Flüchtlinge, die im Rahmen einer ersten Orientierung an die berufliche Welt heranführt und auf Folgeprogramme, beispielsweise „Start in den Beruf", vorbereitet (Bundesarbeitgeberverband Chemie, 2016b).

Bei Evonik erhalten junge Männer und Frauen bei entsprechender Leistung und guten Fortschritten am Ende des Programms „Start in den Beruf" ein Ausbildungsplatzangebot. Die Erfahrungen zeigen, dass insbesondere die Kombination aus praktischer Arbeit, sozialpädagogischer Betreuung und Unterricht den jugendlichen Teilnehmern den Zugang zur fachbezogenen Theorie erleichtert. Das Grundkonzept eröffnet daher mit einer gezielten Kooperation verschiedener Bildungsträger und Institutionen jungen Menschen Perspektiven auf eine eigene berufliche Zukunft. Bemerkenswert ist dabei, dass sich trotz vieler schulischer Angebote zur Berufserkundung häufig erst während der Startmaßnahme die persönlichen Neigungen zum letztendlichen Berufswunsch ausbilden oder sich dieser offenbart (Molitor, 2016; Mering, 2016; Dopheide, 2016; Groß-Langenhoff, 2016).

In Anlehnung an dieses Förderkonzept wurde der Ansatz zur Integration geflüchteter Jugendlicher entwickelt. Ähnlich zur Initiative „Start in den Beruf" bietet die Berufsvorbereitungsmaßnahme „**Start in den Beruf für Flüchtlinge**" insbesondere älteren jugendlichen Flüchtlingen mit schon etwas ausgeprägten Deutschkenntnissen gleichermaßen die Möglichkeit, in einem geschützten Umfeld und ohne direkten Prüfungsdruck intensiv praktische Erfahrungen zu sammeln und die persönlichen Neigungen hinsichtlich der Berufswahl auszutesten. Zusätzlich lernen die Teilnehmer erste technische und naturwissenschaftliche Grundbegriffe in deutscher Sprache kennen, die den Einsatz und weitere Bildungsschritte in der industriellen und handwerklichen Arbeitswelt erleichtern.

Voraussetzungen bei jungen Flüchtlingen

In den Herkunftsländern der jungen Flüchtlinge werden häufig keine Berufspraktika während der Schulzeit angeboten oder die Arbeitswelt unterscheidet sich sehr stark von der in Deutschland. Die Herausforderung ist also, in wenigen Monaten einerseits ein gutes Matching zwischen beruflichem Wunsch des Jugendlichen und Ausbildungsbefähigung zu erreichen und andererseits fehlende schulische Vorbildung aufzubauen, zu ergänzen oder anzupassen. Darüber hinaus gilt es, den jungen Menschen die Möglichkeiten und Chancen des deutschen Berufsbildungssystems, insbesondere einer dualen Ausbildung, vorzustellen, aber auch die Anforderungen der unterschiedlichen Bildungsgänge klar und eindeutig aufzuzeigen. Ziel ist also, ein möglichst umfassendes Kennenlernen der Berufswelt in Deutschland zu ermöglichen, um letztendlich einen kontinuierlichen Weg von der Berufsfindung über erste Erfahrungen in Berufsvorbereitung und Ausbildung hin zu einer sicheren Beschäftigungsgrundlage und damit Sicherung des persönlich beeinflussbaren Lebens zu erreichen.

10.3 Durchführung von „Start in den Beruf für Flüchtlinge"

Im vorgestellten Sinne verbindet „Start in den Beruf" eine Berufserkundung und solide praktische Grundausbildung mit einem einjährigen schulischen Teilzeitbildungsgang „Ausbildungsvorbereitung" in Kooperation mit einem Berufskolleg sowie einer sozialpädagogischen Betreuung zur Unterstützung der persönlichen Entwicklung. Alle Komponenten dienen der besonderen Unterstützung geflüchteter junger Menschen, um die Voraussetzungen zur Aufnahme und zum erfolgreichen Abschluss einer beruflichen Ausbildung zu erlangen. Die Maßnahme erweist sich als solide Basis für eine später anschließende Ausbildung, beispielsweise bei Evonik oder auch in anderen Unternehmen in Industrie, Handel und Handwerk. Soweit es die Neigungen und Fähigkeiten zulassen, wird den Teilnehmern zum Abschluss der Maßnahme bei ausreichendem Leistungszuwachs ein entsprechender Ausbildungsplatz in den Unternehmen der Evonik Industries AG angeboten.

10

Qualifizierungsmaßnahmen bei Evonik: Zahlen

Qualifizierungsmaßnahmen bei Evonik: Zahlen
Evonik hat im Rahmen der Qualifizierungsmaßnahme „Start in den Beruf für Flüchtlinge" 2015/16 bundesweit insgesamt 30 zusätzliche Plätze für Flüchtlinge geschaffen, davon 22 am Standort Chemiepark Marl, 2 Plätze im Rheinland (Standort Lülsdorf) und 6 Plätze im Süden Deutschlands (Standorte Darmstadt und Hanau).
15 Plätze wurden von der Evonik Stiftung aus Mitteln der Soforthilfe, die Evonik ihr für Hilfsprojekte für Flüchtlinge zur Verfügung gestellt hat, zehn vom Energieunternehmen Steag und fünf vom Immobilienunternehmen Vivawest finanziert. Zusätzlich wurde die Maßnahme durch den Unterstützungsverein der Chemischen Industrie gefördert.
Betreut wurden während der Maßnahme insgesamt 32 jugendliche Flüchtlinge aus 12 unterschiedlichen Herkunftsländern. Die Umsetzung der Maßnahme erfolgt bei Evonik und auch die Verträge mit den Teilnehmern lagen bei Evonik.
Im regulären Programm „Start in den Beruf" werden durch die Evonik Industries AG jährlich bundesweit 50 Plätze bereitgestellt. Damit konnte das Angebot im Projektjahr 2015/2016 von 50 auf 80 Plätze erhöht werden.

Die Maßnahme „Start in den Beruf für Flüchtlinge" erfolgt im Chemiepark Marl unter Leitung und in Verantwortung der Evonik Ausbildung Nord in enger Kooperation mit den Partnern Creos Lernideen und Beratung GmbH in Hamm und dem Hans-Böckler-Berufskolleg Marl. Die Betreuung und fachpraktische Ausbildung im Chemiepark Marl erfolgt durch drei besonders geschulte hauptberufliche Ausbilder der Evonik Industries AG. Creos begleitet die Teilnehmer im Rahmen der sozialpädagogischen Betreuung und das Hans-Böckler-Berufskolleg unterstützt die praxisbegleitende Fachtheorie. Zusätzlich wird im Rahmen der berufsschulischen Begleitung ein (erster) allgemeinbildender Schulabschluss angestrebt.

10.3.1 Auswahl der Teilnehmer

Bei der Auswahl der jugendlichen Flüchtlinge arbeitet Evonik eng mit Hilfsorganisationen zusammen, z. B. dem Sozialdienst Katholischer Frauen in Bochum (www.skf-bochum.de) und ELNet Bleiberecht (www.elnet-beiberecht.de), eine Organisation des Kreises Recklinghausen, und setzt auf deren große Erfahrung in der Betreuung geflüchteter Jugendlicher. Diese Organisationen empfehlen Jugendliche, die in der Regel bereits einige Monate in Deutschland sind und aus vielen verschiedenen Nationen stammen (◘ Abb. 10.1). Die Organisationen klären die meisten arbeitsrechtlichen Fragen mit den Behörden, beantworten alle Fragen zum Aufenthaltsstatus, klären die Aufenthaltsgenehmigung bis zum Ende der Maßnahme, sichern den Ausschluss der Herkunft aus sog. sicheren Drittstaaten und prüfen die schulische Vorbildung. Im Projektjahr 2015/2016 konnte nur einer der Teilnehmer einen Schulabschluss nachweisen.

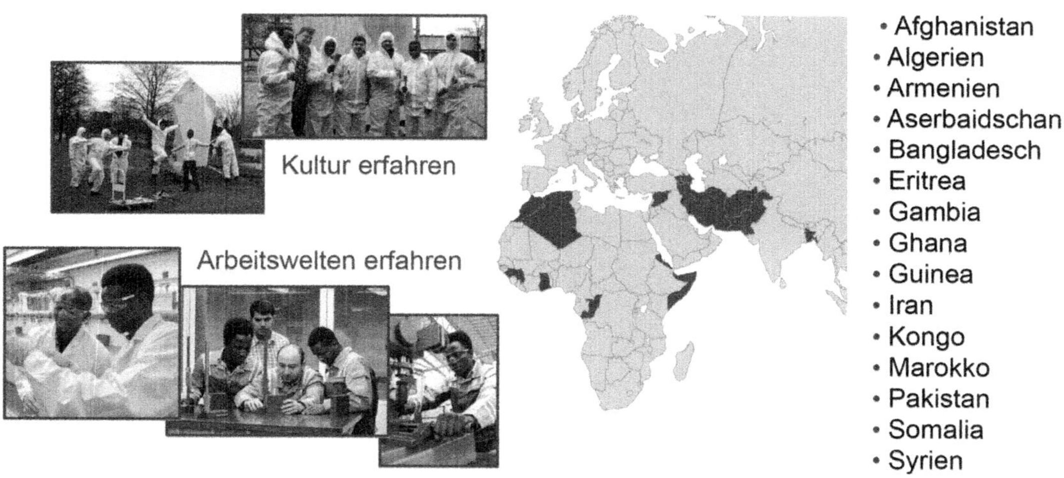

◘ **Abb. 10.1** Herkunftsländer der jugendlichen Flüchtlinge im Programm „Start in den Beruf für Flüchtlinge"

Unterschiedlich ausgeprägte Deutschkenntnisse

Die aktuellen Deutschkenntnisse waren sehr unterschiedlich ausgeprägt – von nicht vorhanden bis B1. Für die meisten jugendlichen Flüchtlinge konnte ein Sprachniveau A1 bis A2 angenommen werden (Klassifikationen A1 bis C2 s. ► Abschn. 10.3.2). Das außergewöhnliche Engagement der die jungen Flüchtlinge begleitenden Menschen in den Hilfsorganisationen war ein Garant für den erfolgreichen Verlauf des Projektes „Start in den Beruf für Flüchtlinge".

Zu allen Zeitpunkten erfolgte zudem eine enge Absprache mit der Agentur für Arbeit (Hauptstelle Recklinghausen und Zweigstelle Marl) und den Ausländerämtern der zuständigen Kommunen. Durch die Einrichtung eines runden Tisches „Integration von Flüchtlingen" konnten die Bedürfnisse der einzelnen Akteure transparent gemacht werden, was einer noch engeren Zusammenarbeit und Abstimmung sehr zuträglich war und ist. Der runde Tisch diente dem Austausch zum Stand des Projektes, aber auch der Klärung offener Fragen.

Auf einen Einstellungstest als Auswahlkriterium wurde komplett verzichtet. Nach einigen Wochen der Maßnahme durchlaufen die Teilnehmer mit Flüchtlingshintergrund dennoch das Testverfahren, um das persönliche Leistungsvermögen jedes Einzelnen abschätzen zu können (◘ Abb. 10.2). In der Maßnahme „Start in den Beruf" dienen die Ergebnisse einer individuellen Potenzialanalyse und werden als Basis für nachfolgende auf den einzelnen Jugendlichen zugeschnittene Qualifizierungs- und Fördermaßnahmen genutzt.

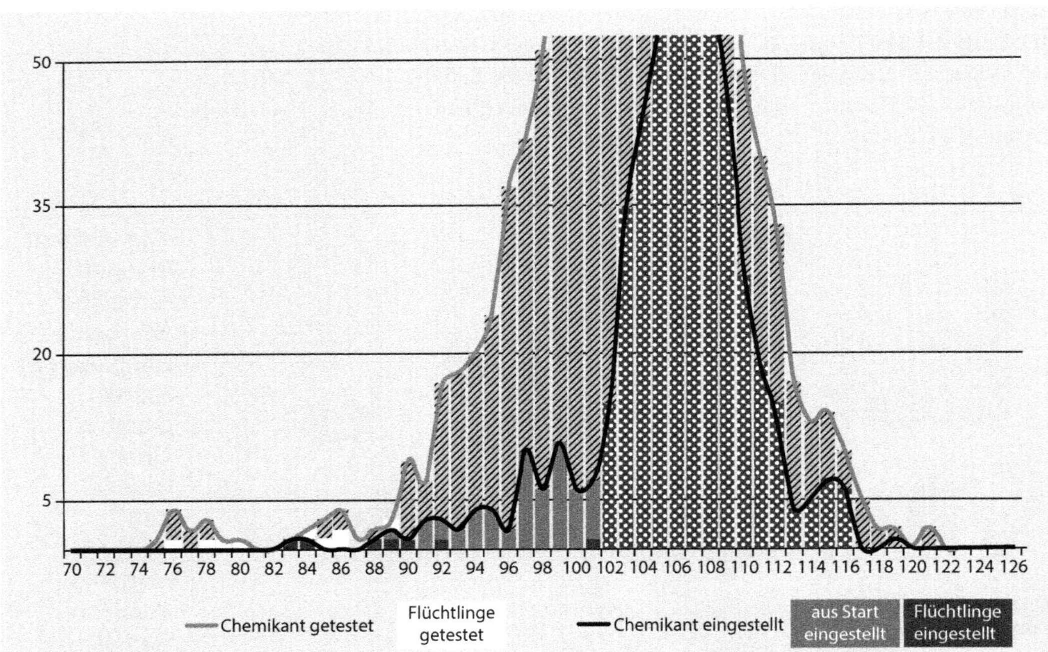

◘ **Abb. 10.2** Ergebnisse Einstellungstests der geflüchteten Jugendlichen im Vergleich zur Einstellung im Berufsbild Chemikant

Die Ergebnisse der jugendlichen Flüchtlinge zeigen im Vergleich zu den meist in Deutschland geborenen Teilnehmern der Startmaßnahme deutlich schlechtere Ergebnisse (analog zu den Befunden in ► Kap. 5). Einerseits lässt sich dies auf die heterogenen Deutschkenntnisse der Jugendlichen mit Flüchtlingshintergrund zurückführen, andererseits deutet sich an, dass das kulturelle Umfeld, in dem der jugendliche Teilnehmer sozialisiert wurde, einen Einfluss auf das Ergebnis hat. Eine Wiederholung des Einstellungstests zum Ende der Maßnahme offenbarte anteilig deutliche Verbesserungen in einigen Testergebnissen, die aber nur bedingt mit der Erweiterung des Sprachvermögens korrelieren. Gleichzeitig wurde aber auch eine signifikante Verschlechterung bei einigen Jugendlichen beobachtet.

Diese zunächst ungewöhnlich erscheinenden, anteilig asynchronen Veränderungen müssen vor dem Hintergrund der zunehmenden Leistungsanforderungen im Projektverlauf betrachtet werden. Im Einstiegsbereich des Projektes wird versucht, die Jugendlichen im Ausgangsniveau anzugleichen. Mit Fortschreiten der Berufsvorbereitung müssen schrittweise auch anspruchsvollere Fachinhalte bearbeitet werden, nicht zuletzt um eine belastbare Empfehlung für einen sich anschließenden Ausbildungsberuf ableiten zu können.

Berufseignungstest bei Evonik

Der bei Evonik verwendete computergestützte Berufseignungstest basiert auf verschiedenen Einzeltests (Entwicklung: logical*work*, Markus Werthebach & Partner GbR). Mit Testmodulen, beispielsweise zur allgemeinen Lernfähigkeit, Konzentration und Merkfähigkeit anhand von Biografien, zur rechnerischen Leistungsfähigkeit und zum Abstraktionsvermögen, zum sprachlichen Verständnis und zur Rechtschreibung, zum räumlichen Vorstellungsvermögen und zur Fähigkeit, logisch denken zu können, lassen sich Einblicke zur Intelligenz, dem Wissen und der Konzentrationsfähigkeit der Bewerber sammeln und auf Basis umfassender Vergleichswerte eine Erfolgsprognose ableiten (Hesse & Schrader, 2015; Schmidt-Atzert, Krum & Lubbe, 2011). Die eingesetzte Testzusammenstellung wurde auf die Tauglichkeit für Bewerber mit Migrationshintergrund geprüft und als positiv bewertet (Prüfung durch die Gesellschaft BQM Beratung Qualifizierung Migration).

Berufseignungstest bei Evonik

Die Jugendlichen selbst erhalten einen Arbeitsvertrag mit Evonik. Die Maßnahme ist tarifvertraglich geregelt, sodass Entgelt und Sozialversicherung vom Unternehmen gezahlt werden. Insgesamt wurden im Projekt unbegleitete Jugendliche aus 15 Herkunftsländern in „Start in den Beruf für Flüchtlinge" betreut: aus Afghanistan, Algerien, Armenien, Aserbaidschan, Bangladesch, Eritrea, Gambia, Ghana, Guinea, Iran, Kongo, Marokko, Pakistan, Somalia und Syrien.

10.3.2 Organisation und Umsetzung von „Start in den Beruf für Flüchtlinge"

Zur Ausrichtung auf die Gruppe jugendlicher Flüchtlinge wurde das Konzept der Startmaßnahme sowohl in organisatorischer als auch didaktischer Hinsicht auf die berufliche Integration von jugendlichen Flüchtlingen bzw. jungen Erwachsenen mit Fluchthintergrund ausgeweitet (◘ Abb. 10.3). Die eigentliche Zielsetzung von „Start in den Beruf", Berufsvorbereitung und Übergang in eine Ausbildung, wird dabei um eine Förderung von Sprache und Integration in die deutsche Arbeits- und Lebenswelt ergänzt. Dazu wird der eigentlichen Berufsvorbereitungsmaßnahme eine mehrwöchige Sprachförderung vorgeschaltet.

Der gewählte Ansatz einer sprachlichen Unterstützung vor Beginn der eigentlichen Berufsvorbereitungsmaßnahme hat sich bewährt und soll in Folgemaßnahmen weiter intensiviert werden. So werden in der **sprachlichen Vorschaltmaßnahme** durchgängig Deutschkenntnisse auf dem Niveau A2 angestrebt. Zusätzlich wird Sprachunterricht in die eigentliche Berufsvorbereitungsmaßnahme integriert, um den teilnehmenden geflüchteten Jugendlichen eine hohe Verbindlichkeit und damit klare Perspektiven aufzeigen zu können.

Inhalte der Einführungswoche

Die „fachliche" Berufsvorbereitung startet mit einem **Einführungsseminar**, meist in der zweiten Woche der Maßnahme, und ergänzt die individuelle Einführung in die jeweilige Ausbildungsabteilung in der ersten Woche. Das Gruppenseminar wird mehrtägig, bewusst außerhalb des regulären Ausbildungsumfeldes durchgeführt, meist in einer

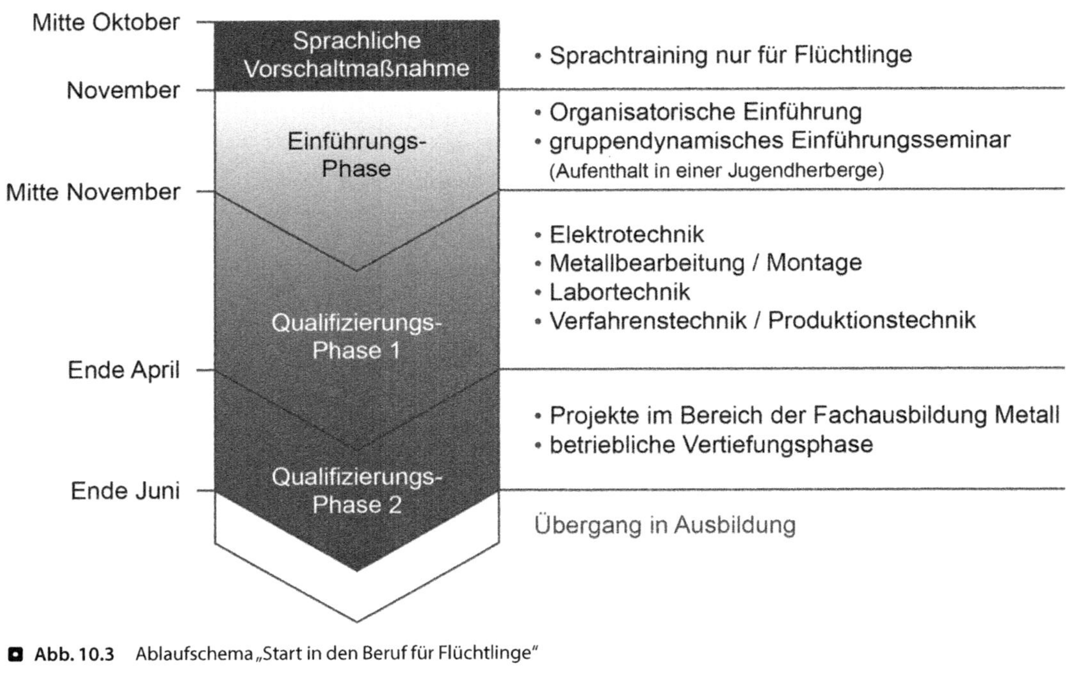

◘ **Abb. 10.3** Ablaufschema „Start in den Beruf für Flüchtlinge"

Jugendherberge oder einem Jugendgästehaus. An der Einführungswoche nehmen alle Jugendlichen einer Berufsvorbereitungsmaßnahme teil. Sie dient als Plattform zum gegenseitigen Kennenlernen sowohl der Teilnehmer als auch der betreuenden Ausbilder. Durch umfangreiche Angebote und gemeinsame Aktivitäten wie Wanderungen, Sportveranstaltungen und kulturelle Veranstaltungen sowie die Möglichkeit, freie Zeit miteinander zu verbringen, lernen sich die Jugendlichen gut kennen und das Gemeinschaftsgefühl wird entwickelt und gestärkt. Aber auch das gemeinsame Arbeiten steht im Fokus. So werden (vielleicht) ungewohnte Lehr- und Lernverfahren gemeinsam erprobt, Interagieren sowohl in der Gruppe als auch bilateral wird eingeübt, gruppendynamische Effekte besprochen, Erfahrungen ausgetauscht und Informationen zum Arbeitsumfeld und Unternehmen vermittelt. Im Sinne einer betrieblichen Sozialisierung ist der erste Kontakt zu betrieblichen Vertretern wie die Begegnung mit Ausbildungsleitung, Betriebsrat und Jugend- und Auszubildendenvertretung ein wichtiger Bestandteil der Einführungswoche.

In der **ersten Qualifizierungsphase** steht das Kennenlernen und Erfahren unterschiedlicher beruflicher Tätigkeiten im Vordergrund. Innerhalb von 6 Monaten durchlaufen die Jugendlichen in gemischten Gruppen unterschiedliche Grundlehrgänge wie eine metalltechnische und elektrotechnische Grundausbildung, eine Labor-Grundausbildung und Arbeiten im Verfahrens- und Produktionstechnikum. Die Arbeiten in den jeweiligen Arbeitsbereichen lehnen sich an die Grundausbildung in den jeweiligen Berufsausbildungsgängen an. Im Wochenverlauf wechseln sich in der Berufsvorbereitung praktisches Arbeiten, die zugehörige und übergreifende Theorie und die sozialpädagogische Begleitung ab (◘ Tab. 10.1).

Die sechsmonatige Phase im Ausbildungszentrum ermöglicht den jugendlichen Teilnehmern eine berufliche Orientierung, dient aber gleichzeitig den betreuenden Ausbildern als erweiterte, individuelle Potenzialanalyse. Die Ergebnisse der Potenzialanalyse sollen den Teilnehmern helfen, sich ihrer Interessen und Fähigkeiten bewusst zu werden. Gleichzeitig werden vorhandenes Wissen dokumentiert und fachliche, soziale, personale und methodische Kompetenzen analysiert, die im Alltags- und Berufsleben von Bedeutung sind. Hierzu zählen auch Kompetenzen wie Team- und Kommunikationsfähigkeit, Zuverlässigkeit und Problemlösefähigkeit.

Alle Ausbildungsmaßnahmen sind handlungsorientiert gestaltet. Damit soll den teilnehmenden Jugendlichen die Möglichkeit gegeben werden, sich ausgehend von praktischen Tätigkeiten den Inhalten des ersten Ausbildungsjahres in naturwissenschaftlich-technischen Ausbildungsberufen wie Chemikant, Chemielaborant, Anlagenmechaniker sowie Elektroniker für Automatisierungstechnik zu nähern. Der vereinfachte Zugang setzt sich in der Vermittlung der zugehörigen, aus didaktischen Gründen reduzierten Theorie fort. Durch den gezielten Einsatz von Arbeitsaufgaben aus der Arbeitswelt und im realen Arbeitsumfeld können schulmüde leistungsschwache Jugendliche oder mit

Tab. 10.1 Projektphasen „Start in den Beruf für Flüchtlinge"

Projektphase		Gesamtdauer*	
		in Tagen	des Lehrgangs
Sprachliche Vorschaltmaßnahme		10	2 Woche
Organisation zu Beginn (Werkausweis, Einkleidung, Markt der Möglichkeiten etc.)		4	1 Woche
Einführungsseminar		5	1 Woche
1. Qualifizierungsphase	Grundausbildung Elektro	15	5 Wochen
	Grundausbildung Labor	15	5 Wochen
	Grundausbildung Metall	15	5 Wochen
	Grundausbildung Verfahrenstechnik	5	2 Wochen
	Grundausbildung Produktionstechnik	5	2 Wochen
2. Qualifizierungsphase		33	6 Wochen

[* während der 8-monatigen Lehrgangsphase wird den Teilnehmern ein tariflicher Urlaubsanspruch von 21 Tagen gewährt]

10

der Arbeitswelt in Deutschland nicht vertraute geflüchtete Jugendliche behutsam und kontinuierlich an die erforderliche Lern- und Arbeitsqualität herangeführt werden (Abb. 10.4). Sie erhalten einen Eindruck von den Inhalten und Anforderungen in den angebotenen Ausbildungsberufen und lernen, die eigene Leistungsfähigkeit daran zu spiegeln. Die zielgruppengerecht entwickelten Lernarrangements bieten aber gleichzeitig vielfältige Chancen für positive Lernerfahrung und erweitern damit nicht nur die Sozial- und Individualkompetenz, sondern unterstützen den Lern- und Entwicklungsprozess durch persönliche Erfolgserlebnisse.

In einer typischen Woche der **1. Qualifizierungsphase** wechseln sich 3 Tage in einem berufspraktischen Lehrgang mit einem Tag schulischer Begleitung und einem Tag sozialpädagogischer Betreuung ab. Die Lehrgänge bauen inhaltlich nur bedingt aufeinander auf, sodass die Gruppen parallel unterschiedliche Lehrgänge durchlaufen. Die Teilnehmer in den Gruppen sind gemischt. Es handelt sich sowohl um deutschstämmige als auch um geflüchtete Jugendliche, die in der kompletten 1. Qualifizierungsphase in der jeweiligen Gruppenzusammensetzung zusammenarbeiten. Die Betreuung erfolgt jeweils durch einen Betreuungsausbilder, der als erster Ansprechpartner für eine Gruppe wirkt.

Abschließende Beurteilung der 1. Qualifizierungsphase

Während der gesamten Maßnahme wird jeder abgeschlossene Bildungsschritt bewertet. Nach Abschluss des ersten Bildungsdurchlaufs, zirka Ende Januar, erhalten die Teilnehmerinnen und Teilnehmer im Rahmen von persönlichen Gesprächen mit dem Betreuungsausbilder eine Rückmeldung zum bisherigen Verlauf und haben die Gelegenheit,

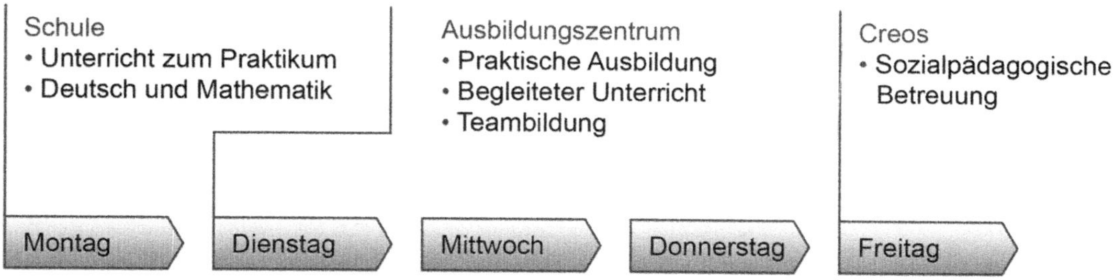

Abb. 10.4 Wochenplan „Start in den Beruf für Flüchtlinge"

auch Feedback und eine erste Rückmeldung zum Verlauf der Berufsvorbereitungsmaßnahme zu geben. Es werden erste zusätzliche Förderschritte verabredet. Zum Abschluss des 1. Qualifizierungsschrittes erfolgt eine zusammenfassende und abschließende Einschätzung im Hinblick auf leistungsseitig erreichbare Ausbildungsziele. In die Feedback-Gespräche fließen die Erkenntnisse aller beteiligten Partner ein, Evonik-Ausbildung Nord, Creos und Hans-Böckler-Berufskolleg. Eine regelmäßige Konferenz – an der teilweise auch Vertreter von Hilfsorganisationen teilnehmen, die die Flüchtlinge im privaten Umfeld begleiten – dient dem Abgleich der Leistungsabschätzung und der Ableitung von Fördermöglichkeiten.

Durch die enge Abstimmung wurde bisher deutlich, dass im Bereich der Sprachvermittlung insbesondere die Text- und Lesekompetenz verbessert werden muss. Gleichzeitig ergaben sich auch Handlungsoptionen bei in Deutschland geborenen Teilnehmern des „Start-in-den-Beruf"-Projektes. Bei Bedarf konnten auch die regulären Teilnehmerinnen und Teilnehmer an den zusätzlichen Maßnahmen zur Verbesserung des Wissenstands in den Grundlagenbereichen Deutsch und Mathematik teilnehmen.

Intensivierung der beruflichen Erfahrungen

Als letzter Schritt der Vorbereitung erfolgt in der **2. Qualifizierungsphase** der Einsatz der jugendlichen Teilnehmer und jugendlichen Flüchtlinge an einem betrieblichen Arbeitsplatz. Zu diesem Zeitpunkt ist die Berufserkundung abgeschlossen, bei dem überwiegenden Teil der Teilnehmer lassen sich die Neigungen und Abneigungen zu den Berufsbildern klar erkennen und das persönliche Leistungsvermögen kann, begleitet durch die Feedback-Gespräche, bereits gut abgeschätzt werden. Dadurch sollen zu diesem Zeitpunkt die Erfahrungen auf dem zukünftigen Berufsweg verstärkt werden. Entsprechend der individuellen Neigungen und Begabungen sammeln die jugendlichen Flüchtlinge weitergehende Erfahrungen, Kenntnisse und Fertigkeiten in ausgewählten Fachbereichen wie Produktionsbetrieben (Chemikant) und Werkstätten (Anlagenmechaniker, Elektroniker) oder auch an betrieblichen Einsatzorten außerhalb der Chemie-Branche (Pflege, Einzelhandel, sonstige Dienstleistungsbereiche). In diesem Schritt kooperiert die Evonik-Ausbildung Nord mit rund 30 Unternehmen innerhalb und außerhalb des Chemieparks Marl. Die in der Grundausbildung erlangten Erfahrungen werden durch die Mitarbeit im realen beruflichen

Umfeld intensiviert und mit der betrieblichen Phase wird die Vorbereitung auf eine sich anschließende reguläre Berufsausbildung abgerundet. Bei der Wahl eines Ausbildungsberufes einer anderen Branche helfen die im naturwissenschaftlich-technischen Umfeld erlernten Grundfähigkeiten, sich auch in einem anderem Berufsumfeld gut behaupten zu können. Auch bei einem Einsatz der Teilnehmer von „Start in den Beruf für Flüchtlinge" und „Start in den Beruf" in Partnerunternehmen bleibt der mit den Jugendlichen geschlossene Berufsvorbereitungsvertrag bestehen und die Jugendlichen erhalten das Entgelt von Evonik.

Zur Förderung und Verbesserung der Integration werden zusätzlich kulturelle Veranstaltungen besucht, Kulturprojekte durchgeführt und soziale Maßnahmen aktiv begleitet. Die Teilnahme aller Jugendlicher an Initiativen wie das Vorstellen des eigenen Heimatlandes oder der Vergleich von Herkunfts- und Gastland wirkte nicht nur ergänzend teambildend, sondern erhöhte das gegenseitige Verständnis füreinander und für die persönliche Situation des einzelnen Teilnehmers. Das Mithelfen beim Renovieren eines durch Bürger initiierten Schwimmbads unterstreicht den Nutzen der eigenen Arbeit und führt zu Anerkennung von öffentlicher Seite.

10.3.3 Berufsschulische Begleitung von „Start in den Beruf für Flüchtlinge"

Die berufsschulische Begleitung der Maßnahme „Start in den Beruf" und „Start in den Beruf für Flüchtlinge" erfolgt durch das Hans-Böckler-Berufskolleg in Marl. In der Durchführung wird auf den im Berufskolleg eigens für Berufsvorbereitungsmaßnahmen entwickelten Bildungsgang „Ausbildungsvorbereitung" zurückgegriffen. Die Bildungspläne zielen durch die Kooperation mit Evonik im Schwerpunkt auf theoretisch-fachliche Inhalte und Kompetenzen in Berufsbildern der chemischen Industrie ab. Ziel der berufsschulischen Begleitung ist es, bei den Teilnehmern im Bildungsgang „Ausbildungsvorbereitung" Grundkenntnisse und fachliches Wissen aus Chemie und Verfahrenstechnik sowie in den handwerklichen Fachrichtungen Elektro- und Metalltechnik aufzubauen, um eine sich anschließende Ausbildung in den zugehörigen Berufsbildern durchlaufen und erfolgreich abschließen zu können.

Das Hans-Böckler-Berufskolleg

Das Hans-Böckler-Berufskolleg

Das Hans-Böckler-Berufskolleg ist eine berufsbildende Schule der Sekundarstufe II mit beruflichem Gymnasium an den beiden Standorten Marl und Haltern am See mit der Auszeichnung „MINT-freundliche Schule". Im Bereich Naturwissenschaften und Technik werden rund 1 400 Schülerinnen und Schüler unterrichtet. Neben mehreren Vollzeitbildungsgängen,

Bildungsgängen zur Weiterbildung im Abendbereich sowie Teilzeitbildungsgängen des dualen Systems führt seit mehreren Jahren der Bereich Naturwissenschaften und Technik erfolgreich einen einjährigen Teilzeitbildungsgang „Ausbildungsvorbereitung" in Kooperation mit Industriepartnern durch. Dieser dient als Berufsvorbereitungsmaßnahme für Jugendliche, die im Anschluss an den regulären Besuch einer allgemeinbildenden Schule noch nicht die nötige Reife für einen Ausbildungsplatz erlangt haben. Die Jugendlichen erhalten im Rahmen der Maßnahme „Start in den Beruf" eine besondere Unterstützung, um die Voraussetzungen zur Aufnahme und zum erfolgreichen Abschluss einer beruflichen Ausbildung zu erlangen. Besonderes Augenmerk wurde bereits in der Vergangenheit auf die Förderung von Jugendlichen mit Migrationshintergrund gelegt (weitere Informationen unter www.hbbk.net/).

In der didaktischen Umsetzung basieren die kompetenzorientierten Bildungspläne auf einer Vermittlung in Lernsituationen, die das berufliche Handeln und damit praktisch erworbenes Wissen einbeziehen. In diesem Rahmen erfolgt auch die Einbindung allgemeinbildender Fächer wie beispielsweise Mathematik, Englisch oder Deutsch. In der Erweiterung konnten die speziell für leistungsschwächere Jugendliche entwickelten Lernsituationen und eingebundenen allgemeinbildenden Fächer methodisch-didaktisch so verändert werden, dass insbesondere die Sprachbarriere, die für viele Flüchtlinge den Erwerb fachlicher Kompetenzen erschwert, herabgesetzt wird. So wird beispielsweise der Einsatz fachbezogener Abbildungen erhöht und gleichzeitig der Einsatz von auf umfangreichen Texten basierenden Aufgabenstellungen auf das zum Verständnis des Gesamtkontextes notwendige Maß reduziert. In der Erarbeitung von Fachinhalten werden in den gemischten Gruppen insbesondere kommunikative und kooperative Arbeitsformen eingesetzt. Die Flüchtlinge profitieren durch die Hilfe deutschsprachiger Schüler sowohl fachlich als auch sprachlich, gleichzeitig festigen die deutschsprachigen Schüler ihr Wissen und bauen eigene Kompetenzen aus. Als Ergänzung können die Jugendlichen auf Lerninhalte in Form digitaler Medien zurückgreifen, die durch „laufende" Bilder das Verständnis für chemische oder technische Zusammenhänge erleichtern.

Intensivierung der sprachlichen Kompetenzen

Zur Erweiterung der sprachlichen Kompetenzen erfolgt nach den ersten Wochen die Einbindung der Fächer Deutsch bzw. Kommunikation und Englisch in die jeweilige Lernsituation mit dem Schwerpunkt auf einer Analyse von fachbezogenen Texten und Abbildungen. Mit dem Ziel des Ausbaus des sprachlichen Ausdrucksvermögens und des Wortverständnisses der Flüchtlinge werden in allen Maßnahmen im Bildungsgang „Ausbildungsvorbereitung" und denen der Kooperationspartner zusätzlicher Unterricht in Deutsch speziell auf die Anforderungen im Berufsleben ausgerichtet.

Neben den Erfahrungen im beruflichen Kontext erlangt die Zielgruppe jugendlicher Flüchtlinge bei erfolgreichem Durchlaufen des Bildungsgangs „Ausbildungsvorbereitung“ einen dem Hauptschulabschluss Klasse 9 entsprechenden Schulabschluss.

10.3.4 Sozialpädagogische Begleitung von „Start in den Beruf für Flüchtlinge“

Die Probleme der jugendlichen Teilnehmer bei der Aufnahme eines Ausbildungsverhältnisses sind in den seltensten Fällen rein fachlicher Natur. Daher ist die Maßnahme „Start in den Beruf“ und „Start in den Beruf für Flüchtlinge“ so angelegt, dass von Anfang an eine sozialpädagogische Begleitung angeboten wird, deren Aufgabe es ist, Stärken weiterzuentwickeln, Motivation für die Ausbildung und das selbst gestaltete Berufsleben aufzubauen und bislang bestehende Hindernisse für eine erfolgreiche Ausbildungssuche zu beseitigen. Dabei ist es zunächst unbedeutend, ob die Hindernisse aus einer mangelnden schulischen Leistung, einer Demotivation oder einem sprachlichen Unvermögen bestehen. Eine außerfachliche Unterstützung, die die Jugendlichen in die Lage versetzt, erfolgreich eine Ausbildung zu absolvieren, benötigen sowohl die regulären Teilnehmer als auch diejenigen, die als Flüchtende teilnehmen und daher besonders viel Energie für die Sprachkompetenz aufwenden müssen.

Die Aufgabe von Creos ist es, für alle Starter eine sozialpädagogische Begleitung zu leisten, die sicherstellt, dass alle fachlichen und lebenspraktischen Anforderungen, die die Ausbildung an sie stellt, auch erfüllt werden können. Alle Teilnehmer der Gruppe und insbesondere die Neuankommenden sollen mit der realen Arbeitswelt vertraut gemacht werden, um ihren Platz und eine langfristige Perspektive dort zu finden.

Die wesentlichen Felder, auf denen die sozialpädagogische Unterstützung geleistet wird, sind dabei:

- Standortbestimmung inkl. Selbst- und Fremdbild,
- Hilfestellung bei der Berufsfindung,
- Bewerbungstraining,
- Kommunikations- und Verhaltenstraining,
- Krisenintervention und Konfliktbewältigung,
- Alltagshilfen und Kulturverständnis sowie
- Suchtprävention.

Es hat sich gezeigt, dass neben diesen klassischen Feldern zwei weitere Schwerpunkte zu bearbeiten sind. Einerseits ist es die Motivation der Teilnehmer, sich für eine Berufsausbildung zu entscheiden und diese Entscheidung auch in die Tat umzusetzen und durchzuhalten. Andererseits ist die Sprachkompetenz entscheidend.

Während die Motivation ganz deutlich bei den in Deutschland geborenen Startern ein vordringliches Handlungsfeld ist, sind die fehlenden sprachlichen Fertigkeiten eine große Hürde für die geflüchteten Jugendlichen.

Koedukativer Ansatz

Hier liegt aber auch einer der Hauptgründe, die Gruppe nicht generell aufzuteilen, sondern mit den beiden Zielgruppen gemeinsam zu arbeiten – eine Art „koedukativer Ansatz". Die in Deutschland geborenen oder bereits lange in Deutschland lebenden Teilnehmer sehen täglich die in der Regel hohe Motivation und Lernbereitschaft der Flüchtlinge. Deren Engagement, das sich in der Ausschöpfung der Anwesenheitszeiten ebenso zeigt wie in der Abforderung von Unterstützung bei der Organisation von Bewerbungen und Vorstellungsgesprächen, wird von den Gruppenmitgliedern wahrgenommen. Die Erfolge, die die Flüchtlinge in der Maßnahme erzielen, werden also als hart erarbeitet gesehen. Mehr noch zollen die deutschstämmigen oder in Deutschland aufgewachsenen Jugendlichen den engagierten und hoch motivierten Flüchtlingen Anerkennung und reflektieren ihr eigenes Verhalten. Die Motivation färbt innerhalb der Gruppe ab. Damit ist bereits ein wichtiges Ziel der Integration innerhalb des Arbeitszusammenhangs erreicht.

Umgekehrt profitieren die Flüchtlinge von der gemeinsamen Arbeit, weil sie auch innerhalb der Peer-Group gezwungen sind, Deutsch zu sprechen. Durch zum Teil erlebnispädagogisch angelegte Angebote gelingt es zusätzlich viele Sprachanlässe zu bieten, die sowohl durch Alltagssituationen als auch durch berufsbezogene Themen gegeben sind. Zugleich werden damit gruppendynamische Prozesse gezielt für die Bildung von Vertrauen genutzt. Letzteres beschleunigt die Lern- und Kooperationsprozesse erheblich. Durch die Entscheidung, mit einer gemischten Gruppe zu arbeiten, konnten somit einige didaktisch beabsichtigte Effekte erreicht werden.

Für die unterrichtliche Situation der ganzen Gruppe ist dennoch eine **Binnendifferenzierung** unabdingbar, will man den sehr unterschiedlichen Problemlagen bei den regulären und geflüchteten Teilnehmern gerecht werden. Daher arbeiten in der Maßnahme „Start in den Beruf für Flüchtlinge" immer zwei pädagogische Kräfte gemeinsam, um zu garantieren, dass sowohl auf die sprachlichen Belange der Flüchtlinge in der Gruppe als auch auf die Problemlagen, die mehreren Teilnehmern gemeinsam sind, gleichermaßen eingegangen werden kann. Während die Hauptgruppe an einem Thema arbeitet, wird mit einer Kleingruppe an dem Schwerpunkt und in dem Tempo gearbeitet, die erforderlich sind, um den Lernerfolg zu sichern.

Ein Hauptansatz der Maßnahme ist es, jedem einzelnen Teilnehmer einen Übergang in eine Ausbildung, sei es in der Chemie oder beispielsweise in einen handwerklichen Beruf, zu ermöglichen. Jugendliche und junge Erwachsene grenzen sich bei der Suche nach einem Ausbildungsplatz nicht nur geographisch, sondern auch hinsichtlich ihrer Wahl der beruflichen Tätigkeit häufig hierzulande zu sehr ein. Diese Eingrenzung ist bei den geflüchteten Jugendlichen mangels Kenntnis der Bildungsgänge in Deutschland noch ausgeprägter. Vor diesem Hintergrund soll und wird die Bereitschaft der Teilnehmer gefördert, sich für eine Erweiterung ihres Wahlspektrums zu den gewünschten beruflichen Tätigkeitsfeldern zu öffnen. Dazu ist neben der Arbeit in der gesamten Gruppe oder in Kleingruppen die Auseinandersetzung mit dem Einzelnen und seiner speziellen Lage erforderlich.

Individuelles Coaching

Für diesen Teil wird das individuelle Coaching eingesetzt. Die Coaching-Sequenzen werden dabei unter Einbeziehung mehrerer verschiedener Kompetenzbereiche durchgeführt. Das Coaching geht von der Individualität der Teilnehmer aus und erfasst neben kognitiven Leistungsmerkmalen und beruflichen Interessen auch Neigungen, Merkmale des Arbeitsverhaltens und persönliche Erfahrungen sowie den biografischen Hintergrund. Hiermit lässt sich eine Verbindung zwischen der Lebenswelt der Teilnehmer und den Anforderungen der Arbeitswelt herstellen. Darüber hinaus können über das Coaching aussagekräftige Profilwerte für die weitere Nutzung im Rahmen der Berufsorientierung und Ausbildungsstellenakquise generiert werden.

Beim individuellen Coaching bieten sich unterschiedliche Intensitäten und Methoden für die beiden Gruppenteile an, da durch den sprachlichen Aufholbedarf und die unterschiedliche rechtliche Situation der Flüchtlinge eine intensivere Betreuung bei der Vermittlung in Ausbildung notwendig ist. Während die in Deutschland geborenen oder aufgewachsenen Jugendlichen ein klassisches individuelles Coaching bekommen, übernimmt der Coach beim individuellen Coaching für Flüchtlinge die Rolle eines Paten. Als Pate kümmert er sich nicht nur um die Belange des begleiteten Jugendlichen, sondern unterstützt auch die Betriebe, die ein Interesse haben, den Teilnehmer auszubilden. Oft erschwert die Unsicherheit über die rechtlichen Rahmenbedingungen der Flüchtlinge eine Ausbildungs- oder Arbeitsaufnahme. Eine kompetente Aufklärung ist hier unabdingbar. Im Rahmen des individuellen Coachings bei „Start in den Beruf für Flüchtlinge" werden daher auch die künftigen Arbeitgeber und Ausbilder einbezogen und beraten. Der Coach unterstützt den Teilnehmer daher nicht nur beim Erstellen der Bewerbungsunterlagen und Trainieren des Vorstellungsgespräches, sondern steht auch den potenziellen Ausbildern als Ansprechpartner zur Verfügung. Damit können Brücken in die Ausbildung gebaut werden und die Chancen auf eine erfolgreiche und passende Vermittlung erhöhen sich erheblich.

Die Creos Lernideen und Beratung GmbH

Creos Lernideen und Beratung GmbH

Die Creos Lernideen und Beratung GmbH ist ein Bildungsdienstleiter mit 8 Standorten in NRW. Seit 1999 arbeitet Creos im Bereich der beruflichen Jugend- und Erwachsenenbildung sowie als Anbieter von E-Learning-Lösungen für Industrie und Mittelstand.

Für und mit der Evonik entwickelt Creos seit 2004 E-Learning-Szenarien und digitale Lerninhalte für die Aus- und Weiterbildung in der chemischen Industrie. Die Lernmedien aus den BMBF-geförderten Projekten „ELCH" und „DAWINCI" werden von mehr als 10 000 Auszubildenden genutzt.

Seit 2013 arbeitet Creos als pädagogische Begleitung in der Maßnahme „Start in den Beruf" mit.

Weitere Informationen unter www.creos.de.

10.4 Erfahrungen, Rückblick und Ausblick

Die Berufsvorbereitungsmaßnahme „Start in den Beruf für Flüchtlinge“ hat sich als Brücke in die Arbeitswelt bewährt. Kernelemente des erfolgreichen Pilotprojektes sind die enge Zusammenarbeit mit den zwei weiteren Bildungsträgern für sozialpädagogische Betreuung und die schulische Begleitung sowie die Kooperation mit Partnern, mit denen jungen Menschen, die nach Deutschland geflüchtet sind, gemeinsam eine Perspektive eröffnet werden kann.

Die bei Evonik vorhandenen, gut etablierten Strukturen der seit 15 Jahren umgesetzten Berufsvorbereitung „Start in den Beruf“ diente dabei als Basis für die Weiterentwicklung der Maßnahme. Ziel war und ist es, noch nicht ausbildungsfähigen Jugendlichen den Weg in eine Ausbildung zu ebnen. Auch wenn sich die zu beschreitenden Wege unterscheiden, ist es dabei gleichgültig, ob es sich um benachteiligte in Deutschland geborene Jugendliche handelt oder junge Menschen, die aus ihren Heimatländern geflohen sind.

Komplexere Sprachförderung nötig

Als eine zusätzliche Barriere für die geflohenen jungen Menschen erweist sich das wenig ausgeprägte Sprachvermögen. Auch wenn erste Sprachkurse die Teilhabe am Leben in Deutschland ermöglichen, so ist diese Sprachausbildung in der Regel nicht ausreichend, um im hoch technisierten Arbeitsumfeld mitwirken oder gar erfolgreich eine Ausbildung abschließen zu können. Im gewählten Ansatz, über eine Berufsvorbereitungsmaßnahme den Weg in die Arbeitswelt zu unterstützen, hatte daher die Sprachförderung einen hohen Stellenwert. In den ersten Wochen konnten gute Fortschritte beim Erlernen der deutschen Sprache beobachtet werden, nicht zuletzt, da die Umsetzung der Maßnahme in gemischten Teilnehmergruppen – reguläres Startprogramm und „Start in den Beruf für Flüchtlinge“ – erfolgte. Die Fortschritte in der Lese- und Schreibkompetenz waren aber deutlich geringer, sodass während der gesamten Maßnahme zusätzlich Deutschunterricht gegeben wurde. Das zusätzliche Angebot in Deutsch, Englisch, Kommunikation und Mathematik wurde auch einigen regulären Teilnehmern offeriert und führte zu deutlichen Leistungsverbesserungen. Als Folge wird für die nächste Durchführung von „Start in den Beruf“ ein Angleichen der Ausgangsleistungsfähigkeit bei allen Teilnehmern durch eine gemeinsame Vorschaltmaßnahme vor dem eigentlichen Beginn der Berufsvorbereitung sichergestellt.

Trotz didaktischer Reduzierung der fachlichen Inhalte ist der Aufwand zur Durchführung in gemischten Gruppen deutlich gestiegen. Insbesondere die persönliche Betreuung der Teilnehmer durch die Ausbilder, die Lehrer und die Coaches in der sozialpädagogischen Begleitung mussten weiter intensiviert werden. Der Einsatz lohnt sich. Vergleichbar einer Ausbildung im ersten Ausbildungsjahr werden alle Arbeitsschritte und die zu erreichenden Lernziele bewertet, letztendlich um eine Prognose der Ausbildungsfähigkeit in naturwissenschaftlich-technischen Berufen ableiten zu können. Um den Übergang in eine anschließende Ausbildung erfolgreich zu gestalten, werden alle

Teilnehmer ab Mitte der Maßnahme angehalten und unterstützt, sich auch selbstständig einen Ausbildungsplatz zu suchen. Aktiv unterstützt werden die jungen Menschen dabei durch vielfältige Angebote wie Austauschbörsen mit Unternehmen des Chemieparks, Aufbau von Kontakten zu Unternehmen und Betrieben in der Region, die bezahlte Freistellung für Praktika in anderen Berufsbildern, regelmäßige Information über freie Ausbildungsplätze (gemeldet von Agentur für Arbeit bzw. IHK) und Organisation von regelmäßigen Sprechstunden mit zuständigen Referenten der Agentur für Arbeit.

Kompetenzpass zum Abschluss der Berufsvorbereitungsmaßnahme

Zum Abschluss der Berufsvorbereitungsmaßnahmen „Start in den Beruf" und „Start in den Beruf für Flüchtlinge" erhalten alle Teilnehmer eine umfassende Abschlussbewertung in Form eines sog. **Kompetenzpasses „Start-Up"** (Lesch, 2014). Die Grundlage für den Kompetenzpass sind alle Bewertungsergebnisse der drei Lernorte Ausbildungszentrum, Berufsschule und sozialpädagogische Begleitung, die in Anlehnung an den IHK-Bewertungsschlüssel zu einer Gesamtbewertung verdichtet werden. In der Dimension Fachkompetenz werden die naturwissenschaftlichen und technischen Fertigkeiten und Kenntnisse sowie das Fachwissen in den Bereichen Mathematik und Sprache abgebildet und um die Dimensionen der methodischen, sozialen und persönlichen Leistungsmerkmale ergänzt.

Der Kompetenzpass dient einerseits der Dokumentation der Fertigkeiten und Fähigkeiten der Teilnehmer und ist andererseits ein aussagekräftiges Bewerbungsinstrument, auch für nachfolgende Bewerbungsschritte (◘ Abb. 10.5). Die Bewertung erfolgt in mehreren Teilschritten, wobei in der Abbildung der Leistungsstand nach wenigen Wochen und zum Ende der Maßnahme verglichen wird. Die dargestellte Fläche beschreibt den mittleren Leistungswert (unteres Diagramm). Im Vergleich lässt sich die Entwicklung ausgehend von der ersten Bewertung (links oben) zu einem Leistungswert nach Abschluss des 1. Qualifikationsschrittes (rechts oben) erkennen. Die Leistungsentwicklung ist dabei meist weder geradlinig noch gleichförmig. So lassen sich bei einer guten Ausgangsbewertung mit zunehmender Fachlichkeit (naturwissenschaftlich-technische Schwerpunkte) immer wieder auch Verschlechterungen im Leistungsspektrum beobachten. Diese „negative" Leistungsveränderung korreliert zum Teil mit geringeren Fortschritten im Erlernen der deutschen Sprache, liegt aber auch in den steigenden fachlich-inhaltlichen Anforderungen gepaart mit der zusätzlichen Herausforderung der Fachsprache begründet. Gleichzeitig werden aber auch die „wahren" Interessenschwerpunkte der Jugendlichen erkennbar, die in einer anderen beruflichen Heimat liegen können.

Jugendliche, deutschstämmige oder in Deutschland aufgewachsene und geflüchtete, mit einer mindestens befriedigenden Gesamtleistung erhalten ohne weitere Auswahlhürden von den Unternehmen im Chemiepark Marl ein Ausbildungsplatzangebot, in der Regel in den Berufen Chemikant, Anlagenmechaniker und Verfahrensmechaniker. Resultiert ein schwächeres Leistungsprofil, werden die jugendlichen Teilnehmer in Ausbildungsberufe mit geringeren kognitiven Anforderungen

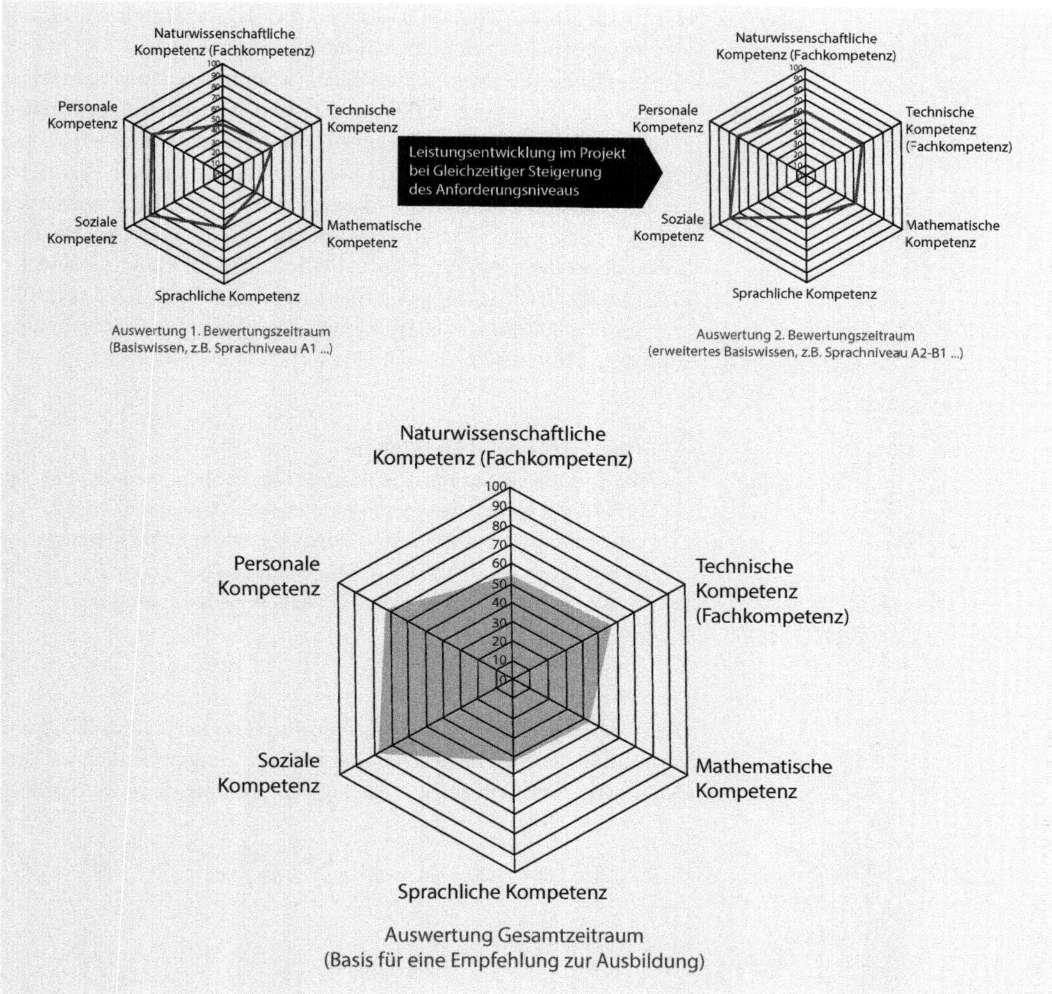

Abb. 10.5 Kompetenzpass „Start-Up"

vermittelt. Bei allen Vermittlungsbemühungen werden die persönlichen Neigungen und, wo immer möglich, die Wünsche der jungen Menschen berücksichtigt.

Profitieren von gemischten Gruppen

Neben der reinen Leistungsbewertung erweist sich das Verhalten der Teilnehmer als zentraler Erfolgsfaktor. Das persönliche Engagement ist ein bedeutsames Auswahlkriterium für ein Ausbildungsplatzangebot bei der Evonik Industries. In diesem Punkt profitierten alle Jugendlichen von der Erweiterung des Projektes. Für die jugendlichen Flüchtlinge wurden zwar zusätzliche Berufsvorbereitungsplätze geschaffen, die Gruppen dann allerdings gemischt. Die Vorteile ergaben sich in beide Richtungen: Die jugendlichen Flüchtlinge profitieren erheblich in der Sprachentwicklung, auf die in Deutschland geborenen Jugendlichen hat die hohe Motivation der Flüchtlinge abgefärbt. Für die jugendlichen

Flüchtlinge eröffnet „Start in den Beruf" die Chance, ein selbstbestimmtes und selbstfinanziertes Leben führen zu können.

Zum Ende von „Start in den Beruf" konnten in den vergangenen 15 Jahren im Mittel gut 80% der Jugendlichen in eine sich an das Projekt anschließende Ausbildung vermittelt werden, davon über 50% bei Evonik und gut 30% in externen Unternehmen und anderen Branchen. Bei den Zielberufen überwiegen die klassischen Facharbeiterberufe wie Anlagenmechaniker, Chemikant (Produktionsfachkraft Chemie) und Industriemechaniker. Aber auch die Berufsbilder Chemielaborant, Elektroniker (Fachrichtung Automatisierungs- oder Betriebstechnik) und Kaufleute für Büromanagement werden Teilnehmern regelmäßig angeboten (◘ Abb. 10.6).

Erfolge der neuen Maßnahme

Mit der neuen Zielgruppe geflüchteter Jugendlicher wurde eine Vermittlung in Ausbildung von rund 80% der Teilnehmer erzielt. Damit konnte bereits im ersten Durchlauf eine zu den Ergebnissen der regulären Startmaßnahme vergleichbare Vermittlung in Ausbildung und sozialversicherungspflichtige Beschäftigung erzielt werden.

Die Verteilung auf die Ausbildungsberufe ist vergleichbar vielfältig zur Vermittlung aus den bisherigen Maßnahmen. Ungewöhnlich im Vergleich zu den Erfahrungen mit den regulären Teilnehmern werden aber

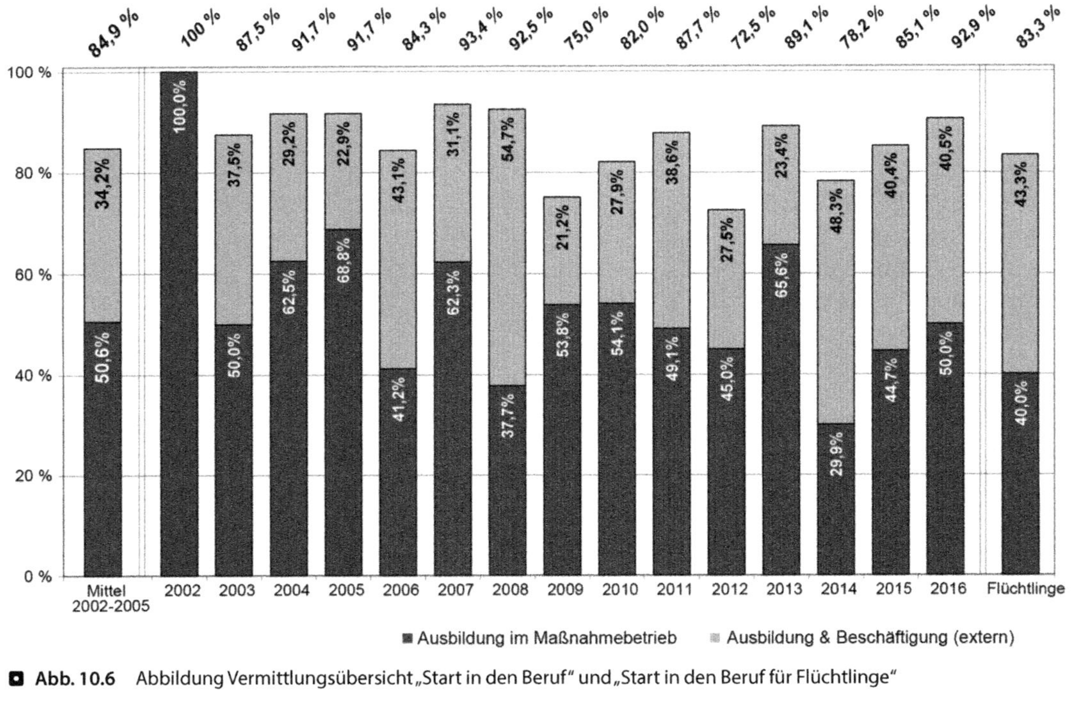

◘ **Abb. 10.6** Abbildung Vermittlungsübersicht „Start in den Beruf" und „Start in den Beruf für Flüchtlinge"

nicht alle Ausbildungsangebote seitens der geflüchteten Jugendlichen angenommen. Zwei geflüchtete Jugendliche haben ein Ausbildungsplatzangebot abgelehnt, da sie für sich persönlich einen anderen als die vorgeschlagenen beruflichen Qualifizierungswege als erstrebenswert sehen. Beide jugendlichen Flüchtlinge sind noch in einem Altersbereich, der den Besuch einer berufsbildenden Schule mit allgemeinbildendem Bildungsgang ermöglicht.

Für die verbleibenden jugendlichen Flüchtlinge wurden weitere Maßnahmen zur Erweiterung der sprachlichen Voraussetzungen als besserer Weg identifiziert und eingeleitet.

Tab. 10.2 Vermittlung „Start in den Beruf" und „Start in den Beruf für Flüchtlinge" 2015/2016

Vermittlung in Berufsbilder	**Teilnehmer**	
	„Start in den Beruf"	**„Start in den Beruf für Flüchtlinge"**
Chemische Industrie		
Anlagenmechaniker/in	1	2
Chemielaborant/in	13	5
Chemikant/in		2
Elektroberufe	2	1
Industriemechaniker/in	1	
Kaufleute für Büromanagement	1	
Verfahrensmechaniker/in	2	
Werkfeuerwehrleute	1	
Logistikberufe		1
Gastronomieberufe		1
Sonstige Branchen		
Chemikant/in	8	
Fliesenleger/in		1
Kaufleute für Büromanagement	2	
Logistikberufe	1	1
Maler/in und Lackierer/in	1	2
Mechaniker/in	3	1
Pflegeberufe		4
Sonstige	3	
Vermittlung in Beschäftigung		
Friseur/in		1
Logistikberufe		2
Sicherheitsbranche		1
Sonstiges		
weiterführender Schulbesuch	3	3
Vermittlung offen	8	2

Tab. 10.2 gibt einen Überblick zu den angestrebten Ausbildungsberufen der Teilnehmer von „Start in den Beruf" und „Start in den Beruf für Flüchtlinge".

Im zunehmenden Wettbewerb um Fachkräfte und auch um Auszubildende erscheint es lohnend, neue Wege zu beschreiten. Die Potenziale geflüchteter Menschen zu berücksichtigen und deren berufliche und soziale Kompetenzen zu fördern sowie die Erfahrungen aus den Herkunftsländern zu nutzen, ist empfehlenswert. Dabei hat sich der Weg über eine Berufsvorbereitungsmaßnahme als sehr zielführend erwiesen. Einerseits eröffnet dieser Weg den geflüchteten Jugendlichen einen ersten Blick in die Berufswelt eines hochtechnisierten Industrielandes, andererseits besteht die Möglichkeit, bewusst und eigengesteuert eine mündige Entscheidung für oder gegen eine Ausbildung in den vorgestellten und kennengelernten Berufsbildern zu treffen oder sich für eine berufliche Perspektive in einem anderen Umfeld zu entscheiden.

Literatur

Afhüppe, S., Sigmund Th., Specht F., Steingart G., Stratmann K. (29.01.2016). *Agenda 2016*. Düsseldorf: Handelsblatt.

Allianz für Aus- und Weiterbildung (2016). *Homepage der Allianz für Aus- und Weiterbildung*. http://www.aus-und-weiterbildungsallianz.de/AAW/Navigation/DE/Home/home.html. Zugegriffen: 03.08.2016

Bauchmüller M., Büschemann K.-H., Giesen C., Einecke H., Langenau L. (08.09.2015). *Arbeit zu vergeben*. München: Süddeutsche Zeitung.

Bolsmann, T. (13.11.2015). *Flüchtling aus Gambia erhält Arbeitsvertrag bei Evonik*. Essen: WAZ.

Bundesarbeitgeberverband Chemie (2016a). *Start in den Beruf*. https://www.bavc.de/bavc/web/web.nsf/id/pa_start_in_den_beruf.html. Zugegriffen: 03.08.2016

Bundesarbeitgeberverband Chemie (2016b). *Presseinformation zur Tarifregelung vom 23. Juni 2016*. http://www.bavc.de/bavc/web/web.nsf/id/li_pi_23062016.html. Zugegriffen: 20.10.2016

Chur, D. (29.10.2015). *Flüchtlinge in der Arbeitswelt*. http://www1.wdr.de/nachrichten/ruhrgebiet/berufsqualifizierung-fuer-fluechtlinge-100.html. Zugegriffen: 03.08.2016

Dopheide D. (2016). Investition in die Zukunft. *Wirtschaftsspiegel IHK*, Ausgabe 4.

Engel, K. (2016). *Vielfaches Engagement für Flüchtlinge*. https://www.wir-zusammen.de/patenschaften/evonik. Zugegriffen: 03.08.2016

Evonik Industries AG (2015). *Evonik lebt Vielfalt*. Mitarbeitermagazin Folio, Ausgabe 6.

Fiekens Th. (30.10.2015). *Chance des Lebens liegt für Pa und Muhammed in Marl*. Recklinghausen: Recklinghäuser Zeitung.

Fiekens Th. (18.02.2016). *Kreuzschaltung auf Deutsch*. Recklinghausen: Recklinghäuser Zeitung.

Fockenbrock D. (08.09.2015). *Bürger in Vorstandsetagen*. Düsseldorf: Handelsblatt.

Groß-Langenhoff D. (30.06.2016). *Integration von Flüchtlingen in den Arbeitsmarkt braucht Zeit*. http://www1.wdr.de/nachrichten/ruhrgebiet/integration-fluechtlinge-arbeitsmarkt-100.html. Zugegriffen: 20.10.2016

Hesse J., Schrader H-Ch. (2015). *Testtraining 200Plus*. Freising: Stark Verlag.

Hoffmann, K.P. (12.09.2015). *Engel hat einen Traum*. Berlin: Tagesspiegel.

Klose R. (24.02.2016). *Neue Chancen für die Zukunft*. Recklinghausen: Recklinghäuser Zeitung.

Lesch O. (2014). *Entwicklung eines Kompetenzpasses Start-UP zur Selbst- und Fremdanalyse für Teilnehmer der Berufsausbildungsvorbereitungsmaßnahme Start in den Beruf*. Abschlussarbeit Berufspädagoge

Mering P. (09.04.2016). *Halte Zukunft in den Händen*. Castrop-Rauxel: Stadt Anzeiger Castrop-Rauxel.

Molitor C. (2016). Chancen für junge Flüchtlinge. *Magazin Mitbestimmung*, Ausgabe 1, Februar 2016

Schmidt-Atzert L., Krumm St., Lubbe D. (2011). Toward Stable Predictions of Apprentices' Training Success. *Journal of Personnel Psychology*, Vol. 10(1), 34–42.

Wollenschläger K. (05.02.2016). Starthilfe für das Berufsleben. Hanau: Hanauer Anzeiger.

Integration von Flüchtlingen bei der Deutschen Bahn – Projektkonzept und Erfahrungswerte

Udo Franziszi und Joaquina Maculuve

A. Frintrup (Hrsg.), *Berufliche Integration von Flüchtlingen und Migranten*,
https://doi.org/10.1007/978-3-662-53942-2_11

Schon seit mehreren Jahren gibt es bei der Deutschen Bahn die Idee, asylsuchende Menschen bei der Personalrekrutierung stärker in den Fokus zu nehmen und in den Konzern zu integrieren. Angesichts der sog. Flüchtlingskrise im Herbst 2015 wurde die Implementierung der Pläne beschleunigt.
Zum einen wollten wir das hohe Maß an Potenzial und Motivation dieser oft viel zu sehr vernachlässigten Zielgruppe anerkennen und das Unternehmen so mit qualifizierten neuen Mitarbeitern bereichern. Zum anderen war es unser Ziel, ein Projekt auszuarbeiten, welches aus ihrer Heimat Vertriebenen die Chance bietet, ihr Können und ihre Talente aktiv einzusetzen und so in Deutschland Fuß zu fassen.
Im Rahmen eines Pilotprojekts für erwachsene Flüchtlinge bei der DB Fernverkehr AG haben es sich aktuell 17 Menschen aus aller Welt als Ziel gesetzt, einen IHK-Abschluss als Elektroniker für Betriebstechnik zu bestehen und anschließend fest in den DB-Konzern übernommen zu werden. Wir berichten hier über die Erfahrungswerte aus dem Projekt.

11.1 Hintergrund und Rahmen

Auf dem Weg zum Top-Arbeitgeber trägt die Deutsche Bahn eine große gesellschaftliche Verantwortung im sozialen, politischen und wirtschaftlichen Sinne. Dieser Verantwortung nachzukommen bedeutet auch, sich aktiv mit der in Deutschland brisanten Flüchtlingsthematik auseinanderzusetzen. Schon im Jahr 2013, also einige Jahre vor der großen Flüchtlingskrise, entstand bei der Deutschen Bahn die Idee, Flüchtlinge in das Unternehmen zu integrieren.

In Verbindung mit dem in den letzten Jahren immer knapper werdenden Angebot an Arbeitskräften auf dem deutschen Arbeitsmarkt (Statistik der Bundesagentur für Arbeit, 2016) wurde der Gedanke, diese völlig neue Zielgruppe für unseren Konzern zu gewinnen, immer drängender. Nicht zuletzt aufgrund des demografischen Wandels herrscht mittlerweile ein starker Wettbewerb um neue Mitarbeiter. Schon jetzt kann in einigen Regionen Deutschlands nahezu Vollbeschäftigung festgestellt werden und v. a. in Bayern und Baden-Württemberg ist das Fachkräfteangebot inzwischen sehr limitiert (Statistik der Bundesagentur für Arbeit, 2016). Folglich stehen auch die Großkonzerne aktuell in großer Konkurrenz zueinander und müssen im Rahmen der Personalgewinnung intensiv für sich werben.

Flüchtlinge integrieren und gleichzeitig dem Mangel an Facharbeitern entgegensteuern

Dem Konzern war es ein Anliegen, nicht nur akute Notstände anzugehen, sondern proaktiv zu denken, zu planen und zu agieren und ein dementsprechend nachhaltiges Projekt anzuregen. Es sollte eine Maßnahme eingeleitet werden, die auf die **Integration von Flüchtlingen** abzielt und gleichzeitig als Lösungsmodell fungiert, dem konkreten **Mangel an Facharbeitern** entgegenzusteuern.

Auch die **DB Fernverkehr AG**, ein Tochterunternehmen der Deutschen Bahn, muss sich anstrengen, geeignete Fachkräfte zu rekrutieren. Hier bezieht sich der Bedarf insbesondere auf die gewerblich-technischen Berufe (v. a. Elektroniker). Deswegen hat die DB Fernverkehr AG für den Konzern ein Pilotprojekt entwickelt, das genau hierauf zugeschnitten ist.

Die DB Fernverkehr AG
Mit circa 16 000 Mitarbeiterinnen und Mitarbeitern erbringt die DB Fernverkehr AG nationale und europaweite Fernverkehrsleistungen für den Konzern. Kerngeschäft bildet der Tageslinienverkehr mit ICE-, IC- und EC-Zügen. Hierfür wird ein dichtes Netz von über 700 täglichen Schienenfernverkehrsverbindungen in Deutschland betrieben. Neben dem nationalen Angebot werden – überwiegend im Rahmen von Kooperationen – pro Tag in etwa 250 grenzüberschreitende Verbindungen zu rund 80 europäischen Städten angeboten. Auf diese Weise kommen täglich rund 340 000 Kunden an ihr Ziel.
Um dies gewährleisten zu können, werden kontinuierlich Nachwuchskräfte benötigt, v. a. im qualifizierten Facharbeiterbereich. Die DB Fernverkehr AG bildet deshalb nicht nur in kaufmännischen Berufen aus, sondern bietet z. B. in den Instandhaltungswerken auch die Möglichkeit, sich für gewerblich-technische Berufe ausbilden zu lassen. Hier werden u. a. Industriemechaniker/innen, Mechatroniker/innen und auch Elektroniker/innen für Betriebstechnik ausgebildet.

11.2 Projektverlauf

Erwachsene Asylsuchende durch ein neuartiges Qualifizierungsmodell zum Elektroniker für Betriebstechnik umschulen

Mit dem Entwurf des Projekts unter dem Motto „Alternative Karriere – Rekrutierung von erwachsenen Flüchtlingen" durch die **DB Fernverkehr AG** und die **interne Recruiting Organisation** der Deutschen Bahn starteten wir im Frühjahr 2014 die Konkretisierung unseres Vorgehens: Ziel war und ist es, erwachsene Asylsuchende mit entsprechender Berufserfahrung und hoher Bleibeperspektive durch ein neuartiges Qualifizierungsmodell zum Elektroniker für Betriebstechnik umzuschulen.

Da es damals in Deutschland noch kein vergleichbares Angebot für erwachsene Flüchtlinge gab, konnte wenig auf Erfahrungswerte zurückgegriffen werden. Insofern war die Suche nach geeigneten Partnern – sowohl bahnintern als auch extern – für dieses Projekt essenziell.

Nach einem knappen Jahr der Suche nach Informationen und relevanten Stakeholdern, vielen Diskussions- und Konzeptionstreffen konnte im Dezember 2014 mit dem Projekt-Kick-Off der offizielle Startschuss gegeben werden. Der erste Meilenstein bestand darin, den Rahmen des Projekts genauer zu bestimmen: In diesem Kontext war es erforderlich, die notwendigen Kriterien für die Förderfähigkeit und Unterstützung durch die Bundesagentur für Arbeit und die Jobcenter klar zu definieren. Außerdem wurde fortlaufend bis Anfang 2016 an dem konkreten Ablauf der Umschulung und der Ausarbeitung der Umschulungsinhalte – unter strikter Beachtung der Standards des Berufs „Elektroniker für Betriebstechnik" nach IHK-Kriterien – gearbeitet. Immer vor dem Hintergrund, ein völlig neues, zielgruppenorientiertes Qualifizierungskonzept zu entwickeln, das die individuellen Vorkenntnisse (sowohl sprachlicher als auch fachlicher Natur) der Teilnehmer berücksichtigt (◘ Abb. 11.1).

Ab Juli 2015 wurden dann erstmals aktiv Marketingmaßnahmen zur Teilnehmerakquise eingeleitet. Mithilfe von Print- und Online-Flyern in den Sprachen Deutsch, Englisch und Französisch sollten möglichst viele geeignete Bewerber erreicht werden. Mit der Unterstützung von relevanten Multiplikatoren wie großen Sozialverbänden (**AWO, Caritas, Innere Mission, Paritätischer Wohlfahrtsverband**), Flüchtlingsnetzwerken, den **Flüchtlingen in Beruf und Ausbildung** München, **Jobcenter** und der **Bundesagentur für Arbeit** München konnten so bis zum September über 100 Bewerber ausfindig gemacht werden.

Im Herbst 2015 bezog sich die Projektarbeit gezielt auf die Teilnehmerauswahl und die Abklärung möglicher Anerkennungen bereits vorhandener Ausbildungsnachweise.

Die im Heimatland absolvierten Abschlüsse wurden von der **Industrie- und Handelskammer München** geprüft. Für einige der Teilnehmer stellte sich hier schon heraus, dass deutlich kürzere Umschulungszeiträume für eine Qualifizierung ausreichend sein würden.

Anschließend fanden Informationstage statt, an denen allen interessierten Flüchtlingen die Deutsche Bahn als Arbeitgeber vorgestellt und die Inhalte der geplanten Umschulungsmaßnahme dargestellt wurden. Auf diesem Wege sollte den Interessenten eine fundierte Informationsgrundlage zur bewussten Entscheidung für oder gegen die Deutsche Bahn als Arbeitgeberin vermittelt werden.

Im Oktober und November wurden in der Trainingswerkstatt von **DB Training** – dem internen Anbieter für Ausbildung und Qualifizierung bei der DB – sog. „Profiltage" durchgeführt. Ein extra hierfür konzipiertes Auswahlverfahren, das sich am ehesten mit einer Art Assessmentcenter vergleichen lässt, diente der Bewerberauswahl. Mithilfe vorwiegend sprachunabhängiger Messinstrumente konnten sowohl die individuellen fachlichen Fertigkeiten und Fähigkeiten der Flüchtlinge als auch das Teamverhalten erfasst werden. Zu den Bewerberaufgaben gehörte beispielweise das Verlängern von 230-Volt-Leitungen, das Lesen technischer Zeichnungen oder die Interaktion in der Gruppe bei Teamübungen. Ein anschließender Deutschtest lieferte Auskunft über die sprachliche Ausgangslage des jeweiligen Bewerbers.

Am Ende der zwei Profiltage konnte 24 Männern mit elektrotechnischem Hintergrund eine Zusage für die Teilnahme an der Qualifizierungsmaßnahme zum Elektroniker für Betriebstechnik gegeben werden. Die Prüfung der Aufenthaltsperspektive, des Aufenthaltstitels und der Förderfähigkeit jedes einzelnen Umschülers zog sich noch bis Juni 2016. Auf diesem Wege mussten bis Mai 2016 leider noch einige der Teilnehmer aus dem Projekt ausscheiden.

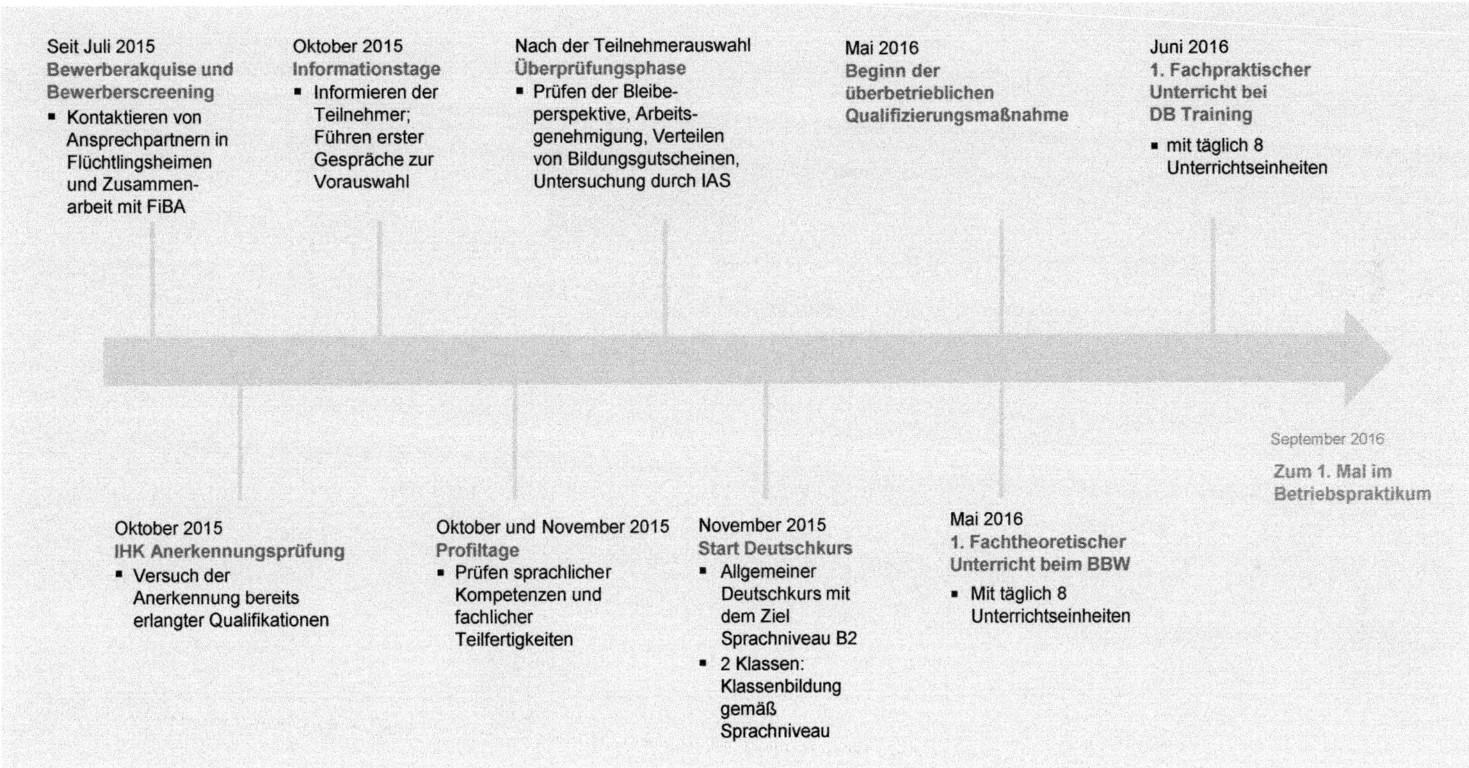

Abb. 11.1 Ablaufübersicht

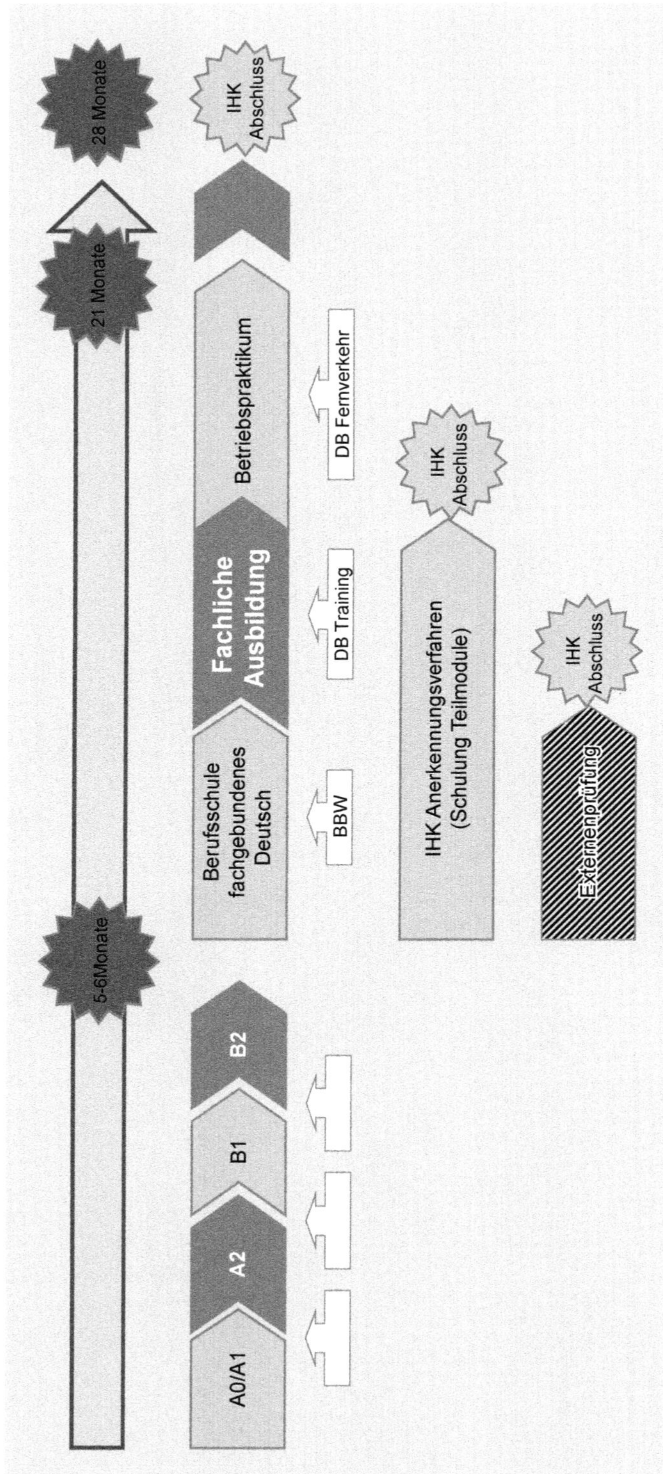

Abb. 11.2 Qualifizierungsmodell

11

Für jeden der Umschüler wurde im November 2015 ein auf ihn zugeschnittener Ausbildungsplan festgelegt. Die Qualifizierungsmaßnahme startete mit einem Deutschkurs, der bis zu sechs Monate dauerte. In zwei Gruppen (aufgeteilt nach dem jeweils anfänglichen Sprachniveau) fand der Unterricht an fünf Tagen die Wochen à sieben Stunden statt. Weil sich staatlich finanzierte Deutschkurse je nach Herkunftsland des Flüchtlings inhaltlich stark voneinander unterscheiden können, kamen sie für die Umschulung nicht infrage. Hierfür wurde deswegen das Bildungswerk der Bayerischen Wirtschaft als externer Partner herangezogen. Eine Hälfte der Klasse konnte sich so schon bis Ende April 2016, die andere Hälfte bis Mitte Mai 2016 das Sprachniveau B2 nach europäischem Referenzrahmen zertifizieren lassen (Sprachniveaustufen A1 bis C2 s. ► Abschn. 10.3.2). Drei der Teilnehmer konnten sich den Großteil ihrer im Ausland erworbenen Ausbildungsnachweise anerkennen lassen und nach der Beendigung des Sprachkurses bei der Deutschen Bahn AG als Elektroniker fest eingestellt werden.

Im Mai konnten 17 Teilnehmer in die eigentliche Umschulungsmaßnahme einsteigen (■ Abb. 11.2). Die ersten Wochen bestanden aus fachtheoretischem Unterricht bei unserem externen Partner, dem **Bildungswerk der Bayerischen Wirtschaft**. Hier findet auch in künftigen Unterrichtsblöcken – parallel zur Fachtheorie – bis zum Umschulungsende stets ein begleitender Deutschkurs mit Vermittlung des Fachvokabulars statt. Der fachpraktische Unterricht erfolgt blockweise bei DB Training. Außerdem durchlaufen die Umschüler seit September 2016 Praxisphasen in den verschiedenen Meistereien des ICE-Werkes München der DB Fernverkehr AG und lernen so schon ihren künftigen Arbeitsplatz und ihre künftigen Kollegen kennen.

Interne und externe beteiligte Akteure

Interne beteiligte Akteure:

- DB Fernverkehr
- Recruiting-Organisation der Deutschen Bahn
- DB Training

Externe beteiligte Akteure:

- Agentur für Arbeit (München und Zentrale der Bundesagentur in Nürnberg) und Jobcenter München
- Berufliches Fortbildungszentrum der Bayerischen Wirtschaft (bfz) bzw. Bildungswerk der Bayerischen Wirtschaft (bbw)
- Flüchtlinge in Beruf und Ausbildung (FiBA) in München
- Industrie- und Handelskammer München (IHK)
- Münchener Arbeiterwohlfahrt (AWO)
- Bahn Sozialwerk (BSW)
- Caritas
- Innere Mission
- Paritätischer Wohlfahrtsverband
- Sozialreferat der Stadt München

11.3 Der aktuelle Stand

11.3.1 Die Teilnehmerklasse

Rückmeldungen von Ausbildern und Deutschlehrern zur Umschulungsklasse fielen bisher übereinstimmend positiv aus

Derzeit sind 17 Männer im Alter von 26–41 Jahren in das Projekt involviert. Wir haben eine sehr gemischte Gruppe in Bezug auf Heimatland und Aufenthaltsdauer in Deutschland. Einige Teilnehmer sind schon vor über 15 Jahren nach Deutschland gekommen, andere haben erst im Jahr 2015 hier Asyl gesucht. Die Herkunftsnationen der Umschüler sind Afghanistan, Algerien, Eritrea, Iran, Nigeria, Russland, Syrien und Tunesien. Die Rückmeldungen von Ausbildern und Deutschlehrern zur Umschulungsklasse fielen bisher übereinstimmend positiv aus. Mitarbeiter des Trainingszentrums beschreiben die Flüchtlinge als hoch konzentriert, motiviert und neugierig.

» Diese Übermotivation der Mitarbeiter ist so hoch, dass ich sie regelrecht in die Pause schleppen muss, um [...] die Arbeitszeiten einzuhalten. (Ausbilder von DB Training, 2016)

11.3.2 Das Betreuerteam

Im Verlaufe der Umschulung werden die 17 Männer in den unterschiedlichen Ausbildungsstationen immer wieder auf neue Menschen stoßen, die ihnen unterstützend zur Seite stehen. Dieses Betreuerteam lässt sich organisatorisch in ein Ausbildernetzwerk und ein Helfernetzwerk unterteilen (◘ Abb. 11.3).

Das Ausbildernetzwerk besteht nicht nur aus dem fachtheoretischen Ausbilder des Bildungswerks der Bayerischen Wirtschaft und dem fachpraktischen Ausbilder von DB Training. Im ICE-Werk werden die Teilnehmer (genauso wie die Auszubildenden im Werk) von Fachvermittlern eingewiesen und „an die Hand genommen".

Das Helfernetzwerk setzt sich aus dem Sozialpädagogen des Beruflichen Fortbildungszentrums der Bayerischen Wirtschaft und aus an die Caritas angebundenen ehrenamtlichen Betreuern zusammen.

Zur Koordination des Betreuerteams finden regelmäßige Austauschtreffen statt mit fachlichen, interkulturellen oder persönlichen Themen der Teilnehmer im Fokus

Um eine Koordination des Betreuerteams gewährleisten zu können, finden in regelmäßigem Turnus Austauschtreffen statt, in denen fachliche, interkulturelle oder persönliche Themen der Teilnehmer besonders im Fokus stehen. Als Ansprechpartner in interkulturellen Fragen wurde die Corporate-Social-Responsibility-Abteilung des Sozialreferats München mit ins Team eingebunden.

11.3.3 Anstehende Aufgaben

Zum Beginn wurden die 17 Umschüler in der Trainingswerkstatt fachpraktisch unterrichtet. Seit Herbst 2016 finden die ersten Praxisphasen in den verschiedenen Meistereien des ICE-Werkes statt. Hier soll

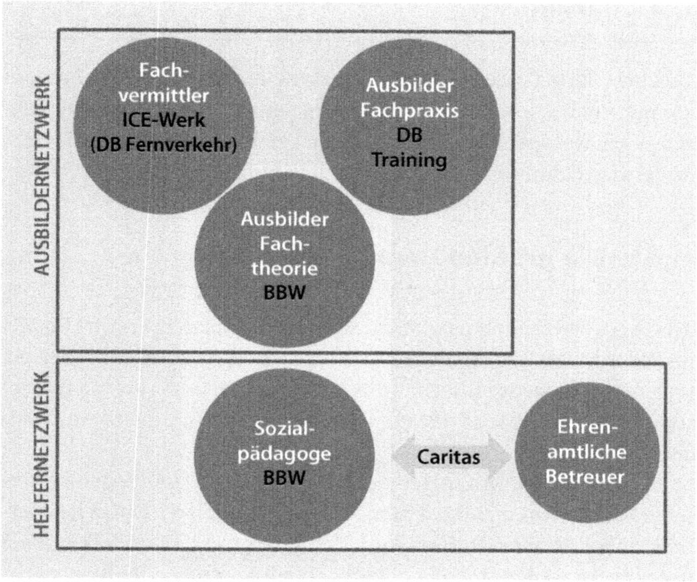

Abb. 11.3 Betreuernetzwerk

den Männern die Eingliederung in die Strukturen des Werks durch die Einweisung von Fachvermittlern erleichtert werden. Schon im Vorfeld wurden kurze Steckbriefe der Flüchtlinge unter der Überschrift „Unser Werk wird bunt" ausgehängt, um die Werkmitarbeiter auf ihre neuen Kollegen einzustimmen und gegebenenfalls Vorurteile abzubauen. Das Projektteam wird genau beobachten, wie die Integration der neuen Mitarbeiter in das Werk gelingt und ob eventuell weitere Unterstützungsangebote eingeleitet werden müssen.

Im Bereich des Helfernetzwerks besteht ebenfalls noch Handlungsbedarf. Obwohl manche Teilnehmer bereits einen ehrenamtlichen Betreuer haben, steht bei einigen Flüchtlingen mit Bedarf an zusätzlicher Unterstützung noch die Vermittlung eines freiwilligen Helfers aus. Im Anschluss an die Helferakquise ist eine Veranstaltung geplant, die dem gesamten Helfernetzwerk die Konzeption der Umschulungsmaßnahme der DB Fernverkehr AG näherbringen soll.

Nicht nur die Helfer, auch der Rest des Betreuernetzwerkes steckt noch „in den Kinderschuhen" und muss sich einspielen. Nachdem nun die Rollenerwartungen aller Beteiligten klar voneinander abgegrenzt und transparent gemacht worden sind, wird es sich mit der Zeit zeigen, wie aktiv die eigenständige Koordination der beiden Netzwerke angegangen wird bzw. ob hier unterstützt werden muss.

Gemeinsame Freizeitaktivitäten wie beispielsweise ein geplantes Sommerfest und eventuell ein Klassenausflug oder sogar eine Klassenreise runden die Betreuung ab und sollen einen Rahmen zu Familienbegegnung, kulturellem Austausch und Kommunikation unter Kollegen bieten.

11.4 Rückblick

Das Projekt befindet sich in einer aktuellen Umsetzungsphase, es können noch keine abschließenden Ergebnisse oder Projekterfahrungen geteilt werden. Wir berichten jedoch gerne über bisherige Herausforderungen und wie sie gelöst werden konnten.

11.4.1 Die größten Herausforderungen

Schon bei der Teilnehmerakquise wurden wir mit dem ersten Hindernis konfrontiert. Die fehlende Datenbasis erschwerte die Rekrutierung ungemein, da weder Informationen zur Anzahl noch zur Qualifizierung der Geflüchteten vorlagen oder wo man entsprechend Ausgebildete finden könne.

In den Heimatländern ausgestellte Zertifikate und Zeugnisse weder untereinander noch mit deutschen Bildungsnachweisen vergleichbar

Als eine weitere große Herausforderung stellten sich die ganz unterschiedlichen Vorqualifikationen der Bewerber heraus. Die in den verschiedenen Heimatländern ausgestellten Zertifikate und Zeugnisse waren meist weder untereinander noch mit deutschen Bildungsnachweisen vergleichbar. Dementsprechend aufwendig gestalteten sich die Anerkennungsprüfungen.

Noch im Juni 2016 standen die letzten Rückmeldungen bzgl. Aufenthaltsgenehmigung und Förderfähigkeit aus. Dadurch bestand durchgängig das Risiko, einige der Teilnehmer wieder aus dem Projekt zu verlieren. Unfreiwillige Abgänge spiegelten sich natürlich auch in der Gesamtstimmung der Umschulungsklasse wider. In der Gruppe war die Angst vor Abschiebungen lange ein sehr großes und wichtiges Thema. Frei gewordene Teilnehmerplätze konnten teilweise nachbesetzt werden, wobei die Auswahl der Spätbewerber häufig an dem im Verlauf der Maßnahme steigenden Anforderungsniveau (v. a. in Bezug auf die Sprache aufgrund des fortlaufenden Deutschkurses) scheiterte.

Wir sind im Laufe des Pilotprojekts an einige Hindernisse geraten, die uns im Vorfeld gar nicht in den Sinn gekommen waren. Es gibt eine Menge Gegebenheiten, die uns selbstverständlich erscheinen, bei der Arbeit mit Flüchtlingen aber durchaus eine Herausforderung darstellen können. Beispielsweise ist eine Erstattung von Reisekosten für Bewerber keine Leichtigkeit, wenn kein Bankkonto vorliegt. Oder das Lernen von Umschulungsinhalten kann sehr durch die Wohnsituation des Teilnehmers behindert werden, wenn nur eine Sammelunterkunft als aktuelle Bleibe vorhanden ist. Auch das Geldverdienen an sich kann bei dieser Zielgruppe ein Problem sein, weil Bezüge aus dem Arbeitsverhältnis mit staatlichen Unterstützungsangeboten verrechnet werden. Die vertragliche Situation gestaltete sich also auch nicht so einfach wie etwa bei den Auszubildenden im Unternehmen.

Generell machten rechtliche Faktoren, zeitliche Restriktionen und der Mangel an Erfahrung mit der Zielgruppe eine klare Prognose des Projektverlaufs durchweg unmöglich.

Viele der ursprünglich geplanten Maßnahmen liefen zwar nicht wie erwartet, führten aber auf Umwegen dennoch zum Ziel. Ein Punkt, in dem sich das Projektteam allerdings entscheidend verschätzt hat, war die Anzahl der Umschüler, die aus diversen Gründen später noch aus dem Programm ausscheiden musste. Von den anfänglich 24 Flüchtlingen sollten mindestens 19 die Qualifizierungsmaßnahme mit einem anerkannten IHK-Abschluss beenden. Drei der Teilnehmer konnten sich den Großteil ihrer im Ausland erworbenen Ausbildungsnachweise anerkennen lassen und bereits bei der Deutschen Bahn eingestellt werden. Von zwei Umschülern mussten wir uns aufgrund von Abschiebung, von einem verhaltensbedingt trennen. Bei der aus aktuell 17 Männern bestehenden Klasse ist zwar kein Abgang mehr zu erwarten – trotzdem würde diese unerwartet hohe Ausfallquote in einem nächsten Durchgang aber definitiv berücksichtigt werden.

11.4.2 Die wichtigsten Erfolgsfaktoren

Zu jedem Zeitpunkt im Projektverlauf konnte bei allen Projektbeteiligten und -partnern eine hohe Flexibilität und Offenheit neuen Wegen gegenüber verzeichnet werden. Da die Entwicklung eines neuen Meilensteinplans wie diesem keine Routinearbeit darstellt, waren eine ständige Anpassung an aktuelle Gegebenheiten und eine enge Zusammenarbeit aller Beteiligten für das Fortbestehen des Projektes unabdingbar. Trotz unklarer Rahmenbedingungen war das gesamte Team bereit, den Mut aufzubringen, unklare Schritte zu gehen und Hindernisse gemeinsam anzugehen und aus dem Weg zu räumen. In regelmäßigen Treffen konnten sich die relevanten Akteure über Einzelfälle austauschen, neue Maßnahmen diskutieren und ihre Rollen und Aufgabenbereiche klar definieren und voneinander abgrenzen. Ohne eine derart intrinsisch motivierte und engagierte Projektgruppe hätte das Kooperationsmanagement niemals so reibungslos funktioniert.

Inzwischen macht sich auch klar bemerkbar, dass es richtig war, sich für ein so ganzheitlich aufgestelltes Projekt zu entscheiden. Natürlich haben Planung, Steuerung und Koordination der Beteiligten durch Kooperationen mit zahlreichen Partnern sehr viel Zeit in Anspruch genommen. Allerdings sind beispielsweise die enge sozialpädagogische Betreuung der Teilnehmer oder die Anbindung an die Caritas essenzielle Bausteile der Umschulungsmaßnahme. Viele der Flüchtlinge befinden sich in Wohnsituationen, die das Lernen stark erschweren, haben mit Traumatisierungen zu kämpfen oder benötigen Unterstützung bei Behörden- oder Ämtergängen. Die Bearbeitung aller Problemstellungen dieser Art hätte die Kapazitäten der DB Fernverkehr AG weit überschritten.

Es macht sich klar bemerkbar, dass die Entscheidung für ein ganzheitlich aufgestelltes Projekt richtig war

Natürlich ist auch die enorme Motivationsbereitschaft der Klasse als Erfolgsfaktor zu verbuchen. Ein zielorientierter Rekrutierungsprozess führte dazu, dass wir es nun mit engagierten Teilnehmern zu tun haben, die gute Qualifikationen besitzen und sowohl große Hoffnungen in die Umschulungsmaßnahme setzen als auch echten Leistungsdrang an den Tag legen.

11.5 Ausblick und Fazit

Nach 21–28 Monaten, also spätestens im August 2018, sollen die 17 Umschüler als qualifizierte Fachkräfte bei der DB Fernverkehr AG eingestellt werden. Bei drei Teilnehmern ist es durch eine Teil- beziehungsweise Vollanerkennung des im Heimatland erlangen Abschlusses gelungen, den Qualifizierungszeitraum stark zu verkürzen. Schon im Mai 2016 konnten diese Facharbeiter als offizielle Mitarbeiter der Deutschen Bahn im ICE-Werk begrüßt werden. Einer der Teilnehmer war studierter Elektroingenieur und konnte inzwischen bei der DB Fahrzeuginstandhaltung eine Beschäftigung aufnehmen.

Innerhalb der Deutschen Bahn AG ist das Pilotprojekt eine wunderbare Möglichkeit, die Vielfalt in der Belegschaft zu fördern und gegebenenfalls Vorurteile gegenüber Flüchtlingen durch den Kontakt mit ihnen abzubauen. Schon jetzt kann man bei allen an der Qualifizierung Beteiligten feststellen, dass sich die teils anfängliche Unsicherheit mit den Unbekannten schnell in Sympathie und Begeisterung umgewandelt hat. Nicht zuletzt aus diesem Grund ist eine bundesweite konzerninterne Ausdehnung vergleichbarer Umschulungsprojekte mit regelmäßiger Durchführung ein realistisches Ziel der nächsten Jahre. Auch wenn sich das Projekt sehr aufwendig und teuer gestaltet hat, können andere Tochterunternehmen der Deutschen Bahn in Zukunft auf fundierte Erfahrungswerte zurückgreifen, was zu routinierteren und effektiveren Projektverläufen führen wird. Ab Herbst 2016 wird die DB Netz AG die nächste Flüchtlingsklasse zum Elektroniker für Betriebstechnik in München umschulen.

Die Deutsche Bahn AG möchte anderen Großunternehmen sowie klein- und mittelständischen Betrieben Mut machen, ebenso wie sie einen integrativen Arbeitsmarkt zu gestalten

Das Projekt „Alternative Karriere – Qualifizierungsprogramm für erwachsene Flüchtlinge" ist ein gutes Beispiel dafür, dass die Arbeitsintegration von Flüchtlingen auch auf einem nichtherkömmlichen Wege funktionieren und Erfolge bringen kann. Die Deutsche Bahn AG möchte anderen Großunternehmen, aber auch klein- und mittelständischen Betrieben dadurch Mut machen, es ihnen gleich zu tun und so einen integrativen Arbeitsmarkt zu gestalten.

Literatur

Statistik der Bundesagentur für Arbeit (2016). *Analyse des Arbeitsmarktes in Deutschland Juni 2016*. http://statistik.arbeitsagentur.de/. Zugegriffen: 26.07.2016

Integration von Flüchtlingen bei den Stadtwerken München

Werner Albrecht

A. Frintrup (Hrsg.), *Berufliche Integration von Flüchtlingen und Migranten*,
https://doi.org/10.1007/978-3-662-53942-2_12

Eine gemeinsame Ausbildungsinitiative der Stadtwerke München und des Stadtjugendamts München ermöglicht sozial benachteiligten bzw. individuell beeinträchtigten jungen Erwachsenen eine technisch-gewerbliche Ausbildung mit ergänzender persönlicher und sozialpädagogischer Unterstützung. Seit einigen Jahren werden zudem Flüchtlinge in dem Projekt erfolgreich integriert. Bis heute haben über 135 junge Männer und Frauen mit beruflichen und persönlichen Schwierigkeiten ihre Ausbildung im Stadtwerkeprojekt aufgenommen. Fast 70 haben sie erfolgreich abgeschlossen. Auf dieser Basis haben die Stadtwerke München gemeinsam mit der Bildungsinitiative Stadtwerkeprojekt und dem Kooperationspartner Spectrum e. V. eine „Berufsvorbereitende Bildungsmaßnahme mit produktionsorientiertem Ansatz" entwickelt. Hier durchlaufen jährlich rund 20 unbegleitete minderjährige Flüchtlinge verschiedene Bausteine für die Berufsvorbereitung.

12.1 Die Kooperationspartner

Gemeinsame Ausbildungsinitiative der Stadtwerke München und des Stadtjugendamts München

Das Stadtwerkeprojekt ist eine Kooperationseinrichtung zwischen der Stadtwerke München GmbH (SWM) und dem Verein Spectrum – Arbeit, Beruf, Soziales e. V.

Die Stadtwerke München sind das kommunale Versorgungs- und Dienstleistungsunternehmen Münchens. Sie stehen für eine sichere und ressourcenschonende Versorgung mit Energie und quellfrischem Trinkwasser. Mit 18 Hallen- und Freibädern betreiben die Stadtwerke München eine der modernsten Bäderlandschaften Deutschlands. Ihre Verkehrstochter MVG ist verantwortlich für U-Bahn, Bus und Tram und damit ein wesentlicher Pfeiler im Münchner öffentlichen Personennahverkehr (ÖPNV). Die Stadtwerke München sind einer der größten Ausbildungsbetriebe Münchens.

In den Betrieben des Vereins Spectrum e. V. werden Jugendliche und Erwachsene ohne Berufsausbildung und mit beruflichen Handicaps praxisnah an den ersten Arbeitsmarkt herangeführt. Markenzeichen und pädagogische Methode von Spectrum e. V. ist die Einbindung der Auszubildenden und der Mitarbeitenden in die berufliche Wirklichkeit eines am Markt agierenden Unternehmens bei gleichzeitiger sozialpädagogischer Begleitung. Durch dieses betriebliche Lernfeld gewinnen sie neben fachlicher Qualifizierung Vertrauen in die eigenen Fertigkeiten und Fähigkeiten. Das bildet eine unverzichtbare Grundlage für ein selbstbestimmtes und -geführtes Leben.

Als kommunales Unternehmen nehmen die Stadtwerke München in Kooperation mit Spectrum e. V. ihre besondere soziale Verantwortung wahr. Sie ermöglichen hiermit sozial benachteiligten Jugendlichen im Rahmen des Stadtwerkeprojekts eine gute berufliche Ausgangsbasis und setzen sich dafür ein, dass sie eine Chance bekommen.

12.2 Das Stadtwerkeprojekt

Gemeinsam mit dem Stadtjugendamt München haben die Stadtwerke München vor bald 30 Jahren das Stadtwerkeprojekt als gemeinsame Ausbildungsinitiative ins Leben gerufen. Bis heute haben über 135 junge Männer und Frauen mit beruflichen und persönlichen Schwierigkeiten ihre Ausbildung dort aufgenommen und fast 70 haben sie erfolgreich abgeschlossen. Rund die Hälfte von ihnen arbeitet heute für die Stadtwerke München.

Stadtwerke München und Stadtjugendamt München haben vor bald 30 Jahren das Stadtwerkeprojekt als gemeinsame Ausbildungsinitiative ins Leben gerufer

Im Stadtwerkeprojekt arbeiten insgesamt 2 Sozialpädagoginnen und 1 Handwerker mit sozialpädagogischer Zusatzausbildung. Ergänzt wird das pädagogische Angebot durch eine teilbetreute Wohngemeinschaft – nicht zuletzt eine Entlastung der Azubis auf dem Münchner Wohnungsmarkt.

12.2.1 Zielsetzung

Eine abgeschlossene Berufsausbildung sowie eine ausgeglichene und gefestigte Persönlichkeit sind wichtige Voraussetzungen für ein erfolgreiches Leben in unserer Gesellschaft. Darum soll das Stadtwerkeprojekt der sozialen Ausgrenzung benachteiligter junger Menschen von Beginn an entgegenwirken. Es versteht sich als eine Ergänzungsmaßnahme zum Regelsystem der beruflichen Bildung. Es ist gleichzeitig Teil eines stabilen Netzwerkes verschiedener Einrichtungen aus den Bereichen Wirtschaft, Schule, Berufsbildung, Jugendhilfe, soziale Fachdienste und Behörden. Dabei führen die Stadtwerke München die berufliche Erstausbildung durch, während Spectrum e. V. die sozialpädagogische Begleitung der jungen Menschen übernimmt. Wesentliche Teilziele auf dem Weg zum erfolgreichen Abschluss der Ausbildung sind:

- Hinführung zu einer eigenverantwortlichen, gewalt-, straf- und suchtmittelfreien Lebensführung,
- Abbau von Sozialisationsdefiziten, persönliche Stabilisierung sowie
- Entwicklung einer konkreten Lebensplanung und Befähigung zur Teilnahme am gesellschaftlichen Leben.

12.2.2 Zielgruppe

Das Stadtwerkeprojekt richtet sich an junge Menschen, die nach dem Kinder- und Jugendhilfegesetz (SGB VIII, KJHG §13) als benachteiligt gelten. Das heißt, sie haben Schwierigkeiten bei ihrem beruflichen Einstieg und benötigen dabei Hilfe. Zielgruppe sind dabei Männer und Frauen zwischen 17 und 27 Jahren. Sie müssen in München wohnen und Bedarf an zusätzlicher Unterstützung haben, um erfolgreich eine Berufsausbildung absolvieren und ein selbstständiges Leben führen zu können.

Meist haben die Bewerberinnen und Bewerber bereits einen oder mehrere Ausbildungsversuche hinter sich und keine reelle Chance, ohne entsprechende Begleitung eine Ausbildung durchzustehen. Die Gründe für das bisherige Scheitern auf dem Weg in einen Beruf können dabei sehr unterschiedlich sein. Sie reichen von instabilen Familienverhältnissen über Schulmüdigkeit und Migrationshintergrund bis hin zu körperlichen und psychischen Einschränkungen. Gekennzeichnet sind solche Lebensläufe oft durch ein schwieriges soziales Umfeld und wenig Möglichkeit zu positiver Identifikation. Zusammenfassend: Diese jungen Menschen sind durch eine Vielzahl an persönlichen und sozialen Schwierigkeiten beeinflusst, die es ihnen unmöglich machen, ohne Hilfe in ein geordnetes Berufsleben zu finden. Der vielschichtige Problemhintergrund umfasst im Wesentlichen folgende Merkmale:

- Sprachdefizite,
- Bildungsdefizite im nonformalen und informellen Bereich,
- persönliche und Leistungseinschränkungen,
- fehlender sozialer und familiärer Anschluss,
- fehlende berufliche Orientierung bzw. Optionen,
- prekäre Lebenslagen,
- hohe individuelle Risiken für eine erfolgreiche soziale und berufliche Integration,
- hohe Problemdichte,
- Motivation, zukünftig eine Ausbildung im technischen Bereich zu beginnen sowie
- flüchtlingsspezifische Merkmale wie
  - unsichere Wohnsituation, z. B. Unterbringung in Gemeinschaftsunterkünften,
  - aufenthaltsrechtliche Einschränkungen bzw.
  - posttraumatische Belastungsstörungen und Bindungsdefizite.

12

12.2.3 Voraussetzungen für eine Teilnahme

Die jungen Erwachsenen sollten möglichst einen Hauptschulabschluss besitzen, von Arbeitslosigkeit bedroht sein, ihre Ausbildung abgebrochen oder eine berufsvorbereitende Maßnahme absolviert haben. Voraussetzung für die Aufnahme und Arbeit im Projekt sind freiwillige Teilnahme, Motivation für eine Ausbildung bei den Stadtwerken München, Teilnahme am Einstellungsverfahren und berufliche Eignung für die Ausbildung. Darüber hinaus müssen sie bereit sein, sowohl mit Sozialpädagogen als auch mit den Ausbildern zusammenzuarbeiten. Jedes Jahr erhalten auf diese Weise ungefähr 5 junge Menschen einen Ausbildungsplatz bei den Stadtwerken München.

12.3 Arbeit im Stadtwerkeprojekt

Neben der „ganz normalen Ausbildung" in den unterschiedlichen gewerblich-technischen Bereichen werden die jungen Menschen sozialpädagogisch unterstützt und auch im Arbeitsalltag und in der

Berufsschule begleitet. „Das ist ganz besonders wichtig, gerade wenn das Lernen noch einmal richtig gelernt werden muss", betont Christina Heydenreich, die das Stadtwerkeprojekt leitet.

12.3.1 Gewerbliche Ausbildung

Das wesentliche Ziel der Ausbildungsform im Stadtwerkeprojekt ist es, verschiedene Schlüsselqualifikationen gleichrangig mit den fachlichen Fertigkeiten zu vermitteln. Dies soll es ermöglichen, nach 3½ Jahren Ausbildungszeit den Ausbildungsabschluss zu erlangen und somit die berufliche und soziale Integration in die Arbeitswelt zu erreichen (◘ Abb. 12.1).

Die Ausbildungsbeauftragten verfügen hierzu sowohl über sozialpädagogische Kenntnis als auch über arbeitsweltbezogene Kompetenz. Sie sind sozialpädagogisch stark gefordert und arbeiten mit vielfältigen Ansätzen und Methoden. So kann im Einzelfall u. U. Krisenintervention in den Vordergrund rücken und die didaktische Vermittlung von Ausbildungsinhalten überlagern.

Der überschaubare Organisationsrahmen der Ausbildung stellt eine optimale Voraussetzung dar. Denn sozial benachteiligte Auszubildende benötigen individuelle, flexible und intensive Begleitung, die ihnen die Möglichkeit zur Teamarbeit, aber auch zu selbstständiger Arbeit gibt. Bei Bedarf kann hierbei ein „schützender" Rahmen mit individueller Forderung und Förderung geboten werden.

Primär in den ersten beiden Ausbildungsjahren, z. B. während Berufsschuleinheiten und zum Teil auf Versetzungsstellen im Unternehmen, kann es vorkommen, dass die Auszubildenden noch Schwierigkeiten mit dem Umfeld haben und in ihr unangepasstes Verhalten zurückfallen. Sie erleben dann die Ausbildungswerkstätte sozusagen

◘ **Abb. 12.1** Oana Marina, Auszubildende zur Industriemechanikerin im 3. Ausbildungsjahr

als Ersatzfamilie und starken Identitätsfaktor. Durch Kontinuität und eine offene Atmosphäre in der Ausbildung können die Auszubildenden ein Gefühl der Geborgenheit und Sicherheit entwickeln. Die Identifikation mit ihrem Arbeitgeber ist bei diesem sozial schwierigen Personenkreis eine wichtige Voraussetzung zur Erlangung von Weiterentwicklung und Stabilität.

12.3.2 Sozialpädagogische Begleitung

Die sozialpädagogische Begleitung soll die gesamte persönliche Lebenssituation der benachteiligten jungen Erwachsenen verbessern. Hierzu müssen sie zunächst Fähigkeiten entwickeln, die einen erfolgreichen Ausbildungsabschluss ermöglichen. Dies ist die Voraussetzung, sie in Arbeitsmarkt und Gesellschaft zu integrieren. Das sozialpädagogische Konzept vertritt einen ganzheitlichen, individualisierten und prozessorientierten Ansatz:

- Berücksichtigung der gesamten sozialen Lebenswirklichkeit der Heranwachsenden; dazu gehören psychische und gesundheitliche Aspekte, kulturelle Zugehörigkeit, Wohnen, Finanzen, ggf. auch Gewalterfahrungen, Suchtgefährdung, Straffälligkeit etc.;
- individueller Bezug: Im Mittelpunkt steht jeder individuelle Jugendliche mit seinen speziellen Stärken und Schwierigkeiten;
- ständige Anpassung der sozialpädagogischen Begleitung auf die Erfordernisse des jeweiligen persönlichen und beruflichen Entwicklungsstandes.

Hierfür stehen der sozialpädagogischen Begleitung zwei Bereiche zur Verfügung: die Begleitung in der Ausbildung und über die Wohngruppe.

12.3.3 Wohngruppenbetreuung

Für die Auszubildenden stehen in der teilbetreuten Wohngemeinschaft des Stadtwerkeprojekts Wohnmöglichkeiten zur Verfügung. Hier werden junge Menschen aufgenommen, die eine besonders intensive persönliche Hilfestellung benötigen, um Ausbildungs- und sonstige Anforderungen des Lebens zu bewältigen.

Voraussetzung ist hierbei eine Mindestwohndauer von sechs Monaten, weil nur so eine wirksame pädagogische Entwicklungsförderung erreicht werden kann. Ziel ist es, den Heranwachsenden neben dem erfolgreichen Ausbildungsabschluss auch dazu zu befähigen, sein Leben nach Auszug aus der Wohngemeinschaft selbstverantwortlich zu bewältigen.

Eine sozialpädagogische Fachkraft betreut die Wohngemeinschaft werktags, hauptsächlich nach Arbeitsende der Auszubildenden. Gerade ihre regelmäßige Präsenz ermöglicht einen täglichen Austausch mit den

Bewohnern und unterstützt sie dabei, ihre Alltagsprobleme zu bewältigen. So kann die Wohngemeinschaft zum Familienersatz werden und das Erlernen des Zusammenlebens mit allen zugehörigen Verpflichtungen ermöglichen.

Es werden auch Freizeitunternehmungen wie Spieleabende, Kinobesuche oder Ausflüge angeboten, um die Bewohner zu einer sinnvollen Freizeitgestaltung zu motivieren, die einen Ausgleich zu den Anforderungen der Ausbildung darstellt.

12.3.4 Betreuung junger Flüchtlinge

Seit März 2014 gehört zum Stadtwerkeprojekt eine Wohngruppe der Jugendhilfe für 9 unbegleitete, minderjährige Flüchtlinge. Die Jugendlichen erhalten in Sprachkursen, der Schule und ergänzend in der Wohngruppe Deutschunterricht. Zur Eingewöhnung finden auch Freizeitaktivitäten statt wie z. B. Ausflüge, Schwimmkurse, Radfahren und Fußballspielen.

Seit März 2014 gehört zum Stadtwerkeprojekt eine Wohngruppe der Jugendhilfe für unbegleitete, minderjährige Flüchtlinge

Aktuell absolvieren 9 junge Flüchtlinge ihre Ausbildung bei den Stadtwerken München. Sie stammen aus dem Irak, Afghanistan, Sierra Leone und Eritrea und erlernen Industrie-, Anlagenmechaniker, Fachkraft im Fahrbetrieb, Industrieelektriker und IT-Systemelektroniker.

Aktuell absolvieren 9 junge Flüchtlinge ihre Ausbildung bei den Stadtwerken München

12.3.5 Erfahrungen

Es hat sich gezeigt, dass gerade junge Menschen mit erhöhtem Förderbedarf sozialpädagogische Begleitung unter realistischen Arbeitsbedingungen brauchen. Arbeit in einem echten Betrieb, mit echtem Wettbewerb und echter Wertschätzung: beste Voraussetzungen, um eine erfolgreiche Ausbildung zu absolvieren. Darüber hinaus kommt die Anwesenheit der Sozialpädagogen des Stadtwerkeprojekts im Ausbildungszentrum der Stadtwerke München allen Auszubildenden zugute.

Eine spezielle Herausforderung stellen, gerade im boomenden Großraum München, die sehr hohen Lebenshaltungskosten dar. Oftmals können sich die jungen Auszubildenden nur unter Annahme eines Nebenjobs eine eigene Wohnung leisten. Besonders schwierig wird dies vor allem für die jungen Flüchtlinge, die die Jugendhilfe verlassen müssen, sich aber noch weiter in Ausbildung befinden. Bei ihnen kommt auch erschwerend hinzu, dass sie sehr viel ihrer Freizeit auf die Wiederholung des Lehrstoffes verwenden müssen.

Eine spezielle Herausforderung stellen die sehr hohen Lebenshaltungskosten dar

Während der Ausbildung der unbegleiteten minderjährigen Flüchtlinge zeigte sich die Bedeutung des begleitenden Deutschunterrichts. Bildungsdefizite im nonformalen und informellen Bereich glichen sie durch Engagement und hohe Motivation aus. Gerade aufgrund des fehlenden sozialen und familiären Anschlusses waren die Jugendhilfe und sozialpädagogische Betreuung außerordentlich wichtig.

Während der Ausbildung zeigte sich die Bedeutung des begleitenden Deutschunterrichts

Abb. 12.2 Kemoh Mansaray hat seine Ausbildung zur Fachkraft Metalltechnik erfolgreich abgeschlossen und arbeitet aktuell in den SWM

12.3.6 Zukunft

Seit September 2016 führen die Stadtwerke München und Spectrum e. V. eine berufsvorbereitende Bildungsmaßnahme für 20 junge Flüchtlinge pro Jahr durch. Hier absolvieren die jungen Menschen u. a. Praxislehrgänge, Praktika im Betrieb, Sprachunterricht, Bewerbungstraining, allgemeinbildenden Unterricht auf Mittelschulniveau und werden, wie im Stadtwerkeprojekt üblich, sozialpädagogisch betreut. Die Maßnahme wird von der Bundesagentur für Arbeit und den Stadtwerken München zu jeweils 50% finanziert.

Mit Mitarbeitern aus über 50 unterschiedlichen Nationen stehen die Stadtwerke München für Vielfalt und Integration

Mit Mitarbeitern aus über 50 unterschiedlichen Nationen stehen die Stadtwerke München für Vielfalt und Integration. Darum ist es dem Unternehmen wichtig, dabei zu helfen, dass gerade junge unbegleitete Flüchtlinge ihren Platz in der deutschen Gesellschaft finden. Die Ausbildung des Unternehmens, deren Qualität weit über die Grenzen Münchens anerkannt ist, bietet hierfür ein optimales Umfeld.

Beste Voraussetzungen, um die gesellschaftspolitisch drängende Aufgabe der Integration von jungen Flüchtlingen professionell zu bewältigen

Ergänzend ist das Stadtwerkeprojekt konzeptionell auf die Betreuung junger Flüchtlinge ausgerichtet und hat darüber hinaus wertvolle Erfahrung in interkultureller und traumapädagogischer Arbeit: beste Voraussetzungen also, um die gesellschaftspolitisch drängende Aufgabe der Integration von jungen Flüchtlingen professionell zu bewältigen (Abb. 12.2).

Unterstützung der Integration von Flüchtlingen durch einen Social-Service-Club

Karl-Friedrich Gärtner

A. Frintrup (Hrsg.), *Berufliche Integration von Flüchtlingen und Migranten*,
https://doi.org/10.1007/978-3-662-53942-2_13

In allen Bundesländern laufen vielfältige Anstrengungen im Zusammenhang mit der Flut der Flüchtlinge aus den Krisengebieten der Welt. Behörden und konfessionelle Organisationen sind an den Grenzen der Leistungsfähigkeit angelangt. Viele ehrenamtliche Helfer haben sich organisiert und Aktivitäten auf vielen Gebieten entwickelt und durchgeführt. Natürlich sind auch alle Service Clubs aufgefordert, ihren Beitrag zur Unterstützung der Flüchtlinge bei der Integration zu leisten. Rotary International gehört dazu und ist eine weltweit agierende Organisation.
In den Rotary Clubs stammen die Mitglieder üblicherweise aus vielen Berufen und sind in den unterschiedlichsten Behörden, Krankenhäusern, Firmen oder als Selbstständige tätig. Damit stehen für Projekte aller Art Fachwissen und Netzwerke zur Verfügung, die schnelles Handeln bei der Durchführung von Aktionen ermöglichen. Gerade diese Potenziale lassen sich sinnvoll bei der Integration von Flüchtlingen einsetzen. Dabei sind sie eine Ergänzung zu den vielen Maßnahmen, die von den zuständigen Behörden, Institutionen und den vielen ehrenamtlichen Helfern durchgeführt werden, und keinesfalls eine Konkurrenz.
Die dargestellten Aktionen sollen Möglichkeiten aufzeigen, wie das Wissen und die Netzwerke der Rotarier zur Unterstützung bei der Integration von Flüchtlingen genutzt werden können. Sie sind nur ein kleiner Einblick in die vielfältigen von den deutschen Rotary Clubs erbrachten Leistungen.

13.1 Rotary International als weltweite Service-Organisation

Social-Service-Clubs sind überwiegend internationale Organisationen, die das Ziel haben, weltweit Projekte zur Verbesserung der Lebensumstände durchzuführen. Rotary International ist eine derartige Organisation, die seit über 100 Jahren besteht unter dem Motto „Service above self".

Rotary, das sind nicht nur 1,2 Millionen Mitglieder aus über 200 Ländern. Rotary ist in Deutschland mit über 52 000 Mitgliedern in 1 050 Clubs vertreten. Die Clubs sind wiederum in 15 Distrikten zusammengefasst, die von einem jährlich neu zu wählenden Governor im weltweiten Verbund vertreten werden. Über diese Form der Organisation wird ein schneller, weltweiter Informationsfluss ermöglicht und sichergestellt, dass die Hilfsaktionen auch notwendig und wirksam sind.

Rotarier sind vereint in einem humanen Weltbild und in gemeinsamen menschlichen Werten, egal auf welchem Kontinent. Das weltweite Netzwerk mit der Vielzahl der Rotarier in entscheidenden Funktionen hat bewiesen, welch eine Schlagkraft eine Organisation haben kann, wenn sich 1,2 Millionen Menschen hinter eine humanitäre Initiative stellen.

Ein Beispiel stellt der Kampf zur weltweiten Beseitigung der Kinderlähmung (Polio) dar:

Beispiel: Rotary International gegen Polio

1985 rief Rotary International mit PolioPlus die erste Initiative ins Leben, die sich das Ziel gesetzt hat, Polio weltweit auszurotten. Rotary und seine Partner – z. B. die Bill & Melinda Gates Foundation – halfen seither, die weltweite Anzahl der jährlichen Krankheitsfälle von 350 000 auf weniger als 250 zu senken und verpflichten sich, ihre Arbeit fortzusetzen, um jedes Kind vor der Krankheit zu schützen. Bis zum heutigen Tag hat Rotary mehr als 1,2 Milliarden US-Dollar und zahllose Stunden von Freiwilligeneinsätzen aufgewandt, um zwei Milliarden Kinder in 122 Ländern gegen die Krankheit zu impfen. Darüber hinaus wurden durch rotarische Initiative 9 Milliarden US-Dollar für dieses weltweite Projekt von verschiedenen Geberländern zur Verfügung gestellt. Damit wird vielen Menschen und besonders Kindern ein Leben mit Kinderlähmung erspart.

Die meisten Rotary Clubs versuchen ihre Leistungen in regionalen, nationalen und internationalen Projekten je nach Situation und Beziehungen aufzuteilen. Dabei sind die Hilfsaktionen weit gefächert. Am erfolgreichsten und am nachhaltigsten sind Aktivitäten in den folgenden, von Rotary International festgelegten Schwerpunktbereichen:

- Friedensförderung,
- Krankheitsbekämpfung,
- Wasserversorgung,
- Schutz für Mütter und Kinder,
- Bildung und
- kommunales Wirtschaftswachstum.

Jeder Rotary Club ist frei in den Entscheidungen, welche Projekte zu welchen Schwerpunkten in welchen Ländern durchgeführt werden.

13.2 Das verstärkte regionale Engagement des Rotary Clubs Böblingen-Schönbuch im Rahmen der Flüchtlingskrise

Der Rotary Club Böblingen-Schönbuch besteht seit 30 Jahren und hat zurzeit 60 Mitglieder. Wie bei allen Rotary Clubs setzen sich die Mitglieder aus einem breiten Spektrum von Berufen zusammen. Die dadurch vorhandenen Kompetenzen sind bei den sozialen Aktivitäten von großem Nutzen. In der Vergangenheit wurden überwiegend humane Projekte in Ländern in Asien und Afrika erfolgreich durchgeführt.

Anders als in den anderen Projektberichten dieses Buches richten sich die Aktivitäten eines Social-Service-Clubs auf Einzelfälle und nicht auf homogene Gruppen wie es z. B. bei der Gewinnung von Nachwuchskräften für gewerblich-technische Ausbildungen erforderlich wäre. Der nachfolgende Bericht unterscheidet sich deshalb maßgeblich von den vorangehenden Darstellungen und bezieht auch sehr individuelle Einzelfälle ein.

Mit Zunahme der Flüchtlingsaufnahmen im Raum Böblingen hat sich der Club bereits im Jahr 2013 dafür entschieden, den Landkreis bei der Integration der Flüchtlinge zu unterstützen. Im Vordergrund stand die Nutzung des Potenzials der Clubmitglieder, aber auch die Bereitstellung finanzieller Mittel. Dabei wurde der Kreis der zu fördernden Personen eingegrenzt auf den Nahen Osten, d. h. überwiegend Flüchtlinge aus Syrien, aber auch aus dem Irak.

Personelle und finanzielle Hilfestellung

In enger Abstimmung mit den verantwortlichen Mitarbeitern des Landratsamtes und den Arbeitskreisen der ehrenamtlichen Helfer wurden Maßnahmen konzipiert, die von den Mitgliedern des Clubs bzw. durch die bestehenden Netzwerke der Rotarier schnell und wirksam realisiert werden konnten. Die dafür erforderlichen finanziellen Mittel wurden vom Club und durch spontane Spenden der Mitglieder zur Verfügung gestellt.

Zunächst war das Ziel, die Familien wieder in der Bindung zu stärken, den Kindern den Kontakt zu gleichaltrigen deutschen Kindern zu ermöglichen und den Einstieg in das hiesige Schulsystem zu erleichtern.

Um den Zugang zu den arabischen Familien zu öffnen, wurde vom Club eine junge Syrerin als Dolmetscherin engagiert, die sowohl mit der deutschen als auch der arabischen Kultur und Sprache vertraut ist. Da sie bereits für den Landkreis in der Flüchtlingsthematik aktiv war, kannte sie viele Interna der Familien, die sie in die Auswahl der Projekte einbringen konnte. Dieser Schritt hat sich als sehr vorteilhaft erwiesen. Mit ihr wurden viele Familien besucht und dabei intensive und sehr zeitaufwendige Gespräche auch über aktuelle Probleme geführt. Daraus wurden wiederum Maßnahmen entwickelt und umgesetzt, die im Folgenden beschrieben werden.

13.2.1 Ausflüge mit Familien in Freizeiteinrichtungen

Berufliche Integration setzt nicht nur den Einbezug der beruflich zu integrierenden Personen, sondern auch der Familien voraus. Nur wenn das Gefühl vermittelt werden kann, dass Familie und insbesondere Kinder während der eigenen berufsqualifizierenden Maßnahmen sicher aufgehoben sind und sich wohl fühlen, kann die Aufmerksamkeit voll den Sprachkursen und weiteren Maßnahmen gewidmet werden.

Deshalb wurden verschiedene Freizeitaktivitäten angeboten, die gemeinsam von Eltern und Kindern besucht wurden. Hierzu zählten Besuche in verschiedenen Freizeiteinrichtungen wie z. B. Spielparks, einem Zoo oder einer naturwissenschaftlich-technischen Bildungseinrichtung.

Durch den gemeinsamen Besuch mit Vertretern des Rotary Clubs konnte Vertrauen aufgebaut und die Basis für weitere Maßnahmen gelegt werden.

13.2.2 Förderung der deutschen Sprache für Schüler

Nach aktuellen Prognosen fehlen in Deutschland zukünftig Fachkräfte auf vielen Gebieten. Diese Lücken können Flüchtlinge schließen. Eine wichtige Voraussetzung ist ein erfolgreicher Schulabschluss. Um diesen zu gewährleisten, ist eine Unterstützung der Schüler, insbesondere im Erlernen der Sprache in der Anfangsphase des Aufenthaltes in Deutschland, notwendig.

Nicht alle Schulen, an denen Flüchtlingskinder unterrichtet werden, bieten einen speziellen Nachhilfeunterricht für das Erlernen der deutschen Sprache an. Eine Herausforderung ist, dass weder die Schrift noch die Sprache für die Kinder einfach zu lernen sind.

Um Schulfrust und sinkendes Selbstvertrauen zu vermeiden, sind neben den bestehenden zusätzliche Maßnahmen erforderlich:

- Es haben sich Frauen von Rotariern bereitgefunden, arabische Kinder im Erlernen der deutschen Sprache zu unterstützen.
- Bücher aus den ersten Schuljahren für den Deutschunterricht wurden von Grundschulen der Region zur Verfügung gestellt.

Nachhilfeunterricht im Wohnbereich der Familien

Der Nachhilfeunterricht wurde immer im Wohnbereich der Familien durchgeführt, um andere Familienmitglieder, Geschwister oder Eltern mit einzubeziehen. Dabei wurden häufig auch die täglichen Probleme erörtert, beispielsweise die Zahlungen von Rundfunkbeiträgen, Hilfe bei der Beantragung von Kindergeld oder das Ausfüllen von Formularen. Alle Bemühungen wurden von den Familien dankbar angenommen, es gab keinerlei unfreundliche Reaktionen oder Ablehnung der deutschen Frauen bei den Unterstützungen.

13.2.3 Vermittlung europäischer Werte

Eine Integration ist erst dann erfolgreich, wenn die Werte des aufnehmenden Landes bekannt und verinnerlicht werden. Am einfachsten ist die Vermittlung durch praktisches und gemeinsames Erleben. Der Rotary Club Böblingen-Schönbuch hat hierfür 2 Projekte ausgewählt: das KidsCamp und Eltern-Kind-Spielstunden in Asylbewerberheimen KiWir.

▪ Teilnahme am KidsCamp

Das KidsCamp ist ein jährlich in Heilbronn auf einem Waldgrundstück stattfindendes Zeltlager insbesondere für Kinder aus sozial schwachen Familien, für die Urlaub nicht selbstverständlich ist. Die Planung, Organisation und Betreuung für 100 Kinder im Alter von 8–14 Jahren übernimmt die Jugendorganisation Rotaract von Rotary mit Unterstützung der Rotary Clubs. In dieser Freizeit werden den Kindern Werte wie Fairness, Teamgeist, Toleranz, Respekt und Wertschätzung vermittelt.

Aus dem Raum Böblingen wurden 10 Flüchtlingskinder ausgewählt, darunter auch – nachdem die arabischen Väter überzeugt werden konnten – 2 Mädchen. Um kulturelle Konflikte zu vermeiden, wurden eine arabische Studentin und ein junger Ägypter als Betreuer engagiert. Nach anfänglicher Unsicherheit fügten sich die arabischen Kinder problemlos in die Gemeinschaft ein. Allerdings gab es beim Essen Probleme, da offensichtlich die arabischen Väter ihren Kindern untersagt hatten, Fleisch zu essen. Dabei war im Vorfeld geklärt worden, dass immer eine Mahlzeit ohne Schweinefleisch angeboten werden würde. Es gab weiteren Klärungsbedarf bei den Spielen im Wald, da die arabischen Jungs anfangs aufgepasst haben, dass kein „ungläubiger" Junge ein muslimisches Mädchen berührt. Hier war Sozialpädagogik gefragt.

Ferienangebote für Kinder in gemischten Gruppen

Beim Rücktransport der Kinder in ihre Familien war große Begeisterung sowohl bei Jungen als auch bei den Mädchen über die Erlebnisse der letzten Tage zu spüren. Es haben sich einzelne Freundschaften zwischen deutschen Kindern und Flüchtlingskindern entwickelt, denen der Abschied bei der Abschlussveranstaltung schwerfiel. Es ist zu hoffen, dass die bei der Freizeit gewonnenen Erfahrungen sich positiv auf die weitere Entwicklung der Kinder im neuen Umfeld Deutschland auswirken.

- **Eltern-Kind-Spielstunden in Asylheimen**

Unter dem Titel „KiWir" hat das Moreno Institut in Stuttgart gemeinsam mit einer Diplompädagogin ein pädagogisches Konzept mit psychodramatischen Elementen entwickelt. Mithilfe des gemeinsamen Spielens sollen Kinder und Eltern unterstützt werden, verloren gegangene Bindungen wieder zu festigen. Die Eltern-Kind-Spielrunden fanden einmal in der Woche für 2 Stunden statt und gingen jeweils über 10 Nachmittage. Die Spiele variierten und wurden immer den Bedürfnissen der Familien und dem Entwicklungsstand der Kinder angepasst. Zum Repertoire gehörten: Kreis- und Bewegungsspiele, Gesellschaftsspiele, gemeinsames Malen, psychodramatische Handpuppen- und Rollenspiele und das Vorlesen und Erzählen kleiner Geschichten.

Dieses Konzept hat die Beziehungs- und Bindungsförderung aller Mitspieler – Kinder, Eltern, Pädagogin – als Basis und Voraussetzung, um weitere Lernziele erreichen zu können. Zu nennen sind: intuitives Elternlernen, eine erfolgreiche Erziehungshaltung, Erweiterung und Vertiefung von Beziehungs- und Bindungskompetenzen durch gemeinsames Spielen. Sensibilisierung und Empathieförderung für Kinder sowie Sprachförderungs- und Integrationsprozesse werden dabei initiiert.

Spielenachmittage stärken Zusammenhalt, Integration und Selbstvertrauen

Wichtig ist dabei auch die soziale Orientierung für Eltern und Kinder. Strukturen, Regeln und Grenzen ermöglichen ein Gemeinschaftserlebnis sowie Freude aller Beteiligten am Spielen. Schwierig war es z. B. zu Beginn der Maßnahmen, dass die Väter pünktlich dabei sind und auch akzeptieren, dass die Tochter beim Spielen gewinnen darf. Einige Väter wurden wieder aufgemuntert, am Leben teilzunehmen und positiver in die Zukunft zu sehen. Das gesunkene Selbstvertrauen konnte aufgebaut und damit eine Bereitschaft erzielt werden, die deutsche Sprache intensiver zu lernen, um möglichst bald wieder eine Arbeit zu finden. Die Motivation, wieder der Ernährer der Familie zu werden, konnte bei diesen Spielenachmittagen gesteigert werden.

13.3 Konzentration der Aktivitäten auf die berufliche Förderung

Rotary ist als fachübergreifendes Berufsnetzwerk gegründet worden. Die Förderung individuellen beruflichen Fortkommens und die Bereitstellung entsprechender Hilfe zählen auch heute zu den Kernaufgaben eines jeden Rotary Clubs. Nachfolgend werden die auf berufliche Integration von Flüchtlingen gerichteten Aktivitäten beschrieben. Im Fokus stehen hierbei sowohl akademische erwachsene Flüchtlinge als auch unbegleitete jugendliche Flüchtlinge.

13.3.1 Förderung von Akademikern

Anfang 2016 wurden im Rotary Club die Unterstützungsmaßnahmen neu definiert. Im Rahmen einer Einzelfallhilfe wurde das Ziel festgelegt, erwachsene Flüchtlinge mit akademischem Hintergrund an verschiedenen Stellen beruflich zu integrieren.

In Absprache mit dem Landratsamt wurden zunächst 3 junge Ärzte ausgewählt, die vom Job-Center keine Unterstützung bekamen, da sie bisher nur eine Aufenthaltsgenehmigung erhalten hatten. Damit erhielten diese Flüchtlinge z. B. kein Geld für Deutschkurse.

Die Finanzierung der Kurse durch den Rotary Club ermöglichte einen schnellen Einstieg in einen geregelten Alltag und verhinderte Frustration durch Untätigkeit. Da der Leiter der Volkshochschule ebenfalls Mitglied im Rotary Club ist, konnte auch eine kurzfristige Teilnahme an den entsprechenden Kursen ermöglicht werden.

Nachfolgend wird an diesen drei Einzelfällen beschrieben, wie die berufliche Integration unterstützt werden konnte.

▪ Unterstützung eines Facharztes für Urologie aus Aleppo

Bis zur Flucht im Mai 2015 war der Arzt als Urologe in Syrien und Jordanien in verschiedenen Kliniken und Praxen tätig. Er ist verheiratet und hat 3 Kinder. Seine Frau und die Kinder hat er vor seiner Flucht in den Sudan bringen können. Da sein erspartes Geld inzwischen aufgebraucht ist, kann er seine Familie im Sudan nicht mehr finanzieren (u. a. Geld für den Unterhalt, Schulgeld, Schulkleidung, Schulbücher, Busfahrten zur Schule etc.). Der Rotary Club Böblingen-Schönbuch unterstützt ihn finanziell zur weiteren Sicherung der Lebensbedingungen der Familie, da eine Zusammenführung vorerst nicht möglich ist.

Ein pensionierter Arzt des Clubs übt seit Monaten mit ihm Deutsch und dabei besonders medizinische Fachsprache, um einen möglichst schnellen Wiedereinstieg in seinen Beruf zu ermöglichen.

Der Club war auch bei der Wohnungssuche behilflich. Er hat nach seinem Aufenthalt im Flüchtlingswohnheim in Böblingen eine kleine Souterrain-Wohnung gestellt bekommen.

Er ist außerordentlich fleißig, wissbegierig und hoch motiviert.

In Deutschland werden inzwischen Integrations- und Sprachkurse u. a. auch für ausländische Ärztinnen und Ärzte bei der Deutschen Angestellten Akademie (DAA) in Stuttgart nach erfolgreichem Abschluss B2 Medizin (Telc) angeboten. Dieser Kurs wurde ebenfalls vom Rotary Club bezahlt, einschließlich der entstandenen Fahrtkosten.

Netzwerk zur praktischen Eingliederung eines Facharztes

Von November 2015 bis Juni 2016 wurde vom Club in der Sportorthopädie Südwest-Böblingen für 1 Tag pro Woche eine Hospitation vermittelt. Eine weitere Hospitation wurde von April 2016 bis Juni 2016 im Klinikverbund Südwest Sindelfingen-Böblingen in der urologischen Abteilung Sindelfingen bei einem Clubmitglied und Chefarzt mit 4 Tagen pro Woche ermöglicht. Hier hatte er die Möglichkeit, auf seinem Fachgebiet weitere Kenntnisse zu erwerben und Erfahrungen im Klinikalltag zu sammeln.

Seit August 2016 nimmt er bei der International Academy in Freiburg an einem Kurs zur Fachsprachenprüfung C1 Medizin über mehrere Monate teil. Dieser Kurs ist für eine Prüfung bei der Landesärztekammer notwendig, um die deutsche Approbation und die Berechtigung zur Ausübung des ärztlichen Berufs in Deutschland zu erwerben. Auch diese Maßnahme wurde vom Rotary Club finanziert.

Die intensive Betreuung durch Ärzte des Clubs hat viel dazu beigetragen, dass der Flüchtling über die Trennung mit seiner Familie hinwegkommt. Sein sehnlicher Wunsch ist neben der Zusammenführung der Familie der Wiedereinstieg in seinen Beruf. Inzwischen hat er die Anerkennung für 3 Jahre bekommen.

■ Förderung eines Zahnarztes aus Aleppo

Vermittlung eines Zahnarztes in Praxis und Wohnung

Für einen Zahnarzt, auch noch ohne Aufenthaltsgenehmigung, wurden ebenfalls Intensivkurse in Deutsch finanziert und ein Gespräch gemeinsam mit einem Zahnarzt aus dem Club bei der Ärztekammer geführt, mit dem Ziel einer Genehmigung zur Mitarbeit in einer Zahnarztpraxis. Inzwischen arbeitet dieser junge Mann in einer Praxis mit, hat über die Vermittlung des Rotary Clubs eine Wohnung erhalten und ist hoch motiviert und glücklich. Auch er hat an einer von Rotary finanzierten Weiterbildungsmaßnahme an einer Universität teilgenommen, um den hiesigen Stand der zahnmedizinischen Kenntnisse zu erwerben.

■ Unterstützung eines praktischen Arztes

Auch dieser Mediziner war bereits in Syrien, in Damaskus, in seinem Beruf mit eigener Praxis tätig. Nach einer gefährlichen Flucht kam er nach Deutschland und erhielt nur eine Aufenthaltsgenehmigung. In Abstimmung mit dem Landkreis hat der Rotary Club die Finanzierung der diversen Kurse einschließlich der Fahrtkosten übernommen. Inzwischen konnte auch seine Frau nachgeholt werden, die mittlerweile ein Baby bekommen hat. Er lebt in einer kleinen Wohnung und ist überglücklich, mit der Aussicht auf einen baldigen Einstieg in seinen Beruf.

13.3.2 Förderung und Betreuung von Auszubildenden

Im Landkreis Böblingen gibt es inzwischen eine zunehmende Zahl an unbegleiteten minderjährigen Flüchtlingen. Diese Jugendlichen sind ohne Eltern nach Deutschland geflohen und in Wohngemeinschaften verschiedener Einrichtungen untergebracht. Ein großer Teil dieser meist männlichen Jugendlichen ist zwischen 16 und 18 Jahre alt. Sie werden überwiegend in Berufsschulen, in sog. VABO-Klassen, beschult. Ziel dieses schulischen Ansatzes ist es, den Jugendlichen Deutschkenntnisse auf B1-Niveau sowie Handlungskompetenz im neuen Umfeld in Deutschland zu vermitteln und sie auf weiterführende Schulen oder die Arbeits- und Berufswelt vorzubereiten.

Wenn bei den Jugendlichen in einem ersten vollschulischen Jahr die Sprach- und Kulturtechniken ausreichend ausgeprägt sind, soll in einem zweiten Jahr durch Praktika der Übergang in die Arbeits- und Berufswelt gefördert und vorbereitet werden. Die Jugendlichen sollen sich an den Anforderungen der beruflichen Praxis messen und die Möglichkeit bekommen, einen anschließenden Ausbildungsvertrag zu erhalten.

Betreuung junger Flüchtlinge schützt vor Extremismus

Eine Erkenntnis aus den bisherigen Aktivitäten war, dass junge Flüchtlinge besonders gefährdet sind, islamistischen Versprechungen zu erliegen. Deshalb hat der Rotary Club Böblingen-Schönbuch ein Projekt konzipiert unter dem Titel „Hilfe für unbegleitete minderjährige Ausländer (UMA)". Dabei sollen jährlich 15–20 dieser unbegleiteten Jugendlichen während des oben beschriebenen Ablaufes begleitet werden. Die Mitglieder des Clubs haben sich verpflichtet, bei der Suche nach Ausbildungsbetrieben und Arbeitgebern mitzuwirken. Darüber hinaus übernehmen sie einzelne Patenschaften für die Auszubildenden und organisieren gemeinsame Events.

Dieses Vorhaben bot sich an, da sowohl der Leiter der Sindelfinger Berufsschule als auch die Geschäftsführerin der IHK Böblingen Mitglieder im Club sind.

Das Ziel dieser Unterstützung und Begleitung von Jugendlichen ist die erfolgreiche Aufnahme einer Berufsausbildung und damit eine schnellere Integration in unsere Gesellschaft.

Die Hilfe für eine Gruppe arabischer Flüchtlinge ist über mehrere Jahre hinweg angelegt und wird von einem Steuerkreis geleitet. Auf der Basis eines 440-Euro-Jobs wurde bereits eine junge arabischstämmige Frau engagiert, die inzwischen seit einigen Jahren in Deutschland lebt und mit Kultur und Sprache beider Seiten vertraut ist. Diese Person ist dem Sozialarbeiter der Berufsschule unterstellt.

Ihre Aufgaben sind:

- Ansprechpartnerin für alle Fragen der Jugendlichen,
- Hilfe bei Bewerbungen und Kontaktaufnahme zu Betrieben,
- individuelle Perspektivberatung und Begleitung der Jugendlichen zu Behörden, Schulen und Arbeitgebern,

- Begleitung in der Einstiegsphase,
- Dolmetschertätigkeit bei Problemsituationen und
- Aufbau und Pflege des Unterstützungsnetzwerkes sowie Zusammenarbeit mit den Akteuren.

Mit dieser Maßnahme erwarten wir einen kontrollierten Ablauf der Ausbildung und einen problemloseren Einstieg nach der Ausbildung in eine Anstellung. Die Jugendlichen haben einen geregelten Tagesablauf und sind damit gegen extremistische Anfechtungen aller Art widerstandsfähiger.

Mit den geschilderten Aktivitäten will der Rotary Club Böblingen-Schönbuch einen Beitrag zur schnelleren Integration der Flüchtlingsfamilien in der Region leisten und helfen, den fehlenden Fachkräftebedarf sowohl im medizinischen Bereich als auch für Handwerk und Industrie zu decken.

Serviceteil

A. Frintrup (Hrsg.), *Berufliche Integration von Flüchtlingen und Migranten*,
https://doi.org/10.1007/978-3-662-53942-2

Stichwortverzeichnis

Printed by Printforce, the Netherlands